全国机械行业职业教育优质规划教材（高职高专）
经全国机械职业教育教学指导委员会审定

新能源汽车技术

全国机械职业教育汽车类专业教学指导委员会（高职） 组编
主 编 宋建桐 么居标
参 编 陈俊杰 王 楠 成 林 王谷娜

机 械 工 业 出 版 社

本书内容包括新能源汽车发展的背景与现状；混合动力汽车的关键技术与分类，并以实例介绍了各类混合动力汽车的结构、原理及工作特点；纯电动汽车的结构、原理与关键技术；燃料电池电动汽车的结构、原理与关键技术；不同种类动力蓄电池的结构、原理、性能及其管理系统；不同种类电动机的结构、原理及其管理系统；电动汽车的DC-DC、制动、转向、冷却及空调等辅助系统；电动汽车常见仿真软件，并以实例介绍了新能源汽车建模与仿真；天然气和甲醇等常见汽车代用燃料。

本书可作为高职高专院校新能源汽车技术、新能源汽车运用与维修、汽车检测与维修技术和汽车运用与维修技术以及其他汽车相关专业的教材，也可作为相关技术人员的参考书。

本书配有电子课件，**凡使用本书作为教材的教师**可登录机械工业出版社教育服务网（www.cmpedu.com）注册后免费下载。咨询电话：010-88379375。

图书在版编目（CIP）数据

新能源汽车技术/宋建桐，么居标主编．—北京：机械工业出版社，2018.8（2021.8重印）
全国机械行业职业教育优质规划教材．高职高专
ISBN 978-7-111-61098-4

Ⅰ．①新…　Ⅱ．①宋…　②么…　Ⅲ．①新能源—汽车—高等职业教育—教材　Ⅳ．①U469.7

中国版本图书馆CIP数据核字（2018）第230005号

机械工业出版社（北京市百万庄大街22号　邮政编码100037）
策划编辑：张双国　蓝伙金　责任编辑：张双国　蓝伙金　张利萍
责任校对：刘雅娜　　封面设计：鞠　杨
责任印制：常天培
固安县铭成印刷有限公司印刷
2021年8月第1版第5次印刷
184mm×260mm・13.25印张・320千字
标准书号：ISBN 978-7-111-61098-4
定价：39.80元

电话服务	网络服务
客服电话：010-88361066	机工官网：www.cmpbook.com
010-88379833	机工官博：weibo.com/cmp1952
010-68326294	金书网：www.golden-book.com
封底无防伪标均为盗版	机工教育服务网：www.cmpedu.com

汽车检测与维修技术专业教材研发小组（课题编号：JXHZW20140106）

项目指导 冯　渊　无锡职业技术学院
组　　长 尹万建　湖南汽车工程职业学院
副 组 长 么居标　北京电子科技职业学院

成　　员（按姓氏首字拼音排序）
林振清　湖南机电职业技术学院
罗新闻　邢台职业技术学院
祁翠琴　河北工业职业技术学院
宋作军　淄博职业学院
徐广琳　长春汽车工业高等专科学校
袁苗达　重庆工业职业技术学院
曾　鑫　武汉软件工程职业学院
张　健　湖北工业职业技术学院
张　军　长春汽车工业高等专科学校
张红英　黄冈职业技术学院
周文海　柳州职业技术学院
联 系 人 蓝伙金　机械工业出版社
张双国　机械工业出版社

丛书序

进入21世纪以后，经过十几年的发展，中国汽车产销量已从爆炸式增长发展为稳步增长，中国已经成为世界最大的汽车生产国和主要的汽车消费国。到2014年年底，中国的汽车产销量已达2400万辆左右，我国已步入汽车社会。我国汽车消费市场从最初的形成和发展走向逐步成熟，并开始呈现市场结构优化、技术手段升级、营销模式创新和新兴服务领域快速涌现的新型态势。汽车售后服务领域和售后服务人才需求也进入了新常态，表现为一方面是汽车销售及售后服务业对人才需求旺盛，另一方面是能够适应现代汽车销售市场和售后市场的中高级人才匮乏。

为了给社会培养更多有用的人才，近年来，国内职业院校的汽车维修类专业在迅速扩充规模的同时积极探索新的人才培养模式，调整课程体系，积极探索行动导向教学法，以满足培养适应新形势下现代汽车售后服务类人才的需要。

这套汽车检测与维修技术专业教材，从市场需要的实际出发，以就业为导向，以实践技能为核心，倡导以学生为本位的培养理念，将综合性和案例性的实践活动转化成教材内容，帮助学生积累经验，全面提高学生的职业实践能力和职业素养，培养真正意义上的“汽车医生”，满足汽车后市场服务领域对具有解决实际问题能力的复合型高等技术技能人才的需要。

本系列教材按照汽车售后岗位的职业特点和职业技能要求，务求探索和创新：

1. 注重汽车售后技术岗位对基础知识的要求，强调汽车机械基础、汽车电工电子方面的知识储备，使学生具备基本逻辑思维能力，并力求其具备强劲的发展后劲。

2. 运用先进的课程体系构架，在学生掌握基础知识的基础上，先将各系统的检测诊断按行动导向教学法进行划分，再进行综合故障诊断，以期使学生形成完整的思路和方法。

3. 随着汽车技术的不断发展，汽车新技术层出不穷，本套教材将新能源汽车方面的知识和技能纳入其中，以满足学生对新技术的需求。

4. 注重对接汽车维修企业的实践性操作，引入企业的实际案例，实现教学内容与企业实践的无缝对接。

5. 强化职业技能和实操的训练，每个项目除了复习性的思考练习之外，还安排了用于实际操作训练的实践练习项目，以训练学生的实际动手能力。

6. 从能力拓展方面，编写了《汽车保险与理赔》《二手车评估》《汽车维修企业管

理》等教材，力求使学生知识全面。

汽车产业是国家支柱产业，汽车售后服务业属于朝阳产业，同时也是一个专业技术极强的业务领域。作为高职高专院校，其目标是培养具有一定的理论基础和较强动手能力的一线应用型技术人才。本套教材紧扣高职高专教育的目标定位，力求实现创新驱动——内容创新、结构创新、形式创新，特色创新——典型案例、行动导向、企业实践。

本套教材在全国机械职业教育汽车类专业教学指导委员会的组织引导下，由多所职业院校教师共同参与完成，其间得到了机械工业出版社领导和编辑的支持和指导，是汽车检测与维修技术职业教育领域集体劳动的成果和智慧结晶。在此，谨对付出辛勤劳动的编作者表示衷心的感谢。

汽车检测与维修技术专业教材研发小组组长　尹万建

前　言

高速增长的汽车工业与汽车保有量使能源与环境面临着严峻挑战，面对能源安全、环境污染和全球气候变暖的紧迫形势，节能减排已成为汽车产业的首要任务，发展节能与新能源汽车也成为汽车工业的战略方向和重要战略举措。新能源汽车在我国有一个不断变化的过程，我国对新能源汽车的定义和种类由模糊变得清晰，也变得更科学与规范。

根据中国汽车工业协会数据统计，2017 年新能源汽车生产 79.4 万辆、销售 77.7 万辆，比上年同期分别增长 53.8%和 53.3%。其中，纯电动汽车生产和销售分别完成 47.8 万辆和 46.8 万辆，插电式混合动力汽车生产和销售分别完成了 11.4 万辆和 11.1 万辆。总体上看，新能源汽车实现了较快增长和快速发展。

本书由北京电子科技职业学院宋建桐、么居标担任主编。宋建桐编写了第 1 章、第 2 章、第 8 章的 8.1~8.3 和第 9 章，陈俊杰编写了第 3 章和第 4 章，成林编写了第 5 章，王楠编写了第 6 章和第 7 章，王谷娜编写了第 8 章的 8.4，全书由么居标教授统一补充、修改及定稿。本书在编写过程中，参考了大量的文献与资料，在此向所有文献与资料的作者表示感谢。

由于编者水平所限，书中难免存在不足之处，敬请广大读者批评指正。

编　者

目 录

CONTENTS

第1章 概　论

近年汽车工业的发展超过了人们的预期，持续快速增长的石油需求，已对能源安全造成威胁，而汽车排放已经成为增长最快的空气污染源。在能源供应、经济贸易和环境保护三重压力下，减少汽车对于化石燃料的依赖并开发新型燃料已经迫在眉睫。

1.1　新能源汽车概述

目前国际上尚未对新能源汽车定义形成统一认知，在日本通常被称为低公害汽车，在美国通常被称为代用燃料汽车。

2017 年 1 月，我国工业和信息化部出台《新能源汽车生产企业及产品准入管理规则》，将新能源汽车定义为“采用新型动力系统，完全或主要依靠新型能源驱动的汽车，主要包括插电式混合动力（含增程式）电动汽车、纯电动汽车和燃料电池电动汽车等”。

新能源汽车包括混合动力电动汽车（HEV）、纯电动汽车（EV，包括太阳能汽车）、燃料电池电动汽车（FCEV）、氢发动机汽车、其他新能源（如高效储能器、二甲醚）汽车等各类别产品。新能源汽车的分类如图 1-1 所示。

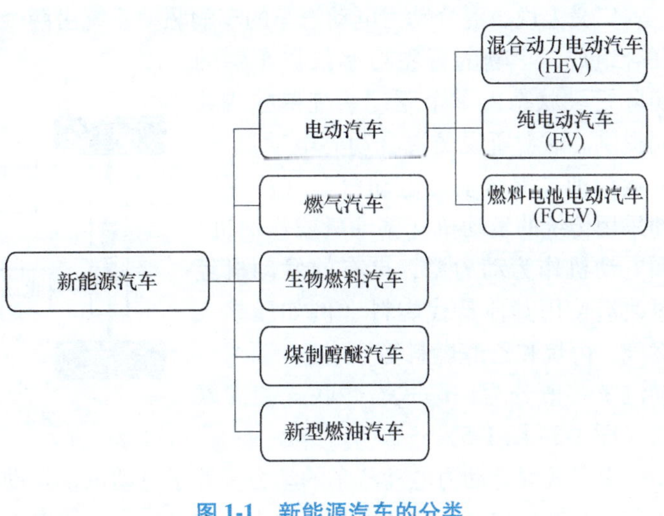

图 1-1　新能源汽车的分类

1.2　电动汽车的分类

电动汽车是新能源汽车的典型代表，电动汽车是指由车载储能元件提供能源，用电动机驱动车辆行驶的汽车。电动汽车主要分为纯电动汽车、混合动力电动汽车及燃料电池电动汽车。

1. 纯电动汽车

纯电动汽车是驱动能量完全由电能提供、由电机驱动的汽车，电机的驱动电能来源于车载可充电储能系统或其他能量储存装置。其原理如图 1-2 所示。

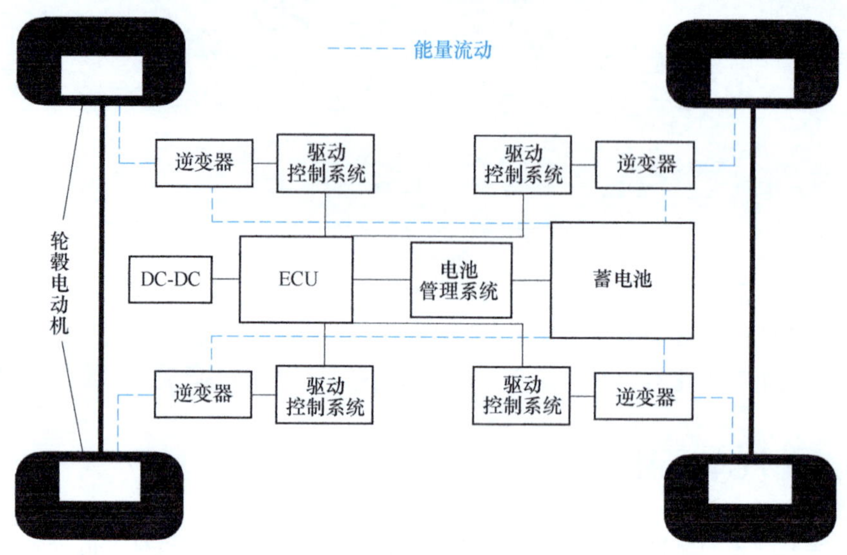

图 1-2　纯电动汽车原理

2. 混合动力电动汽车

广义上说，混合动力电动汽车的车辆驱动系统由两个或多个能同时运转的单独驱动系统联合组成，车辆的行驶功率依据车辆的实际行驶状态由单个驱动系统单独或共同提供。通常所说的混合动力电动汽车，一般指油电混合动力电动汽车（HEV），即采用传统的发动机（柴油机或汽油机）和电动机作为动力源，也有的发动机经过改造使用其他替代燃料（例如压缩天然气、丙烷和乙醇燃料等）。混合动力电动汽车一般分为串联式、并联式和混联式（图 1-3~图 1-5）。

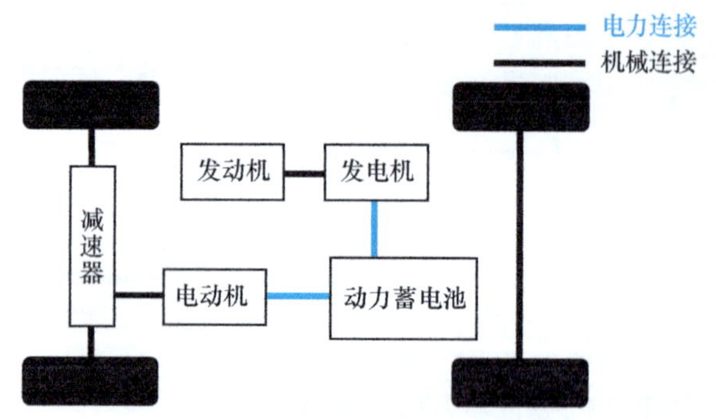

图 1-3　串联式混合动力电动汽车

串联式混合动力电动汽车的动力来源于电动机，发动机只能驱动发电机发电，并不能直接驱动车辆行驶。因此，串联结构中电动机功率一般要大于发动机功率，才能满足车辆的行驶需求。可以把串联结构简单地理解为串联=电动机+发动机。

并联式混合动力电动汽车靠发动机或者电动机，或者它们二者共同驱动。并联结构可以简单地理解为并联=普通汽车+电动机。

混联式是在发动机和电动机协同驱动汽车行驶的同时，发动机还能带动发电机为电池充电，不再像并联结构中的电动机需要身兼两职，并且理论上它能够实现发动机带动发电机发电，电动机驱动汽车的模式。当然，两个动力单元都能够单独驱动车辆。

3. 燃料电池电动汽车

燃料电池电动汽车即在电动汽车的基础上增加了燃料电池，并以电动机驱动车辆行驶。现阶段研究最广泛的燃料电池是氢燃料电池。氢燃料电池发电的基本原理是电解水的逆反应，燃料电池的产物是电和水，如图1-6所示。现在国际上每辆氢燃料电池汽车的成本，一般在100万~200万美元，造价非常昂贵，燃料电池电动汽车的发展受到了严重的限制。

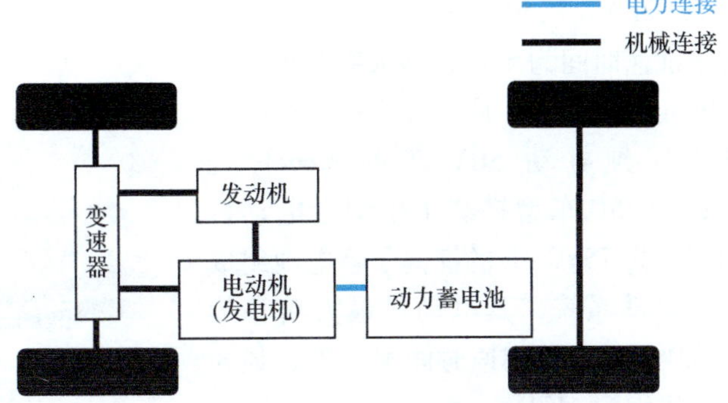

图1-4　并联式混合动力电动汽车

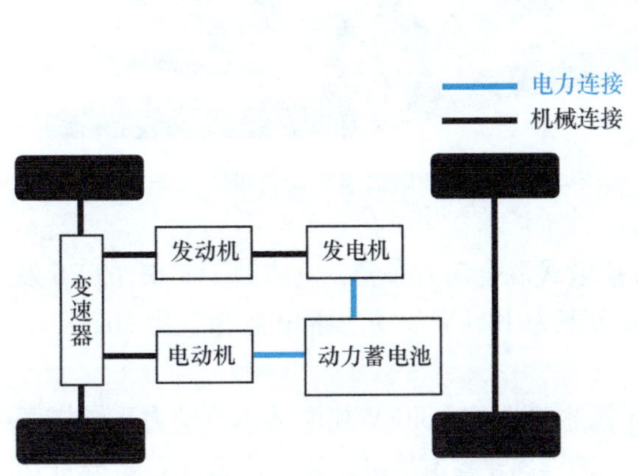

图1-5　混联式混合动力电动汽车

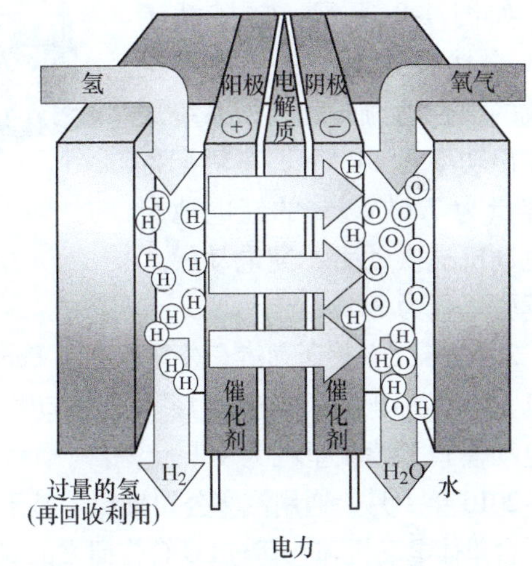

图1-6　氢燃料电池工作原理

1.3　电动汽车的发展

世界上第一辆电动汽车诞生于19世纪末，早于燃油汽车，但由于电技术的限制，续驶里程非常有限，而内燃机技术的发展和石油的开发，使得燃油汽车更具优势，电动汽车的发展逐渐停滞。至20世纪末，环境污染和能源危机日益严重，汽车保有量快速增长加剧了石油资源的供求不平衡，并导致城市环境污染更加严重。为解决这一问题，全球主要国家和各大汽车企业投入了大量资金用于电动汽车研发，以研发出高性能的电动汽车。

1. 美国

20世纪90年代开始，美国政府以能源部为中心，通过加强与企业技术合作，增加对电动汽车发展的投入。2012年2月美国能源部成立了能量存储联合研究中心（JCESR），开展先进电池技术研发。

2009年，特斯拉汽车公司推出了Model S纯电动汽车，如图1-7所示。Model S60车型搭载了由一台电动机和容量为60kW·h的锂离子蓄电池组成的纯电动系统，其电动机最大功率为284.8kW，峰值转矩为440N·m，百公里加速时间为5.8s，最大续驶里程为400km。2012年2月，特斯拉汽车公司推出了纯电动SUV车型Model X。Model X75D车型搭载了由两台电动机和容量为75kW·h的锂离子蓄电池组成的纯电动系统，其电动机最大功率为386kW，百公里加速时间为6.3s，最大续驶里程为417km。

图1-7 特斯拉Model S纯电动汽车

2015年，福特汽车公司推出了Ford Fusion插电式混合动力汽车，如图1-8所示。它搭载了2.0L自然吸气发动机和电动机组成的混合动力系统，该系统最大输出功率为145kW，车辆配备了容量为7.6kW·h的锂电池组为电动机提供动力，纯电动模式下续驶里程为35km。

图1-8 Ford Fusion插电式混合动力电动汽车

2016年，克莱斯勒汽车公司发布了Pacifica插电式混合动力车型，它搭载了3.6L的V6发动机与电动机组成的混合动力系统，发动机最大功率为185kW，动力蓄电池容量为16kW·h，纯电动模式下续驶里程为48km。

2016年1月，通用汽车公司推出了基于Bolt概念打造的BoltEV纯电动车，动力系统搭载了一台单体电动机和一套与LG合作研发的60kW·h的锂离子蓄电池组，最大功率和转矩分别达到了149.1kW和360N·m，最高时速达到146km/h，续驶里程为321km。2016年底，通用汽车公司推出了凯迪拉克CT6插电式混合动力车型，如图1-9所示。该车搭载了一台2.0T发动机和两台最大功率为74kW的电动机组成的插电式混合动力系统，最大输出功率为250kW，转矩达586N·m，百公里加速时间为5.2s，纯电动模式下，最大续驶里程为48km。

图1-9 凯迪拉克CT6插电式混合动力电动汽车

2. 日本

日本是电动汽车技术水平较高的国家之一。由于能源匮乏，日本一直致力于发展小型、节能的新能源汽车，尤其是在混合动力电动汽车方面。日本早在1965年就启动了EV研究项目，并多次投入巨资推动国内科研机构对EV的研究。20世纪末开始，本田汽车公司和丰田汽车公司等日本大型汽车制造企业纷纷开始电动汽车开发。1997年，丰田汽车公司推出

了第一款混合动力电动汽车 Prius，其后又推出了第二代 Prius、第三代 Prius、第四代 Prius 和插电式混合动力车 Prius PHEV。第四代 Prius 如图 1-10 所示。本田汽车公司于 1999 年推出了 Insight 混合动力电动汽车，搭载了独创的 IMA 油电混合系统，有效地提升燃油利用率。2009 年，日产汽车推出了 Leaf 纯电动汽车，如图 1-11 所示，其配备的锂离子蓄电池在充满电情况下续驶里程可达 160km。

图 1-10　丰田第四代 Prius 混合动力电动汽车

3. 德国

2009 年，德国发布了《国家电动汽车发展计划》，目标是电动汽车保有量在 2020 年达到 100 万辆，并在该计划框架下设立了“国家电动汽车平台”（NPE），推动计划实施。同年，德国政府拿出经济振兴规划的 500 亿欧元中的 5 亿欧元用于电动汽车的研发。

图 1-11　日产 Leaf 纯电动汽车

2013 年，宝马汽车公司推出了首款纯电动汽车 i3，如图 1-12 所示。其采用后置后驱的驱动方式，电动机最大输出功率为 125kW，最大输出转矩为 250N·m，百公里加速时间为 7.2s，最高车速达 150km/h。宝马 i3 配备了 22kW·h 的锂离子蓄电池，在充满电的情况下续驶里程为 130~160km。

图 1-12　宝马 i3 纯电动汽车

2015 年，奥迪汽车公司发布了 A6Le-tron 插电式混合动力车型，其动力系统包括 2.0TFS 汽油发动机和电动机，综合输出功率可达 182.7kW，峰值转矩为 500N·m，百公里加速时间为 8.4s。它具有 3 种驱动模式，分别为发动机、纯电动和混合动力模式。纯电动模式下以 60km/h 匀速行驶，续驶里程为 80km。

4. 英国

英国路虎公司于2011年推出了插电式混合动力车型路虎 Range_e，如图1-13所示。该车动力系统由一台最大输出功率为180kW的柴油发动机和一台最大输出功率为70kW的电动机及容量为14.2kW·h的锂离子蓄电池组成。当发动机与电动机联合工作时，最大输出功率可达到250kW。该车纯电动模式下续驶里程为32km，最高车速为193km/h，百公里油耗为3.36L。

图1-13 路虎 Range_e 插电式混合动力汽车

大众、奔驰汽车公司也推出了一些电动汽车产品，如大众 Golf-GTE 插电式混合动力电动汽车、奔驰B级 Electric Drive 纯电动汽车等。

5. 中国

我国早在"八五"期间就开始了电动汽车的研究工作。2001年，国家"863"电动汽车科技攻关项目正式启动，确立了我国电动汽车"三横三纵"的发展格局。其中，"三横"即动力电池及其管理系统、驱动电机及其控制系统和多能源动力总成系统；"三纵"即混合动力电动汽车、纯电动汽车和燃料电池电动汽车。2012年4月，国务院通过了《节能与新能源汽车产业发展规划（2012—2020年）》，规划指出汽车工业转型战略方向是纯电驱动，现阶段要重点推进纯电动汽车和插电式混合动力汽车产业化，并推广普及非插电式混合动力汽车和节能内燃机汽车，以提升我国汽车产业整体技术发展水平。

我国电动汽车发展历时数十年已取得显著的成绩，涌现出了一批自主品牌。比亚迪汽车公司在动力锂离子蓄电池方面的研究成果斐然，近年来相继推出了纯电动车型和插电式混合动力车型。2011年，比亚迪汽车公司推出了比亚迪e6纯电动汽车，如图1-14所示，它配备了比亚迪汽车公司自主研发生产的磷酸铁锂蓄电池，最高时速达120km/h，百公里加速时间小于13s，百公里能耗（电能）约为20kW·h。

图1-14 比亚迪e6纯电动汽车

上汽集团在新能源汽车的电机、蓄电池和电控等核心技术和关键零部件方面也形成比较完备与领先的技术体系，已成功研制生产出一系列纯电动车型和插电式混合动力车型。2016年4月，上汽集团推出了荣威e550，是中国首款量产的插电式混合动力轿车，如图1-15所示。它采用由1.5L发动机构成的 Green-motion 高效能混合动力引擎组，能提供147kW的峰值功率及 587N·m 的峰值转矩，纯电模式下续驶里程为 60km，总续驶里程达 600km。

图 1-15　荣威 e550 插电式混合动力汽车

此外，北汽、长安汽车、东风日产等汽车企业已推出新能源车型，如北汽 EV200、长安逸动、启辰晨风等。

第2章 混合动力电动汽车

2.1 概述

混合动力电动汽车（HEV）将内燃机、电动机、传动系统与一定容量的蓄电池通过控制系统相组合，电动机可补偿车辆起步、加速时所需转矩，使发动机工作在高效区，又可以回收车辆制动能量，从而大幅度降低整车油耗，减少污染物排放。混合动力电动汽车虽然没有实现零排放，但是其动力性、经济性和排放等综合指标均得到很大的改善。

2.1.1 混合动力电动汽车的定义

GB/T 19596—2017 规定，混合动力电动汽车指至少能够从可消耗的燃料、可再充电能/能量储存装置这两类车载储存的能量中获得动力的汽车。

2.1.2 混合动力电动汽车的特点

混合动力电动汽车具备多个动力源（主要是内燃机和电动机），并根据情况将几个动力源同时或单独用于驱动汽车，是当今最具实际开发意义的低排放和低油耗汽车。下面简要介绍一下混合动力电动汽车的优点和缺点。

1. 混合动力电动汽车的优点

采用混合动力后可按平均需用的功率来确定内燃机的最大功率，此时处于油耗低、污染少的最优工况下工作。需要大功率而内燃机功率不足时，由蓄电池来补充。功率要求小时，富余的功率可发电给蓄电池充电，由于内燃机可持续工作，蓄电池可以不断得到充电，故其行程和普通汽车一样。因为有了蓄电池，可以十分方便地回收制动时、下坡时、怠速时的能量。在繁华市区，可关停内燃机，由蓄电池单独驱动，实现“零”排放。有了内燃机可以十分方便地解决耗能大的空调、取暖、除霜等纯电动汽车遇到的难题。可以利用现有的加油站加油，不必增加再投资。可让蓄电池保持在良好的工作状态，不发生过充电、过放电，延长其使用寿命，降低成本。

2. 混合动力电动汽车的缺点

由于有多个动力源而成本提高，如何实现多个动力源的配合工作成为混合动力电动汽车要解决的关键问题。由于有多个动力源，增加了质量和所必需的装载空间，这降低了混合动力电动汽车的有效负载能力。

2.1.3 混合动力电动汽车的分类

1. 按照能量混合比分类

按照两种不同能量的混合比例的不同，混合动力电动汽车分为 4 种类型，即微混合型、轻度混合型、全混合型和插电式混合型。

微混合动力系统的基本结构如图 2-1 所示。对于微混合动力车辆，动力中依靠蓄电池的比例很小，驱动车辆的两种动力源中电动机功率的比例小于 10%，而内燃机功率的比例很大。只要车辆停止，发动机就关闭，以利于节油，重新起动时，驾驶人踩下加速踏板，起动机立即加速车辆，同时起动发动机，车辆加速时，起动机辅助发动机加速车辆至需要的速度，车辆巡航时，发动机单独驱动车辆。微混合可实现 5%~15%的节油效果。GM Silverado 混合动力电动汽车属于微混合电动汽车。

轻度混合动力系统的基本结构如图 2-2 所示。对于轻度混合车辆，动力中依靠蓄电池的比例增大，与微混合系统相比，主要的区别是增加了单独的电动机来辅助发动机工作，电动机功率超过总功率的 10%。它主要靠发动机来推进车辆运动，基本不单独用电动机来推进车辆。电动机、发电机、蓄电池包都比微混合的大些。Honda 的 Insight 和 2003~2005 年的 Civic Hybrids 是典型的轻度混合电动汽车，节油效果可达 20%~25%。

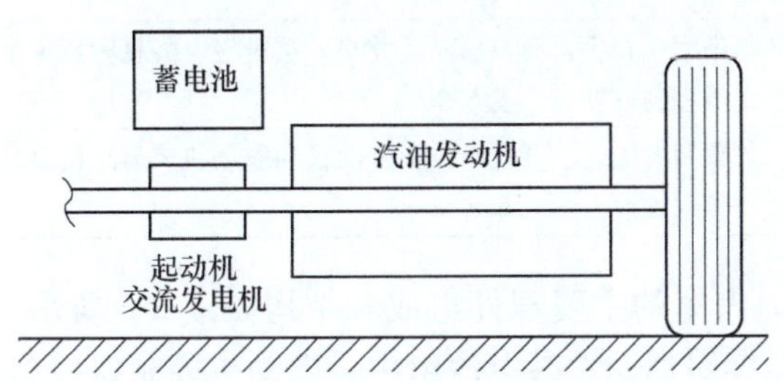

图 2-1 微混合动力系统的基本结构

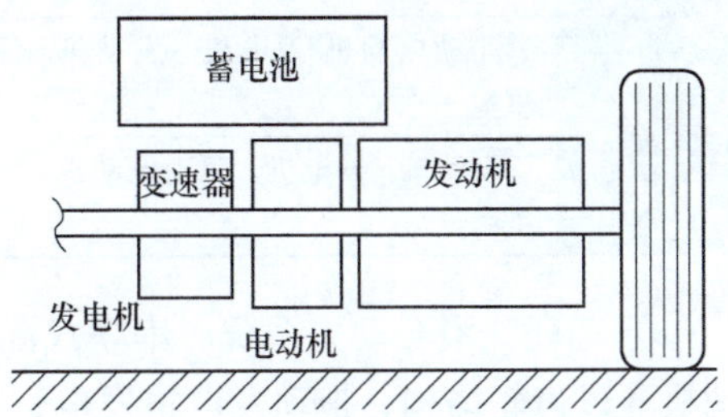

图 2-2 轻度混合动力系统的基本结构

全混合动力系统的基本结构如图 2-3 所示。对全混合动力汽车来说，动力中依靠蓄电池的比例更大，与轻度混合系统相比，驱动车辆的两种动力源中电动机功率的比例更大，内燃机功率的比例更小，控制系统更加复杂，以便具有最佳的能量与功率管理。全混合动力系统内燃机和电动机的功率比例不同，电动机功率一般大于总功率的 30%。Toyota Prius、Ford Escape Hybrid、Mercury Mariner Hybrid、Toyota Highlander 以及 Lexus RX 400h 等均为全混合动力电动汽车，节油效果可达 50%~56%，但实际节油效果受车辆行驶工况和驾驶习惯的影响较大。

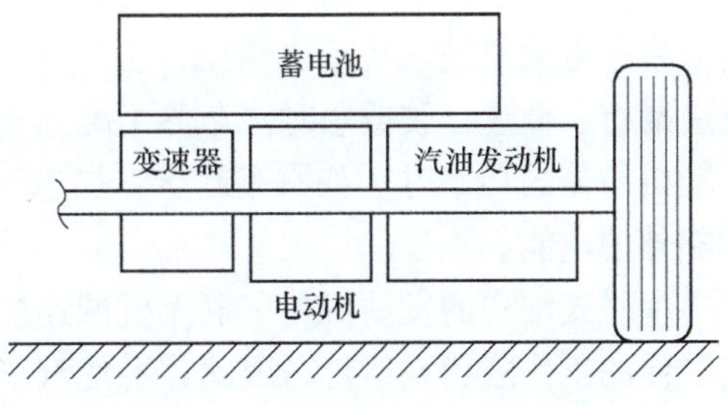

图 2-3 全混合动力系统的基本结构

插电式混合动力系统的基本结构如图 2-4 所示（Plug-in 系统）。对于 Plug-in HEV，其结构与全混合系统类似，但蓄电池包可以利用外接电源充电。与其他系统相比，蓄电池和电动机功率更大，发动机功率可以更小，控制系统必须能够防止蓄电池 SOC 降到全混合所需最小水平，并能及时为蓄电池充电。在纯电动模式行驶里程范围内，汽油机不工作，超过此范围时与全混合动力系统相同。电动机功率应与纯电动系统相同，内燃机功率应与全混合系统相同，同时蓄电池容量应能保证必要的行驶里程。

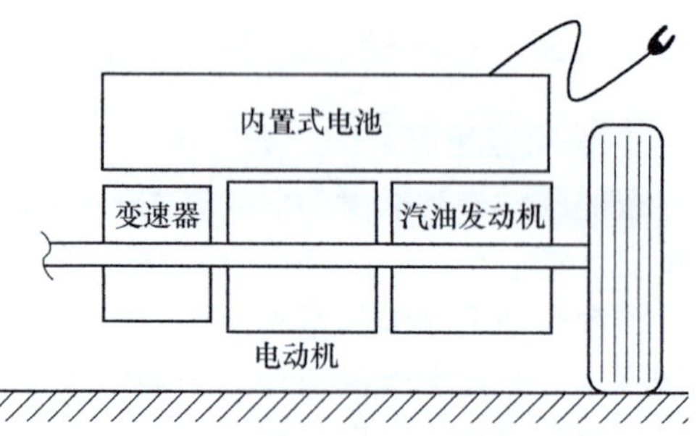

图 2-4　插电式混合动力系统的基本结构

2. 按动力传动系统布置分类

目前世界各国研究开发的混合动力电动汽车有不同的结构形式，根据其动力传动系统的配置和组合方式不同，可以将 HEV 的动力系统分为 3 种基本结构：串联式、并联式和混联式，其各自特点见表 2-1。这 3 种结构各有其优缺点，可以针对研究车辆的不同用途及行驶工况从中进行选择。其中并联式因为动力输出方式多，行驶稳定性好，是目前比较热门的结构方式，它分为转矩结合式、转速结合式、驱动力结合式。

表 2-1　不同混合动力系统技术特点对比

系统结构	动力系统的主要组成	技术特点
串联式	发动机、发电机、驱动电动机	发动机效率高、结构简单，但对蓄电池要求高，能量利用率低
并联式	驱动电动机/发电机、发动机、耦合机构	与串联式相比，动力总成尺寸小，重量轻，能量利用率高，但控制较复杂、成本高
混联式	发动机、发电机、驱动电动机、耦合机构	兼顾两者优点，可灵活控制发动机和电动机，但结构复杂、控制难度大、成本高

（1）串联式混合动力系统　串联式混合动力汽车的主要部件组成和结构如图 2-5 所示。发动机通过齿轮结构，拖动发电机发电，将电能存储到动力蓄电池组中，电动机控制器控制电动机工作，将电能转化为动能，为整车提供动力。对于串联式混合动力电动汽车而言，电动机是驱动车辆的唯一动力装置，用来保证车辆的正常运行。蓄电池实际上起平衡原动机输出功率和电动机输入功率的作用，当发电机的发电功率大于电动机所需的功率时（如汽车减速滑行、低速行驶或短时停车等工况），发电机向蓄电池充电。当发电机发出的功率低于电动机所需的功率时（如汽车起步、加速、高速行驶、爬坡等工况），则蓄电池向电动机提供额外的电能。

串联式结构的发动机与车辆无机械连接，可使发动机不受汽车行驶工况的影响，始终在其最佳的工作区稳定运行，因此，可使汽车的油耗和排放降低。串联式混合动力电动汽车特别适用于在市区内低速运行的工况。在市区，汽车在起步和低速时还可以关闭原动机，只利用蓄电池进行功率输出，使汽车达到零排放的要求。串联式结构的不足是发动机的输出需通过发电机全部转化为电能，再通过电动机转变为驱动汽车的机械能，由于机电能量转换和蓄电池充放电的效率较低，使得燃油能量的利用率比较低。因此，串联式混合动力系统主要应用在城市公交车上。

（2）并联式混合动力系统　并联式混合动力汽车主要由发动机、电机（电动机兼发电机）、离合器、动力蓄电池组等几大部分组成，如图 2-6 所示。根据发动机和电机是否同轴，可分为单轴并联式混合动力电动汽车和双轴并联式混合动力电动汽车。由于具备两套动力系

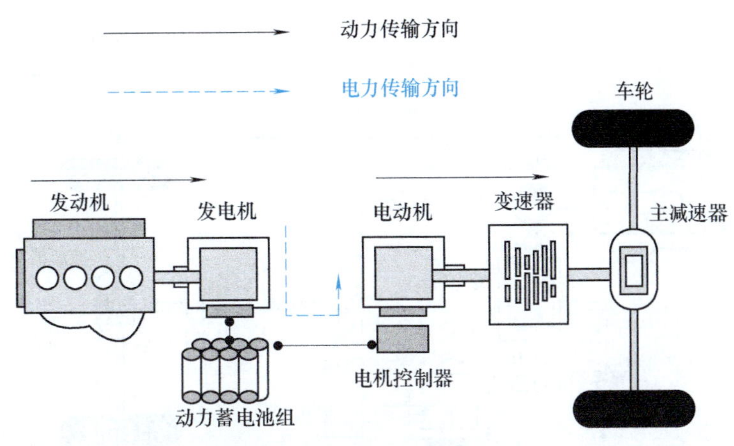

图 2-5　串联式混合动力系统

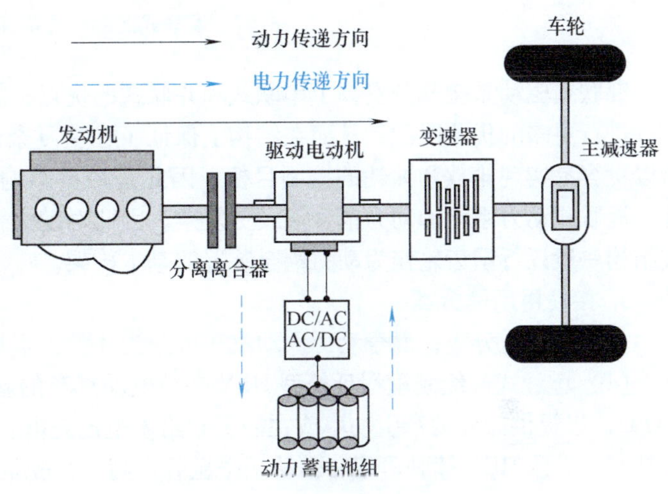

图 2-6　并联式混合动力系统

统，根据路况和驾驶人需求，发动机和电机可联合驱动或独立驱动汽车。在交通较为拥堵的市区，低速运行，由电机单独驱动，实现零排放零污染。当动力需求增大时，发动机参与工作。当电动机只是作为辅助驱动系统时，功率可以比较小。与串联式结构相比，发动机通过机械传动机构直接驱动汽车，其能量的利用率相对较高，从而燃油经济性和能量利用效率提高。机械制动能量也可存储到蓄电池组，能量转化损失减少。并联式驱动系统适合于汽车在城市间公路和高速公路上稳定行驶的工况。由于并联式驱动系统的发动机工况要受汽车行驶工况的影响，因此不适于汽车行驶工况变化较多、较大的路况。相比于串联式结构，需要变速装置和动力耦合装置，传动机构较为复杂，控制策略和方法难度也大。

（3）混联式混合动力系统　混联式混合动力系统是串联式与并联式的综合，其结构如图 2-7 所示。发动机输出功率一部分通过机械机构传给驱动桥，另一部分则用于驱动发电机发电。发电机发出的电能输送给电动机或蓄电池，电动机产生的驱动转矩通过动力耦合装置传送给驱动桥。混联式混合动力系统在汽车低速行驶时，驱动系统主要以串联方式工作；在汽车高速稳定行驶时，则以并联工作方式为主。

相对于串联式结构，在混联式结构中，发动机可直接驱动车辆；而相对于并联式结构，增加了一个发电机用于能量转换。因此混联式混合动力系统的驱动方式更为灵活，它既能以串联式进行工作，又能以并联式进行工作，但混联式混合动力系统的结构更为复杂，使其成本更高，技术难度更大，价格也比前两种昂贵。

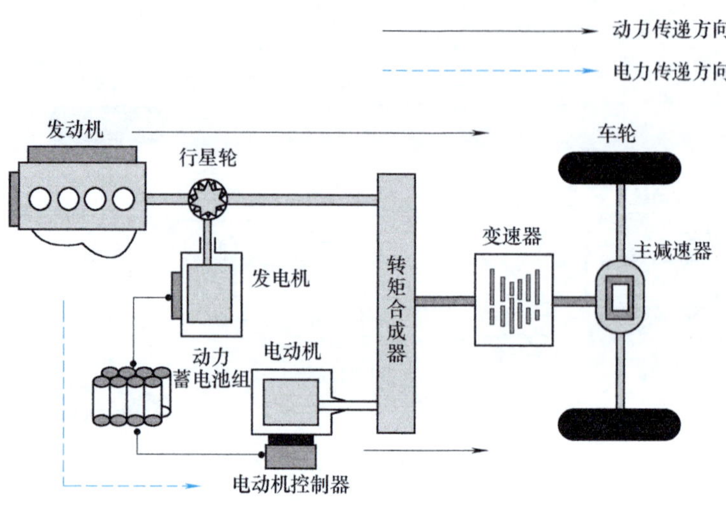

图 2-7　混联式混合动力系统

混联式驱动系统充分发挥了串联式和并联式的优点，能够使发动机、发电机、电动机等部件进行更多的优化匹配，从而在结构上保证了在更复杂的工况下使系统在最优状态工作，所以更容易实现排放和油耗的控制目标，因此是最具影响力的 HEV。与并联式动力系统相比，混联式动力系统的动力耦合形式更复杂，因此对动力耦合装置的要求更高。目前的混联式结构一般以行星齿轮作为动力耦合装置的基本构架。

3. 按使用用途分类

按使用用途分类，混合动力电动汽车可分为 3 类：增程式、功率辅助型和双模式。

（1）增程式　续驶里程延长型 HEV 在纯电动汽车的基础上增加了常规的辅助能量单元（APU）以提供额外的牵引功率或在需要时给蓄电池充电。由于 APU 的油箱成了蓄电池能量的补充，导致 HEV 续驶里程和驱动功率显著提高。续驶里程延长型 HEV 一般由一个大容量的蓄电池组和小型发电机组组成（主要针对小轿车而言）。该类型电动汽车既可以设计成荷电保持型 HEV，也可以设计成荷电耗尽型 HEV。如果 APU 的容量较大并可用来给电池组充电，则为荷电保持型 HEV。如果 APU 容量相对较小并且主要目标是提供附加功率，则为荷电耗尽型 HEV。该类型车既可以设计成串联系统也可以设计成并联系统，尤其适合串联系统。

（2）功率辅助型　功率辅助型 HEV 在常规内燃机驱动的汽车的基础上增加了辅助电驱动和能量存储系统以优化能量的管理。该类型电动汽车上的主要能源来自于内燃机带动的发电机组。功率辅助型混合动力电动汽车一般由较大功率的发电机组和较小容量的蓄电池组组成，该系统既可以设计成串联系统也可以设计成并联系统，尤其适合并联系统。

（3）双模式　双模式 HEV 兼具串联与并联 HEV 的特点。该类型电动汽车具有较大内燃机，能够提供相当长的纯电动续驶里程。串、并联布置在这种 HEV 中都没有明显优势。

2.2　混合动力电动汽车的关键技术

混合动力电动汽车的本质就是通过先进的控制技术将内燃机汽车与纯电动汽车有机融合

形成的新型汽车，其核心技术的覆盖面非常广泛，涉及机电、控制、车辆等方面的技术，以及电力电子、电化学、汽车电子等众多学科。

2.2.1 驱动电动机及其控制技术

混合动力电动汽车的驱动电动机应具有能量密度高、体积小、轻便、工作效率高的特点。基于其发展势头而言，电动机的研究工作多集中在交流异步与永磁同步两种电动机，前者适用于高速行驶的工况，后者则适用于频繁起停、低速运行的城市工况。

驱动电动机的控制技术主要包括大功率电子部件、变换器、微处理器、电动机控制算法。在持续探索研究之下，高性能的电子部件正逐渐发展成由微电子、电力电子集成的第四代功率集成电路。变换器可划分成 DC-AC 变换器（又称为逆变器，适用于交流电动机）、DC-DC 转换器（适用于直流电机）两个种类，其技术随着功率器件的发展而发展。电控微处理器主要是单片机、DSP 芯片，现阶段电动机控制的专属 DSP 芯片已然在业内普及开来。现阶段普通电动机驱动领域的控制方式众多，主要包括矢量、变压变频、直接转矩、自调整等方面的控制，上述方法早已被广泛应用于电动汽车的驱动控制中，在持续实践与电动汽车驱动控制本身优势的作用下，即便是在功率、转矩都恒定不变的情况下也可持续实现工作效率高、调速区间大、响应快，在控制方法方面交流异步与永磁同步两种电动机的矢量控制比较理想。

近年来，还陆续出现了变结构、模糊、神经网络、专家系统等众多全新的控制方式，它们在电动汽车领域也得到了普遍的认可，并运用于实际操作中，其工作效果表现良好。

2.2.2 整车能量管理与动力系统控制

混合动力电动汽车的整车能量控制系统作为一个桥梁将传统内燃机汽车与纯电动汽车两者的优势有机融合起来，其主要功能是控制整车功率与转换工作模式。该系统在兼顾行驶平顺性的同时，还要指挥各个系统协调工作，以在功率、排放和动力性上达到最佳效果。

该系统可基于驾驶人的实际操作来判定其真实意图，在确保符合驾驶要求的条件下将输出功率科学地分配给电动机、发动机、蓄电池等动力元件，达到最优管控能量的效果，尽可能地用最少的燃料来达到最好的功效。利用动力机构、能量存储机构、传动系统等将燃料包含的化学能、热能转换为机械能的百分比称为燃料能量转换率。整车能量管理的目标就是最大限度地提升燃料的能量转换率。

整车能量管理工作离不开控制混合动力系统的有效工作，除此之外，还要顾及空调、转向/制动助力等其他车载机电元件所耗用的能量，据此来全方位地评价整车的能量耗用情况。

2.2.3 动力蓄电池及其管理系统

在对动力蓄电池进行分类时，所凭借的分类依据主要是以电池自身的功率密度作为主要参考，即动力蓄电池主要包括两种类型：其一是以能量为主的蓄电池，这种蓄电池在动力上完全以电力作为基本动力；其二是以功率为主的蓄电池，这种蓄电池在动力上以电力混合其他类型的能源作为基本动力。

动力蓄电池要配备电池管理系统才能工作，这就要求动力蓄电池在合理的操作与系统应用中应当能够将自身最佳的性能完全发挥出来。一般来说，电池管理系统主要涵盖以下几个方面的功能：

1）对动力蓄电池的SOC予以科学、精确的计算。

2）实时监控单体或单块电池的温度和电压基本数据及其变化情况。

3）对动力蓄电池在目标时间内的工作极限予以明确，并将结果发送给车辆电控单元（ECU）。

4）实现蓄电池组的有效热管理，如果有需要，应当依据实际情况考虑是否进行蓄电池组的加热或降温处理。

5）对蓄电池自身可能出现的库仑失衡问题予以实时监控，并对其进行必要的校正。

2.2.4 动力传动系统的参数匹配

做好参数匹配工作包括多个方面的内容，例如对电动机的基本应用功率进行实时检测，对蓄电池的容量进行有效测量，对发动机的功率进行合理选用等，这样通过不同方面的调配，可确保最后所形成的驱动系统能够始终保持在最佳性能水平上。通过计算机仿真进行该参数的匹配，能够产生多种不同的动力系统组合方案，自由度较大。

2.2.5 能量再生制动回收系统

该系统是为了提升混合动力电动汽车自身的燃油效率所提出的一种新型解决方法。车辆在行车的过程中，其行车安全与制动性能息息相关，这就要求对车辆的基本回收制动能力进行合理调整，确保在行车的过程中车辆制动的可操作性与稳定性。

2.2.6 先进的车辆控制技术应用

传统意义上的车辆控制技术其核心在于对动力学控制系统的合理研发与应用，这给混合动力电动汽车在控制技术上的创新发展提供了思路，即电动汽车在控制技术相关问题上的研究分析，应将实际动力控制系统与制动回收系统之间进行有机联动。在实际发展过程中只有将二者及时有效地联系起来，才能确保混合动力电动汽车在未来的发展进程中变得更加绿色、节能、舒适、安全。

2.3 混合动力电动汽车动力耦合与传动系统

2.3.1 动力耦合系统

1. 动力耦合系统的功能

混合动力电动汽车动力耦合系统结构种类多样，但它们有着共同的基本功能，总结为以下4项：

（1）动力耦合功能　实现多个动力源的转速、转矩以及功率的合成与分解，形成驱动车辆行进的动力。各个动力源既可以单独驱动车辆，也可以共同驱动车辆，不会互相干涉。必要的时候还可以把单个动力源输出的动力进行分解。例如行车发电模式就是把发动机的动力分解为两部分：一部分用于驱动车辆；另一部分驱动发电机为蓄电池组充电。

（2）工作模式切换功能　混合动力电动汽车具有多种工作模式，要求汽车在不同的行

驶工况下都能采用经济性和动力性俱佳的工作模式。动力耦合系统应该与传动系统其他部件紧密布置，实现不同工作模式之间平顺无冲击的切换。

（3）再生制动功能　再生制动功能是混合动力电动汽车最为显著的优势之一，是非常重要的一种节能途径。在汽车减速或者制动时，将汽车的动能通过传动系统拖动电机转子在磁场中旋转产生电流，实现制动能量的回收。在再生制动的过程中，动力耦合机构能在保持驱动轮与电机转子机械连接的同时，断开与发动机的连接，以提高制动能量的回收率。

（4）辅助功能　动力耦合系统可满足车辆在起步时利用电动机低速、大转矩特性的要求，省去传统汽车起步时在离合器上消耗的能量，能利用电动机直接进行倒车，实现车辆变速器倒档功能，简化变速器机构。

2. 动力耦合系统的分类

混合动力电动汽车动力耦合系统对动力源的动力耦合主要有以下 4 种方式：

（1）转矩耦合式　各动力源输出的转速成一定的比例关系，转矩相互独立，动力耦合系统输出的转矩是各动力源输出转矩的线性和。典型的齿轮耦合式结构如图 2-8 所示。

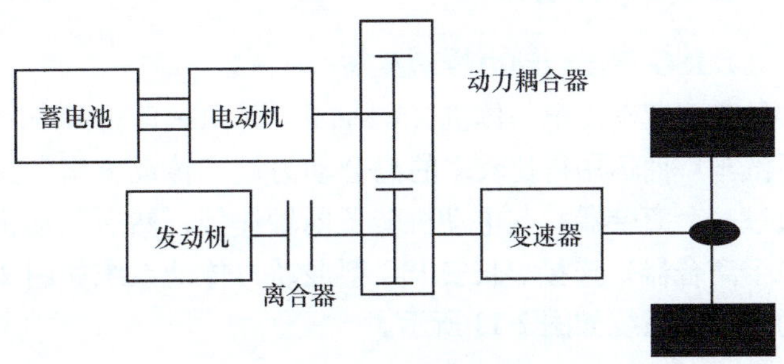

图 2-8　固定轴齿轮式动力耦合机构

（2）转速耦合式　各动力源输出的转矩成一定的比例关系，转速相互独立，动力耦合系统输出的转速是各动力源输出转速的线性和。典型的行星齿轮耦合式结构如图 2-9 所示。

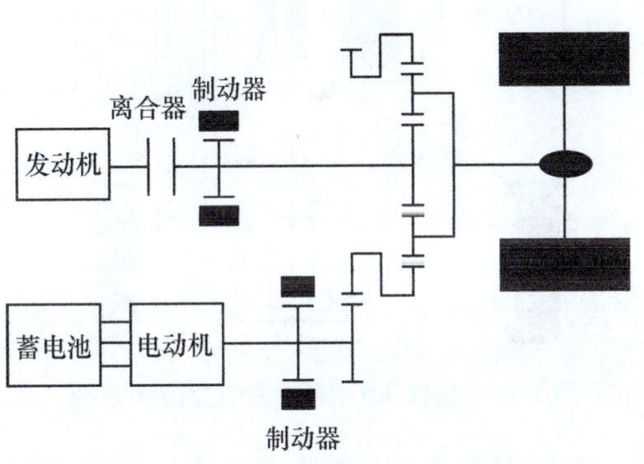

图 2-9　行星齿轮式动力耦合机构

（3）混合耦合式　即同时采用转速耦合和转矩耦合的动力耦合方式。日本丰田公司开发的 Prius HEV 和 Lexus RX400h 即采用混合耦合式动力耦合系统。Lexus RX400h 的混合式动力耦合系统如图 2-10 所示，其电动机 MG2 和发动机通过行星齿轮机构实现转速耦合，之后的合成动力与电动机 MG1 进行齿轮式耦合。通过速度合成实现电动机 MG2 对发动机的速度调节，使发动机转速与车速独立开来，实现 E-CVT 功能。福特公司的 Escape 采用的动力合成系统是磁场转矩耦合与行星齿轮转速耦合的方式。

（4）牵引力耦合式　这种耦合方式比较特殊，是发动机和电动机分别独立地驱动前、后车轮，通过前、后车轮驱动力将多个动力源输出的动力合成在一起，主要用在四驱混合动力汽车上。该耦合方式通过前、后车轮的牵引力进行动力的合成，前、后轴具有很好的驱动独力性。长丰公司开发的一款越野汽车的牵引力耦合式动力耦合系统如图 2-11 所示。

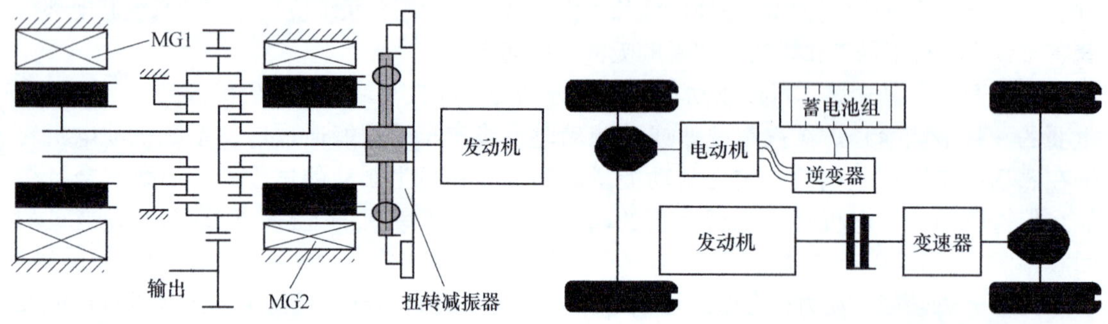

图 2-10 Lexus RX400h 的混合式动力耦合系统

图 2-11 长丰公司牵引力耦合式动力耦合系统

2.3.2 传动系统

1. ISG 型混合动力传动系统

集成起动发电一体机（Integrated Starter Generator，ISG）型混合动力传动系统是目前世界汽车厂商运用得比较多的混合动力汽车传动方案。这种传动方案将发动机曲轴直接（或通过一个离合器）与电动机转子同轴连接，然后电动机转子与变速器输入轴直接（或通过一个离合器）连接。长安 ISG 型混合动力传动系统如图 2-12 所示。大陆双离合器 ISG 型混合动力传动系统如图 2-13 所示。

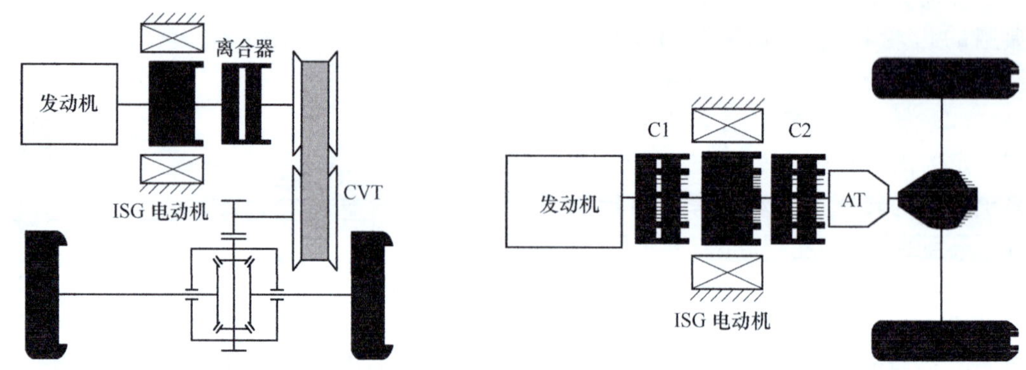

图 2-12 长安 ISG 型混合动力传动系统

图 2-13 大陆双离合器 ISG 型混合动力传动系统

轻度混合的 ISG 型混合动力电动汽车，其电机容量较小，不足以单独驱动汽车，主要实现怠速起停、加速助力和再生制动功能；而重度混合的 ISG 型混合动力电动汽车则采用纯电动驱动模式，在再生制动、纯电动驱动或倒车时，离合器断开发动机和电动机之间的连接，可以减少能量损失，提高汽车的经济性能。

2. BSG 型混合动力传动系统

带传动一体化起动/发电机（Belt-Driven Starter Generator，BSG）型混合动力传动系统的发动机曲轴通过链或带传动方式与一个小功率电动机转矩耦合连接，同时发动机曲轴输出端通过磁场耦合方式与一个大功率的电动机转矩耦合连接。奇瑞 A5 BSG 型混合动力传动系统如图 2-14 所示，日产 Tino 混合动力传动系统如图 2-15 所示。基于双离合（Dual Clutch Transmission，DCT）的混合动力传动系统如图 2-16 所示。

与 ISG 型传动系统相比，BSG 型传动系统的两个电动机相互独立，小功率的 BSG 电动

机辅助主电动机完成怠速起停功能，大功率的主电动机则主要实现汽车在不同行驶工况下的电动机助力、纯电动、制动能量回收和吸收发动机盈余功率等功能。

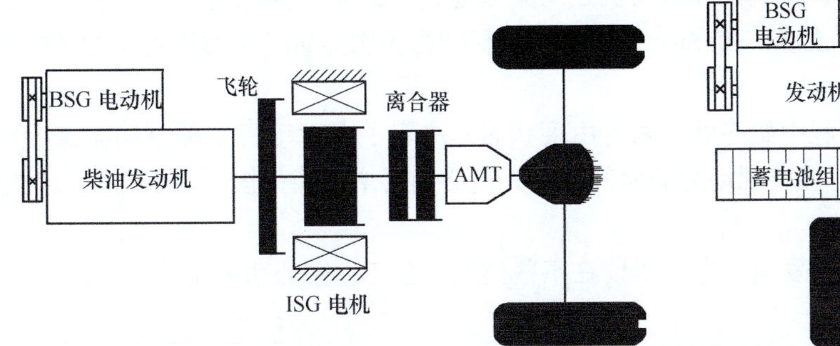

图 2-14　奇瑞 A5 BSG 型混合动力传动系统

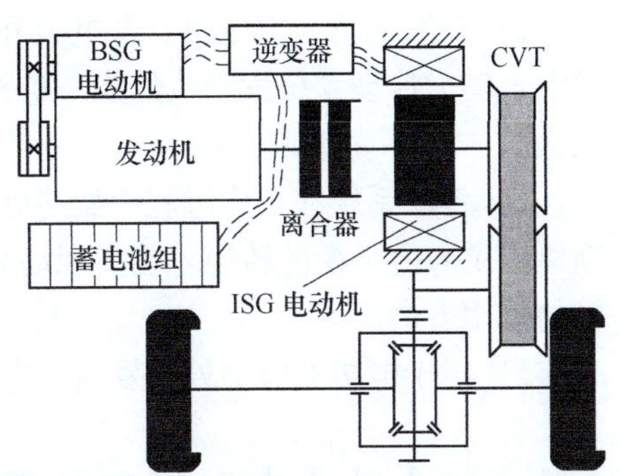

图 2-15　日产 Tino 混合动力传动系统

3. 丰田混合动力传动系统

丰田混合动力传动系统（Toyota Hybrid System，THS）是世界上第一个商业化量产的混合动力传动系统，已在丰田多款混合动力汽车上装备。THS 已有 3 代产品面世，前两代 THS 采用单级行星齿轮机构，并采用了一个链传动和两级齿轮传动的减速系统，如图 2-17 所示。第三代 THS 采用了两个同轴的行星齿轮机构和两个齿轮减速系统，用发动机远端的行星轮机构取代了原结构中的中间齿轮轴和传动链，使得结构更加紧凑，并提高了输出转矩，如图 2-18 所示。

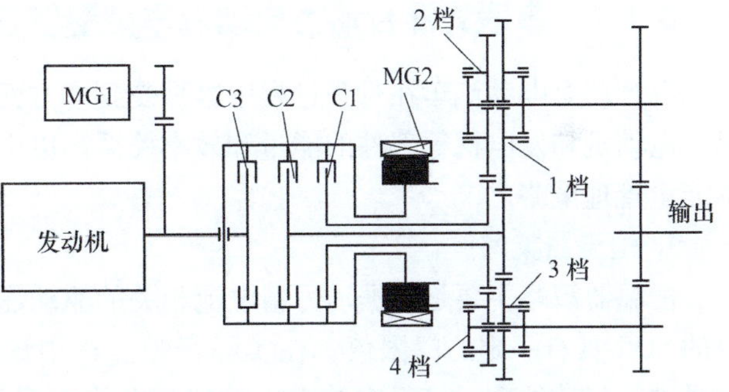

图 2-16　基于 DCT 的混合动力传动系统

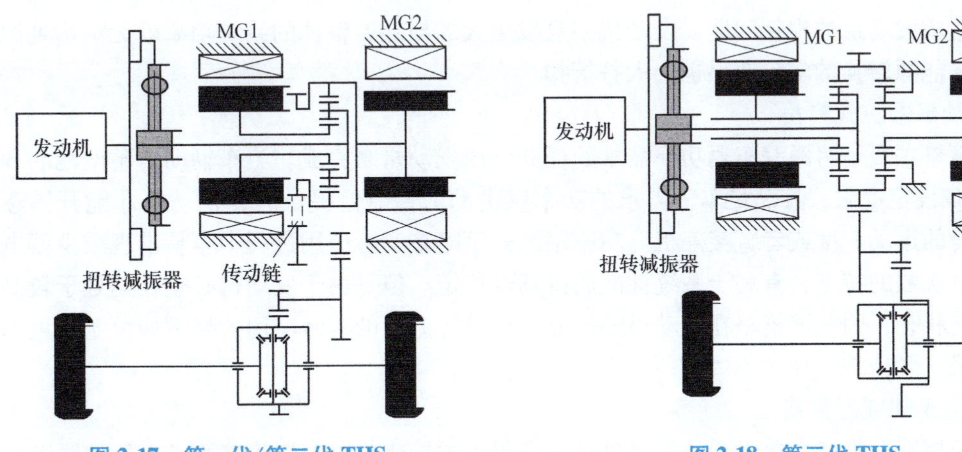

图 2-17　第一代/第二代 THS

图 2-18　第三代 THS

THS 具有转速耦合和转矩耦合两种耦合方式，可以根据汽车行驶工况的不同而采用不同的工作模式，并通过控制系统能量的流动路径以获得较好的燃油经济性。

THS 中采用的行星齿轮机构使发动机的工况调节十分灵活，对提高汽车燃油经济性有显著效果，但 THS 系统也有自身的缺陷：

1）在发动机、发电机、蓄电池和电动机之间频繁地进行能量转换和传递，沿袭了串联式混合动力传动系统发动机热能—机械能—电能—机械能的多次能量转换的缺点，能量损失较大。

2）传动系统在工作过程中始终处于两自由度状态，决定了在发动机单独驱动时需要电动机提供与之平衡的转矩才能实现动力的向外输出，这必然要增加能量损耗，也会缩短发电机的使用寿命。

3）由于电机有时会处于发电状态，所以在某些情况下会产生循环功率流。

2.4 混合动力电动汽车能量管理策略

2.4.1 串联式混合动力电动汽车能量管理策略

混合动力电动汽车在行驶过程中容易受到多方面因素的影响，应考虑动力蓄电池、发动机、电动机和发电机等部件的能量和效率关系。以下介绍串联式混合动力电动汽车的 3 种基本能量管理策略。

1. 恒温器策略

恒温器策略主要是依据动力蓄电池相关的驱动需求所提出的一种策略。由于电动汽车自身的 SOC 具有一定的门限值，在实际行驶过程中该值较正常的设定范围数值低的情况下，如果进行起动处理，将很容易产生功率与电能之间的转换不均衡问题；当电动汽车的 SOC 门限值较正常设定范围数值高时，如果将发动机关闭，会直接由蓄电池和电动机对车辆进行直接的驱动处理。上述策略即称为恒温器策略。恒温器策略的主要优势是通过实现 SOC 门限值的实时把握与调控，不仅能够减少相关的污染物排放量，同时还显著地增强了发动机的工作效率。另一方面，该策略具有很大的缺陷，即由于发动机经常处于频繁开合的状态中，很容易造成发动机的损耗问题，发动机一旦发生大的损耗，整体的系统功率就无法达到原有的水平，能源转换的实际效果也会大打折扣。

2. 功率跟踪式策略

该策略主要是将跟踪车辆功率需求的任务交由发动机来完成。当车辆动力蓄电池的 SOC 大于 SOC 设定上限，且满足车辆需求的功率仅由动力蓄电池提供时，发动机才能开始逐渐减缓自身的运动速度或者直接停机。功率跟踪式策略在实际应用过程中容易出现减少蓄电池具体充电次数的特点，有利于系统性能的持续性稳定。但是由于发动机必须长期处于较高的运行负荷状态，因此该策略在发动机的排放与功效等方面的实际应用效果不如恒温器策略的应用效果。

3. 基于规则型策略

基于规则型策略主要强调的是通过将功率跟踪式策略与恒温器策略两者有机地联系在一起，从而实现对包括发动机与蓄电池应用功效等方面的重要突破。一般来说，对电动汽车的基本功率范围与蓄电池荷电基本情况设立基本规则并予以科学调整，能够使得包括蓄电池与发动机在内的车辆动力装置得到充分利用，从而最大限度地提高车辆的整体效率。

2.4.2 并联式混合动力电动汽车能量管理策略

并联式混合动力电动汽车能量管理策略按能量管理策略实现的形式不同可以分为5种。

1. 静态逻辑门限策略

静态逻辑门限策略又称为基线控制。该策略主要通过对门限值进行必要设定实现对发动机工作区间的实时限制，从而确保电动汽车保持较高的效率。一般来说，静态逻辑门限策略可以集中表现为电动机辅助控制策略。该控制策略自身具有操作灵活、功率自由调节等基本功能，在实际应用过程中能够对发动机自身的运行状态予以最大程度的优化处理。这种控制策略适用于大多数并联式混合动力系统，其涉及的基本情况主要包括以下几个方面的内容：

1）汽车与所设定的门限值参数不符合时，电动机需要通过单独驱动的方式来保证汽车正常行驶。

2）发动机输出转矩小于对应的发动机最小转矩时，由电动机提供，这时发动机处于关闭状态。

3）发动机的输出转矩与汽车自身的转矩需求之间存在一定差异时，由电动机对其进行必要的辅助操作。

4）若汽车的SOC数值较低，此时应当通过发动机为蓄电池充电。

5）若汽车的SOC数值与最低标准参数不一致，发动机的正常工作状态受到影响，排放与油耗的数值为零。当汽车行驶速度与最低车速不一致时，电动机直接进行驱动处理，排放与油耗也不断下降，如图2-19所示。

若汽车的SOC数值与最低标准参数不一致，此时电动机无法正常工作。若发动机的输出转矩大于汽车需求，发动机部分转矩为蓄电池充电，如图2-20所示。

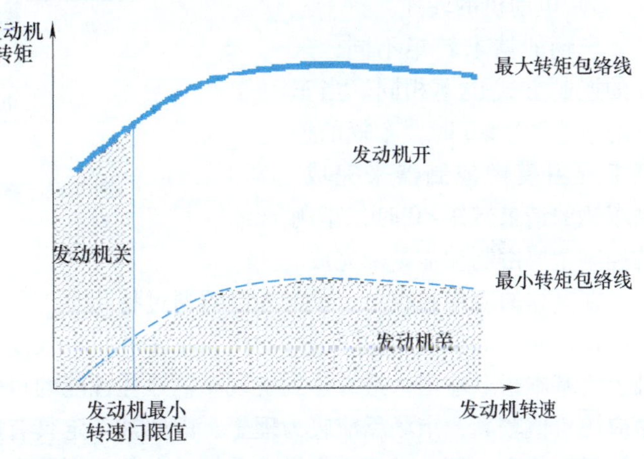

图2-19 SOC>允许的最低SOC状态时发动机工作区间

静态逻辑门限策略在混合动力电动汽车上的使用相对普及，这是由于该策略在实际应用过程中具有计算简便、容易上手、数据结果较为可靠的基本特征。然而，仅仅就理论意义上来考虑，不能认为该策略的实际应用效果最佳。这是由于该策略对门限值提出了较高的设定要求，因此在实际的应用过程中很容易出现工况实时适应能力不够理想的问题，而且对电动机的基本运行效率问题没有考虑到位。

2. 基于模糊控制的智能型控制策略

基于模糊控制的智能型控制策略在应用过程中主要强调的是通过以智能模仿的方式，对逻辑思维进行合理模仿，将车辆的动态过程相关信息纳入考量范围之内，从而帮助研究人员得出系统的基本控制方案。

该策略的基本原理流程如图2-21所示，一般来说，该策略包括3种模糊输入方法：

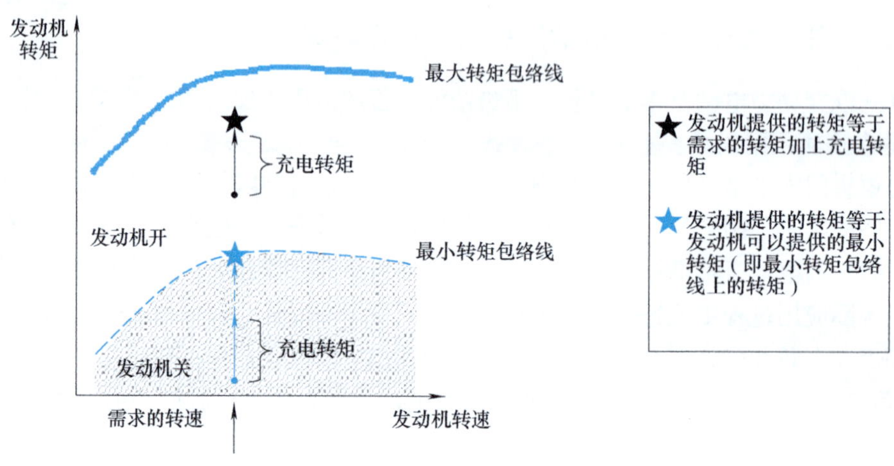

图 2-20　SOC<允许的最低 SOC 状态时发动机工作区间

1）电池的充电状态。

2）汽车对于转矩的基本请求。

3）电动机的转速。

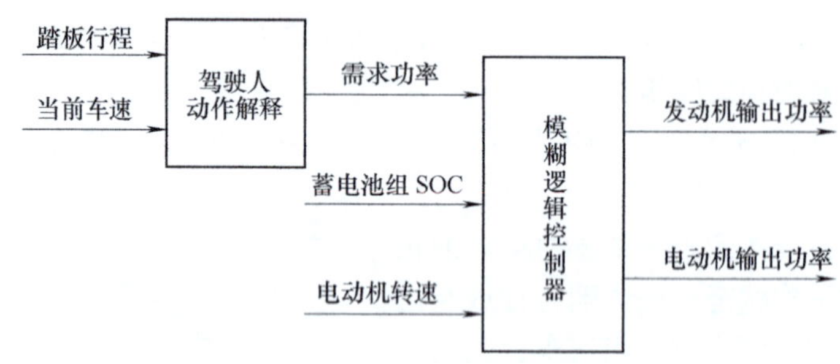

图 2-21　模糊控制策略基本原理流程

车辆的请求转矩不同，采取的控制方式也不相同。当车辆的请求转矩>0 时，车辆的控制主要由模糊控制器来完成。当车辆的请求转矩<0 时，车辆的控制主要由制动能量来完成。

在具体的应用过程中，模糊控制器通过将基本信号输入系统之后，利用相关的输入规则最终得出科学的模糊结论，通过对模糊结论进行有效处理，将其转变为精确指令，并在此基础上将基本指令输出，最终达到实现车辆最佳性能的目标。由于上述策略在实际的应用过程中应用价值较高，市场反应较为理想，因此被认定具有广泛的推广前景；但其受控制规律等方面因素的影响较大，很容易导致系统动态数据不稳定。目前并没有明确的规则能够确定模糊控制器中的函数，因此限制了其发展。

3. 瞬时优化控制策略

瞬时优化控制策略用来确定最佳的电动汽车基本系统工作方式与工作参数，该策略是通过对不同节点的车辆排放与油耗基本水平进行实时调控来实现瞬时优化控制的。

在某一瞬时工况，需要建立一个模型，该模型是将电动机电量的油耗值与排放量进行基本计算之后，结合相关制动回收基本能量所形成的。该模型能够对最低值进行合理计算并找到该值对应的最小点，以此为发动机的工作点。试验人员应该根据自己的需求设定一组权值，该权值考虑到车辆的实际最优化性能，能够对车辆的实际油耗与排放等问题予以折中处理。该策略在应用过程中也有其不足的地方，首先其计算量巨大，实现困难且成本高；其次需要所建模型的精确性较高，因为需要对制动产生的回收能量进行预估，这就直接导致建模在实际实现过程中存在着一定的困难。基于上述种种因素，当前瞬时优化控制的相关策略并

未得到较好的推广与普及。

4. 全局最优能量管理策略

全局最优能量管理策略通过对控制理论和控制方法进行合理有效的调整，最终达到有效调整整车排放与油耗的主要目标。该策略事实上并不具有实际应用价值，这是由于在目前所有的全局最优控制策略中，汽车的行程必须是已知的，而实际上是无法预知的。一般来说，全局最优能量管理策略的应用价值主要体现在以下两个方面：

1）通过将最优控制策略与实时控制策略的实际效果进行对比，完成效果评估活动。

2）通过以最优控制策略为基本参照，为实时控制策略的应用提供借鉴意义。

从以上两点，可以很明显地看到，该策略实质上并不能称为控制策略，它只是一种理论上的设计方法。

5. 基于优化算法的自适应能量控制策略

自适应能量控制策略主要用于对未来某一时间段内的控制参数的自动预测，通过预测满足行驶工况的变化（这种预测基于某行驶条件和路况的前提）而进行的。所谓自适应，就是根据当前的行驶条件和路况要求来调整机构工作方式，将转矩需求合理地分配给发动机和电动机，这需要在保证目标函数最优化的前提下，通过算法的优化来实现。自适应控制策略目标函数模型、优化算法等各不相同，目前仍无法被广泛应用，这是由于自适应控制通过大量的计算和复杂的优化过程，才能实时地采集大量的发动机运行数据，计算车辆的燃油消耗和排放量。如何在简化优化算法、减少计算量的同时充分发挥自适应控制策略的优势，是自适应控制策略亟待解决的问题。

2.4.3 混联式混合动力电动汽车能量管理策略

混联式混合动力电动汽车采用了行星齿轮传统的特有结构，所以除了以上常用的能量管理策略外，还采用了一些专有的管理策略，如发动机恒定工作点策略和发动机最优工作曲线策略。

1. 发动机恒定工作点策略

发动机可以处于最好的工作点进行工作，提供恒定的转矩，这是由其特殊机构引发的转速独立于车速导致的，另一方面，由于电动机在运行过程中完成了剩余转矩的输出任务，因此有效降低了发动机损失发生的概率。电动机所具有的灵敏特性，也适合此项工作。

2. 发动机最优工作曲线策略

发动机最优工作曲线策略指在运行过程中，发动机应当充分依据自身的能力范围与基本需求，对工作点进行实时调节，从而保证自身的性能能够得到最大程度的发挥。

2.5 串联式混合动力电动汽车

2.5.1 串联式混合动力电动汽车的定义

GB/T 19596—2017 中串联式混合动力电动汽车的定义：车辆的驱动力只来源于电机的混合动力电动汽车。

2.5.2 串联式混合动力电动汽车的工作模式

串联式混合动力电动汽车工作模式的分析：

（1）动力蓄电池组驱动模式　当动力蓄电池组具有较高电量，车辆以低速、小负荷行驶时，发动机-发电机组关闭，仅蓄电池组供电至驱动电机转化为机械能，驱动车辆行驶。

（2）再生制动充电模式　动力蓄电池组驱动模式下，若汽车减速制动，驱动电机工作于发电机模式，实施再生制动，行驶动能经驱动电机产生电功率为蓄电池组充电。

（3）发动机驱动模式　当动力蓄电池组的电量在正常的工作区域内，且汽车的功率需求小于发动机-发电机组的最大输出功率时，工作于发动机驱动模式，输出功率至驱动电机，驱动车辆行驶，此时动力蓄电池组既不充电也不放电。

（4）混合驱动模式　当车辆加速或爬坡，发电机输出功率小于电动机所需的输入功率时，动力蓄电池组和发动机-发电机组共同提供电能至驱动电机，驱动车辆行驶。

（5）发动机驱动和动力蓄电池组充电模式　发动机-发电机组提供的功率分为两部分：一部分向动力蓄电池组充电；另一部分至驱动电机，驱动车辆行驶。

（6）动力蓄电池组充电模式　动力蓄电池组电量过低时，为保证整车行驶的综合性能，发动机-发电机组的输出功率全部用于给蓄电池组充电，驱动电机不接收功率，汽车不行驶。

2.5.3 哈弗 H6 串联式混合动力电动汽车

1. 结构

串联式混合动力电动汽车的特点为发动机带动发电机发电，电能通过电机控制器输送给电动机，由电动机驱动车辆行驶。另外，动力蓄电池可以单独向电动机提供电能驱动车辆行驶。长城公司于 2011 年 4 月开发出哈弗 H6 混合动力底盘展示模块，是典型的串联式混合动力电动汽车结构，如图 2-22 所示。

图 2-22　哈弗 H6 串联式混合动力电动汽车

哈弗 H6 混合动力电动汽车的前轮由 77kW 永磁同步电动机 M1 外加 2 档 AMT 变速器驱动，同时后轮搭载了电动机 M2 与单档减速器，属于电动全轮驱动技术（E-AWD），让整车实现较高的动力性和越野性。

哈弗 H6 串联式混合动力驱动结构如图 2-23 所示，专用的 3 缸汽油发动机与永磁同步电机集成，发电机转子与发动机飞轮集成，定子设计在主驱动电机壳体内部，发电机与电动机共用冷却水道。这种高度的集成化设计，不仅结构紧凑，便于机舱布置，同时还降低了成本，拆卸方便快捷。哈弗 H6 串联式混合动力电动汽车的参数见表 2-2。

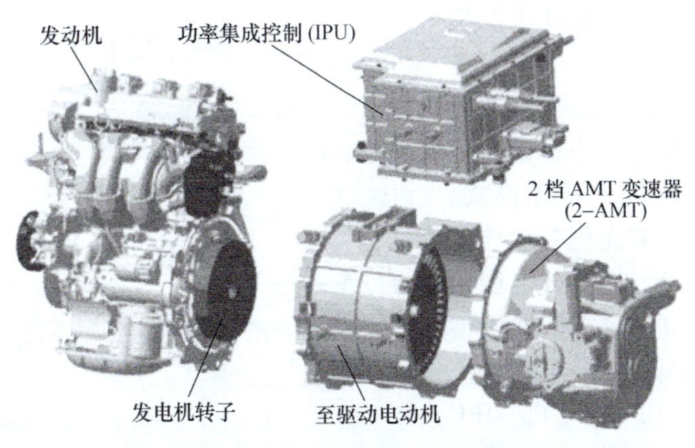

图 2-23　哈弗 H6 串联式混合动力驱动结构

表 2-2　哈弗 H6 串联式混合动力电动汽车的参数

模块名称	项目	详细参数	模块名称	项目	详细参数
主驱动模块	驱动电动机类型	永磁同步电动机	辅助驱动模块	高效窄域发动机	GW3G10E
	最高工作转速	8000r/min		发动机功率	50kW
	最大功率	77kW		最高工作转速	6000r/min
	最大转矩	242N·m		最佳工作区域	4500~5000r/min
	变速器型号	2-AMT		发电机型号	永磁同步电机
				发电机功率	持续 25kW，峰值 40kW

2. 工作模式

（1）正常行驶模式　如图 2-24 所示，在蓄电池包电量充足状态下，车辆正常起步、正常加速、爬坡、行驶，驱动力全部来源于驱动电动机 M1。此工况下，整车能量流动路径为蓄电池包→IPU→驱动电动机 M1→2-AMT→车轮。

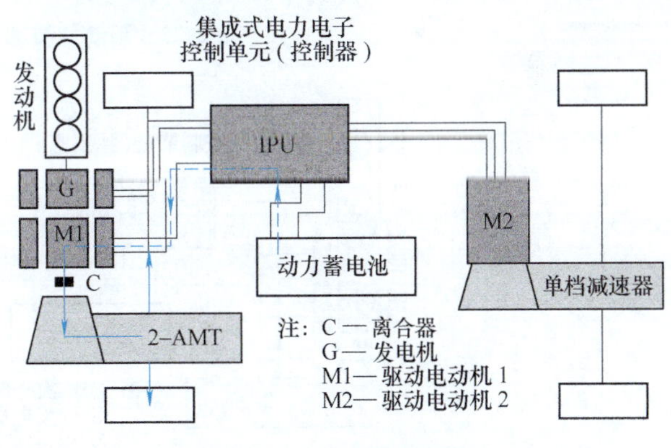

图 2-24　正常行驶模式

（2）急加速行驶/爬坡模式　如图 2-25 所示，当整车急加速、爬坡等大功率需求工况下，驱动电动机 M2 可以在任意时刻立即参与驱动，有效提高整车动力性能，加速时间、爬坡度大幅优化，实现四轮驱动。此工况下，整车能量流动路径如下：①蓄电池包→IPU→驱动电动机 M1→2-AMT→前车轮；②蓄电池包→IPU→驱动电动机 M2→减速器→后车轮。

（3）制动能量回收模式　如图 2-26 所示，车辆制动、减速滑行过程中，前、后轮同时实现制动能量回收，使整车制动力更有效地分配到前、后车轮，有效提高制动能量回收效率，防止车辆侧滑，并降低制动过程对制动蹄片的磨损，有效缩短制动距离，增加整车安全性。此工况下，整车能量流动路径如下：①前车轮→2-AMT→驱动电动机 M1→IPU→蓄电池包；②后车轮→减速器→驱动电动机M2→IPU→蓄电池包。

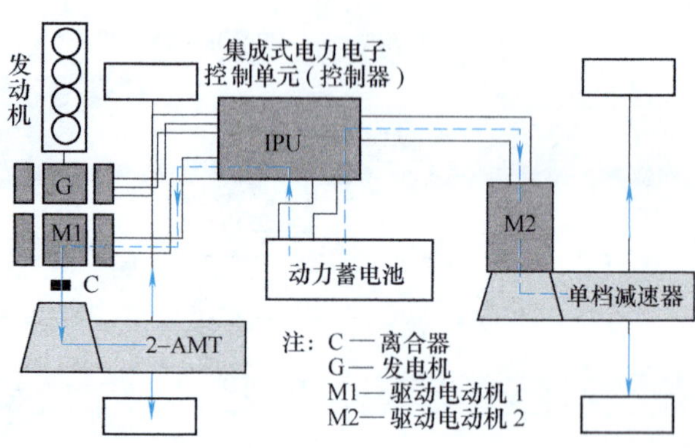

图 2-25　急加速行驶/爬坡模式

（4）充电行驶模式　如图 2-27 所示，当蓄电池包剩余电量小于设定值后，车辆自动切换到充电行驶模式。这个过程中，发动机被优化在最佳工作区域内，用于发电。一部分电能用于驱动整车行驶，多余电能回馈给蓄电池包充电。此工况下，整车能量流动路径如下：①发动机→发电机→IPU→驱动电动机 M1→前车轮；②发动机→发电机→IPU→驱动电动机 M2→后车轮；③发动机→发电机→IPU→蓄电池包。

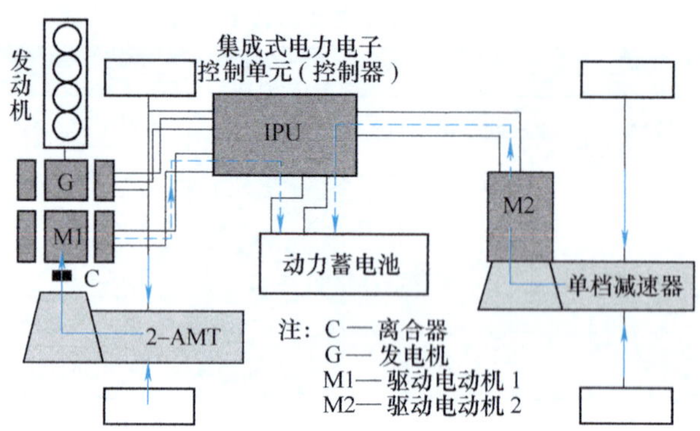

图 2-26　制动能量回收模式

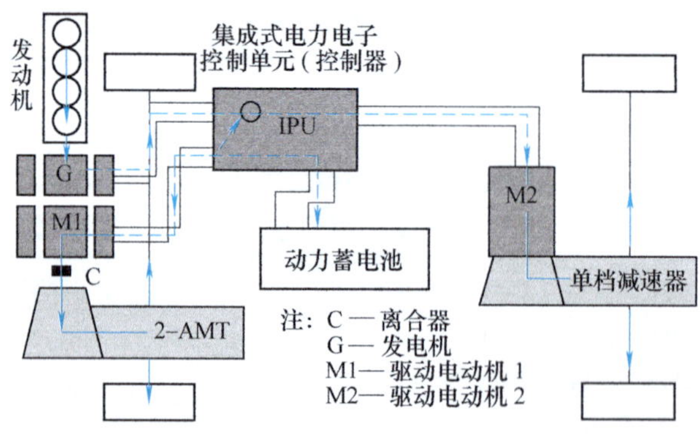

图 2-27　充电行驶模式

2.6　并联式混合动力电动汽车

2.6.1　并联式混合动力电动汽车的定义

GB/T 19596—2017 中并联式混合动力汽车的定义：车辆的驱动力由电机及发动机同时

或单独供给的混合动力电动汽车。

2.6.2 并联式混合动力电动汽车的分类

并联式混合动力电动汽车通常有 3 种组合驱动方式：转速结合式、转矩结合式和驱动力结合式。

（1）转速结合式　转速结合式并联式混合动力电动汽车的驱动电动机通过动力耦合器来驱动汽车，发动机通过离合器和动力耦合器来驱动汽车。这样的结构和传统汽车的传动系统相似，这样的结构容易设计、维修方便。但是由于电动机和发动机组合在特定的耦合器中，所以要控制好发动机的转速与电动机转速相互配合，才能获得最佳燃油经济性。转速结合式并联式混合动力电动汽车的结构如图 2-28 所示。

（2）转矩结合式　转矩结合式并联式混合动力电动汽车的发动机和驱动电动机都可以单独驱动车辆行驶，也可以结合驱动，其结构如图 2-29 所示。

（3）驱动力结合式　驱动力结合式并联式混合动力电动汽车具有四轮驱动的功能，其前轮由发动机驱动，后轮由电动机驱动，两种动力源可以独立工作，也可以联合工作。在需要大的驱动力时，两套驱动系统全部投入工作；当汽车平稳行驶时，可以由发动机驱动汽车行驶，这时最符合发动机的燃油经济性。其结构如图 2-30 所示。

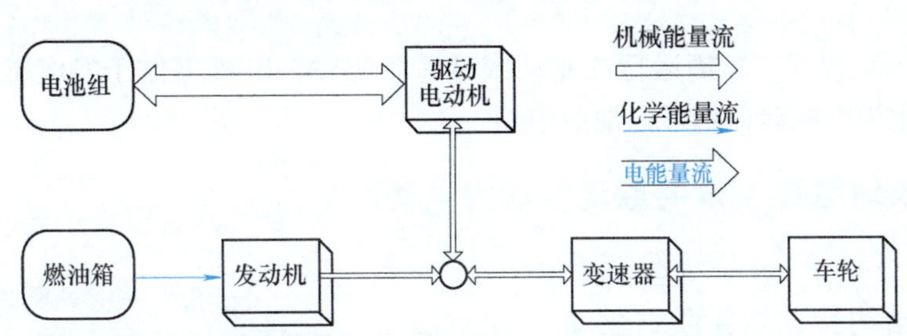

图 2-28　转速结合式并联式混合动力电动汽车的结构

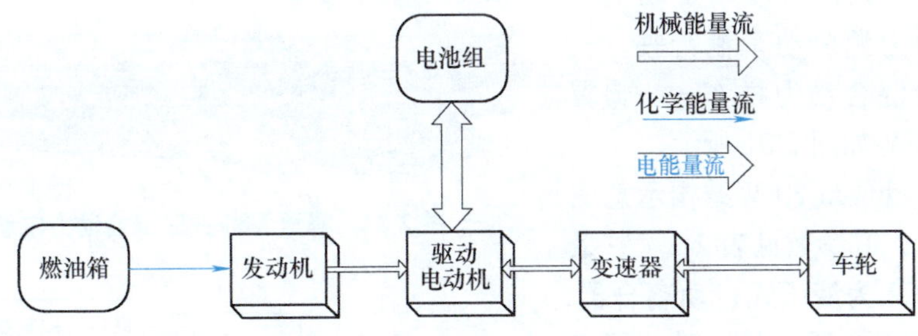

图 2-29　转矩结合式并联式混合动力电动汽车的结构

2.6.3 并联式混合动力电动汽车的工作模式

（1）发动机驱动模式　电动机不工作，仅发动机工作输出功率，驱动车辆正常行驶。

（2）电动机驱动模式　与发动机驱动模式相反，发动机不工作，仅电力驱动系统输出功率，驱动车辆行驶。

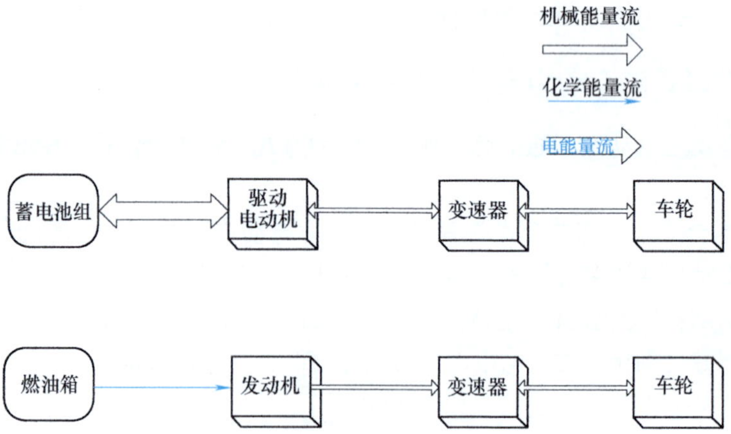

机械能量流
化学能量流
电能量流
蓄电池组
驱动电动机
变速器
车轮
燃油箱
发动机
变速器
车轮

图 2-30　驱动力结合式并联式混合动力电动汽车的结构

(3) 发动机和电动机混合驱动模式　发动机和电动机均工作，同时提供功率，多用于驱动车辆加速或爬坡等行驶工况下。

(4) 发动机充电模式　车辆低负荷运行时，行驶功率的需求低于发动机的输出功率，此时，发动机发出的剩余功率就通过电机转化为电能储存到蓄电池组中，即对蓄电池进行充电。

(5) 再生制动模式　车辆运行在制动或减速状态时，电机工作于发电机状态，将车辆损失的动能转化为电能储存到蓄电池组中。

2.6.4　长城腾翼 V80 并联混合动力电动汽车

1. 结构

其典型的结构特点是并联式驱动系统可以单独使用发动机或电动机作为动力源，也可以同时使用发动机和电动机作为动力源驱动车辆行驶。长城公司第 1 台混合动力样车——腾翼 V80 Plug-in HEV 如图 2-31 所示。

图 2-31　腾翼 V80 并联混合动力电动汽车

腾翼 V80 Plug-in HEV 结构示意图如图 2-32 所示，其参数见表 2-3。它采用双离合器，C2 为液压式自动离合器，其构造与常规离合器一样，动力源为 30W 小型永磁同步电动机，根据整车控制器所输出的信号进行操作，推动液压缸实现对分离轴承的控制；C1 为机械式离合器，两者共同安装在中间盘上，摩擦片与中间盘的接合与分离可控制动力源的接合与切断；中间盘安装在电机

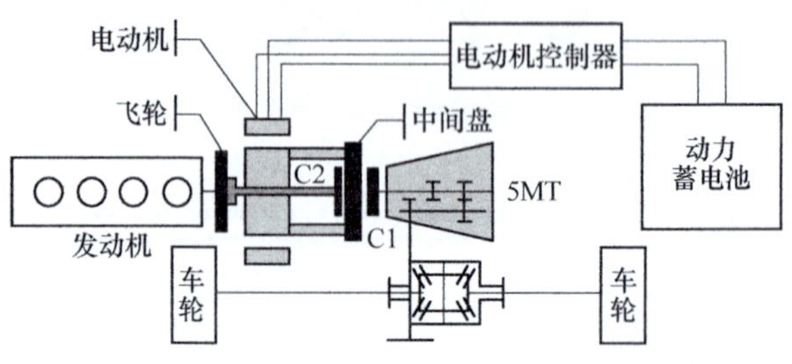

图 2-32　腾翼 V80 并联混合动力电动汽车结构示意图

转子上，是机械能与电能结合的桥梁；飞轮外接一根花键轴，作为发动机动力输出轴。

表 2-3　腾翼 V80 并联混合动力系统参数

模块名称	项目	详细参数
发动机	型号	GW4H15
	最大功率/kW	77/6000
	最大转矩/N·m	138/4200
电动机	类型	永磁同步（水冷）
	最大功率/kW	30/6000
	最大转矩/N·m	150/2000
动力总成	最大输出功率/kW	90
	最大输出转矩/N·m	270
	变速器形式	5MT

2. 工作模式

（1）纯电动模式　如图 2-33 所示，起步阶段，发动机不工作，自动离合器处于分离状态，机械离合器接合，整车驱动力全部来源于电动机，实现纯电动行驶。腾翼 V80 Plug-in HEV 纯电动续驶里程大于 60km。

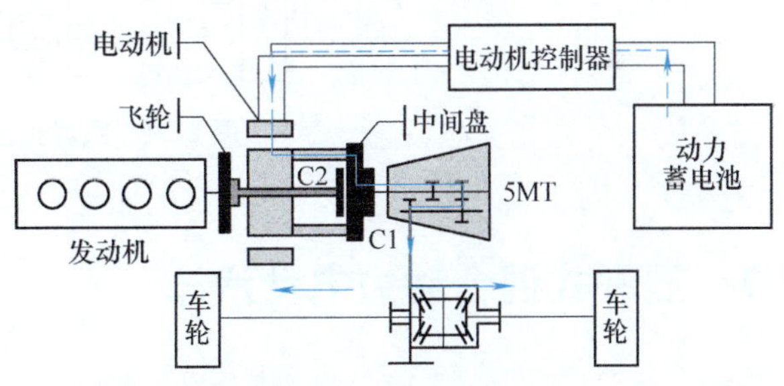

图 2-33　纯电动模式

（2）加速模式　如图 2-34 所示，当车辆加速，电动机输出功率不能满足整车需求时，起动机快速起动发动机，待发动机和电动机转速相同，自动离合器接合，发动机转矩与电动机转矩实现叠加，共同驱动车辆行驶。

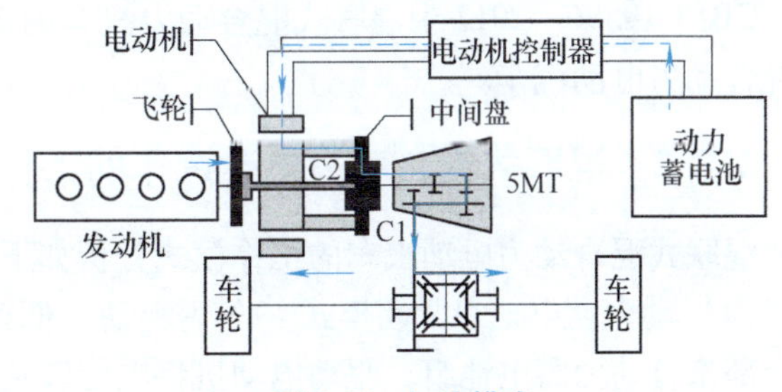

图 2-34　加速模式

（3）高速巡航发电模式　如图 2-35 所示，车辆高速巡航时，发动机输出的功率除满足车辆行驶外，剩余功率输出给电动机，对蓄电池包进行充电，此时电机处于发电状态。整个过程中自动离合器与机械离合器均处于接合状态。

（4）制动能量回收模式　如图 2-36 所示，当车辆具有一定初速度后，驾驶人松开加速踏板，此时车辆进入滑行模式。发动机停机，自动离合器分离，电机进入发电状态进行能量回收。需要继续减速时，驾驶人踩下制动踏

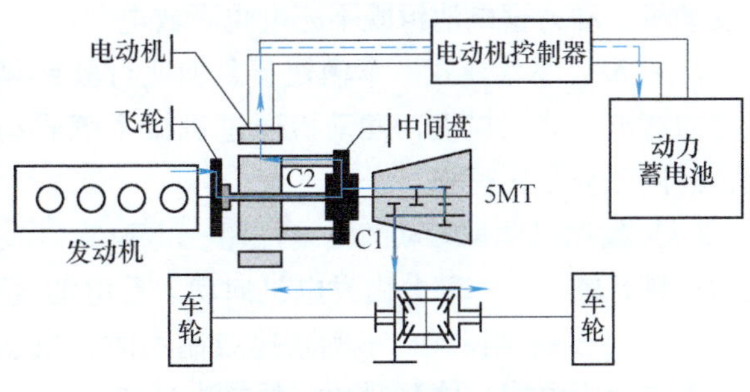

图 2-35　高速巡航发电模式

板，电机处于发电状态且制动系统开始工作，直至车辆完全停下。

（5）怠速充电模式　如图 2-37 所示，车辆停止时，若控制系统判断车载蓄电池中剩余电量不足以用纯电动模式使车辆起步，将自动进入怠速充电模式，此时车辆速度为零，发动机运转带动电机发电，此时自动离合器接合，机械离合器分离。

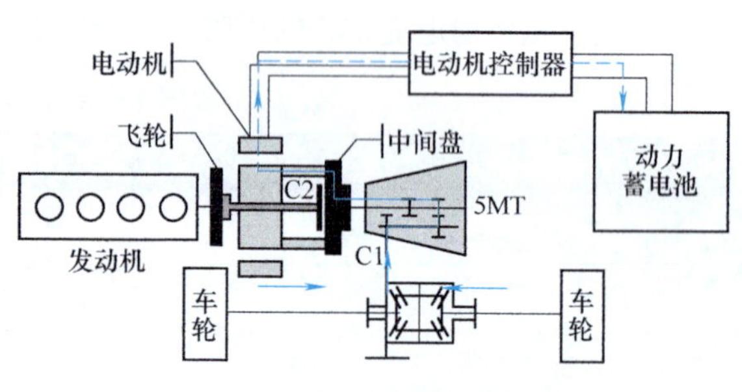

图 2-36　制动能量回收模式

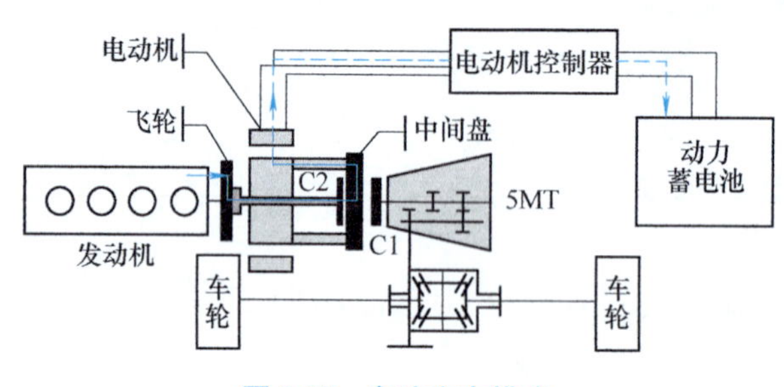

图 2-37　怠速充电模式

2.7　混联式混合动力电动汽车

2.7.1　混联式混合动力电动汽车的定义

GB/T 19596—2017 中混联式混合动力汽车的定义：同时具有串联式和并联式驱动方式的混合动力电动汽车。

2.7.2　混联式混合动力电动汽车的工作模式

混联式混合动力电动汽车的工作模式分析如下：

（1）动力蓄电池组驱动模式　车辆起动、低速和倒车时，发动机不工作，车辆所需动力全部来自动力蓄电池组，驱动电动机将电能转化为机械能，驱动车辆行驶。

（2）发动机驱动模式　车辆正常高速行驶时，电动机关闭，车辆所需驱动功率全部来自发动机，动力蓄电池组既不充电也不放电。

（3）混合驱动模式　车辆处于急加速行驶或爬坡等状态时，所需的驱动功率由发动机和动力蓄电池共同提供，发动机通过机械系统驱动车辆行驶，动力蓄电池供电至驱动电动机，共同驱动车辆行驶。

（4）发动机驱动和动力蓄电池组充电模式　发动机输出的功率中一部分通过机械系统驱动车辆行驶，另一部分由发电机向动力蓄电池组充电。

（5）再生制动模式　车辆减速或制动时，发动机关闭，电机工作于发电机模式，车辆的动能转化为电能，储存到动力蓄电池组中。

2.7.3 丰田普锐斯（Prius）混联式混合动力电动汽车

1. 结构

丰田普锐斯混合动力电动汽车采用的是一套混联式混合动力系统，主要由HV蓄电池、变频器、发动机、MG1、MG2以及动力分配系统等组成，如图2-38所示，其动力分配系统结构示意图如图2-39所示。

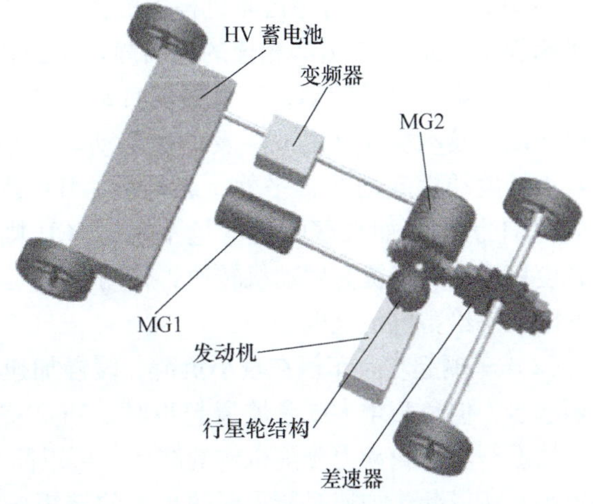

图 2-38 丰田普锐斯电动汽车的混联式混合动力系统

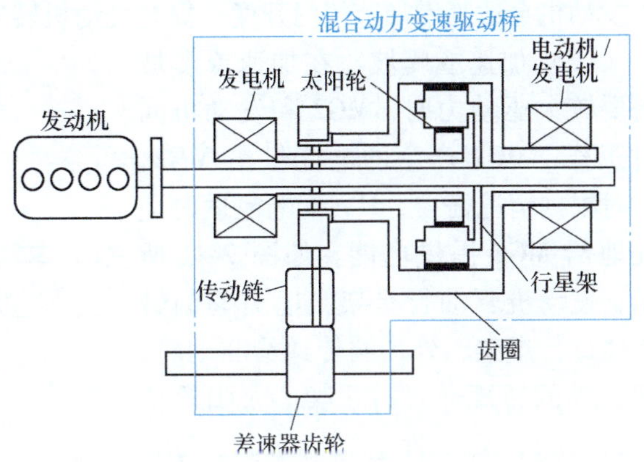

图 2-39 普锐斯动力分配系统结构示意图

（1）HV蓄电池　HV蓄电池为镍氢蓄电池，具有重量轻、使用寿命长的优点。HV蓄电池是由28块7.2V的蓄电池组合而成的，总电压为201.6V，并由专门的蓄电池ECU对其进行监控管理。普锐斯除了HV蓄电池外还有一块辅助蓄电池，电压为12V，主要用来给灯光、多媒体系统以及其他附件及所有的ECU供电。

（2）变频器总成　变频器在车辆起动时将201.6V的直流电转换为500V的交流电，驱动电动机辅助发动机或独立驱动车辆行驶；在能量回收时，将500V的交流电转换为直流电，对蓄电池进行充电。变频器内部集成DC-DC转换器，可以用来为其他用电设备提供电源，还可以为12V辅助蓄电池进行充电。

（3）发动机总成　第三代普锐斯混合动力电动汽车装配阿特金森（Atkinson）循环发动机，该款发动机采用阿特金森循环技术、VVT-i和ETCS-i技术来推迟进气门关闭。发动机在压缩行程从进气门排放出部分燃气，减少进入的空气量，从而实现节油的效果，最大功率为72kW，转矩为142N·m。

（4）MG1和MG2　MG1和MG2皆为永磁式交流同步电机。MG1用于发电同时作为发动机的起动机使用，MG1的额定电压是交流500V，其最大功率为37.8kW，最大转矩为45N·m。MG2是汽车驱动电机，同时起到发电机的作用。MG2的额定电压是交流500V，其最大功率为50kW，最大转矩为400N·m，最大转速为6700r/min。

（5）动力分配系统　混合动力系统的动力分配主要依靠一套行星齿轮机构来完成，如图2-40所示。行星齿轮机构包括太阳轮、行星架以及齿圈，其中发动机和行星架相连，MG1和太阳轮相连，MG2和齿圈相连。MG1既可以正转又可以反转，太阳轮随之正转或反转；行星架只能随发动机正转。齿圈一端和MG2相连，可以随着MG2正转或反转，齿圈的另一端通过减速齿轮与驱动车轮相连，MG2正转时车辆前行，MG2反转时车辆倒车。

2. 工作模式

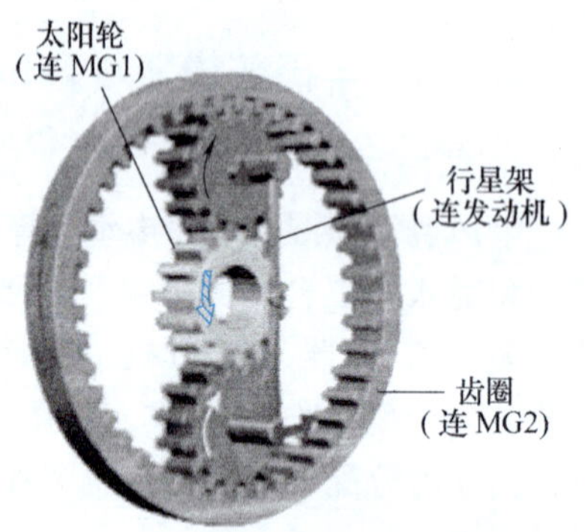

图 2-40　行星轮结构

（1）静止状态下发动机的起动　HV 蓄电池提供电力给 MG1，MG1 带动行星齿轮机构中的太阳轮转动，因为车辆静止，此时与 MG2 相连的齿圈静止无法转动，所以太阳轮带动行星轮转动，行星架就带动与之相连的发动机转动，发动机起动完成。发动机起动时只给两个气缸点火，发动机起动非常平静。起动后，HV 蓄电池不再向 MG1 供电，如果蓄电池电量不足，ECU 则将节气门开度稍微调大以提高发动机转速，带动 MG1 运转，处于发电状态给蓄电池充电。

（2）车辆起步　车辆在较小负荷、缓慢加速时，不需要发动机工作，只需要 MG2 驱动车辆起步，但负载增大或者坡道起步时，MG2 提供的转矩是远远不够的，发动机将开始工作。根据行星齿轮动力分配机构的结构，可以简单地认为发动机一直处于最高效率，转矩输出较小，所以起步加速时所需要的更大的转矩应该由 MG2 来补充。发动机运转后，一部分动力驱动车辆前行，另一部分动力驱动 MG1 发电，用来供给 MG2 和给 HV 蓄电池充电，这时发动机会适当增加节气门开度，提高发动机转速，从而提高发动机功率。

（3）加速或爬坡　在加速或爬坡需要较大驱动力时，MG2 和发动机同时工作，MG1 产生的电能供给 MG2，同时根据情况需要，HV 蓄电池适时适度地给 MG2 提供电能。如图 2-41 所示，发动机驱动行星架，把 70% 的转矩通过行星架、外齿圈传递给驱动轮，把 30% 的转矩通过行星架、太阳轮传递给 MG1，MG1 发电供给 MG2，MG2 驱动车辆运动。ECU 根据 HV 蓄电池的电量、节气门的开度、坡道坡度大小等因素，适度调用 HV 蓄电池的电能，控制 MG2 的输出转矩。

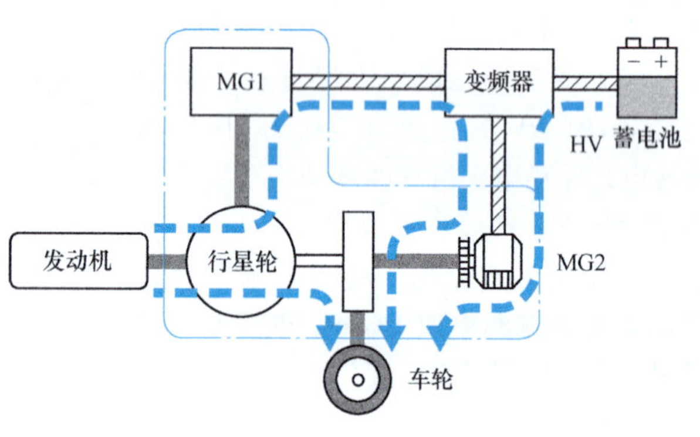

图 2-41　加速工况

（4）减速工况　减速工况分为两种情况，一种是在 D 位减速，另一种是在 B 位减速，其工作原理如图 2-42 和图 2-43 所示。

D 位减速时，电能不再提供给 MG2 和 MG1，此时 MG2 作为发电机使用，驱动车轮带动齿圈转动、齿圈带动 MG2 运转发电，从而给 HV 蓄电池充电。

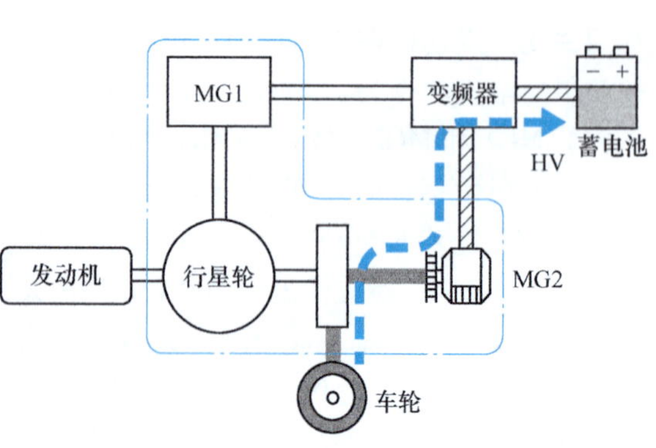

图 2-42　D 位减速工况

B 位减速时，MG2 仍作为发电机使用，驱动车轮带动齿圈转动，齿圈带动

MG2 运转发电，从而给 HV 蓄电池充电。同时还给 MG1 供电，发动机断油，MG1 反拖发动机辅助制动。

（5）倒车　普锐斯电动汽车的倒车功能和传统汽车不一样，它没有倒档齿轮，因此只能通过改变 MG2 的旋转方向实现倒车。在 HV 蓄电池不亏电的情况下，发动机是熄火的，MG2 带动齿圈倒转，行星架不转，那么太阳轮会正向空转，既不发电也不消耗电。为了防止 MG1 超速空转，禁止高速倒车。如果 HV 蓄电池电力不足，倒车时发动机还会继续运转，此时行星架、太阳轮和 MG1 会加快旋转，ECU 必须将倒车的速度限制在一个比较低的转速上。

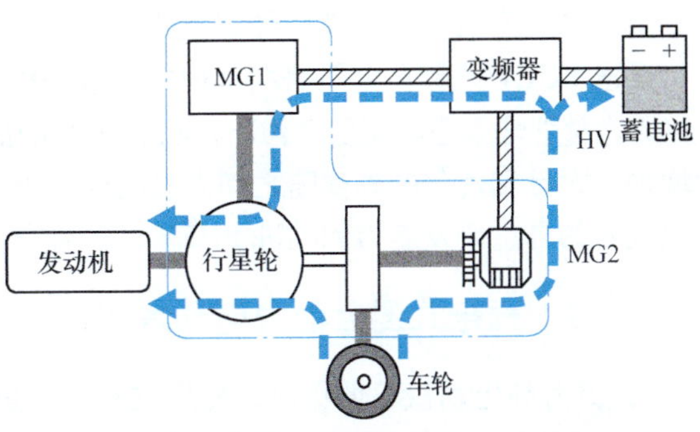

图 2-43　B 位减速工况

2.8　插电式混合动力电动汽车

插电式混合动力电动汽车（Plug-in Hybrid Electric Vehicle，PHEV）可以使用家用电源（如 110V/220V 电源）对混合动力系统中的电池进行充电。从混合比的角度来看，PHEV 是介于全混合动力电动汽车与纯电动车之间的车型。

PHEV 具有电机和内燃机两个动力源，它们可以单独或一起给车辆提供动力。其中，蓄电池能量主要来自公共电网，充电后的蓄电池组给电机供电实现车辆运转。在城区工况行驶时速低于 40km/h 时，车辆完全以电力驱动；当蓄电池电量低于某一标准值（例如电量降低到 40%）、加速、爬坡等大负荷行驶状态时，发动机工作，以提供额外的动力驱动车辆行驶。

PHEV 的蓄电池容量一般可达 5~10kW·h，是纯电动汽车电池容量的 30%~50%，是一般混合动力电动汽车蓄电池容量的 3~5 倍，可以说它是介于混合动力电动汽车与纯电动汽车之间的一种新能源汽车。虽然 PHEV 的购买价格较混合动力轿车略高，但由于蓄电池的高容量、制动能量回收等新技术的应用，使得车辆在城区内行驶基本实现零排放，燃油经济性也比普通汽车提高了 2~5 倍，如图 2-44 所示。PHEV 具有很好的应用前景。

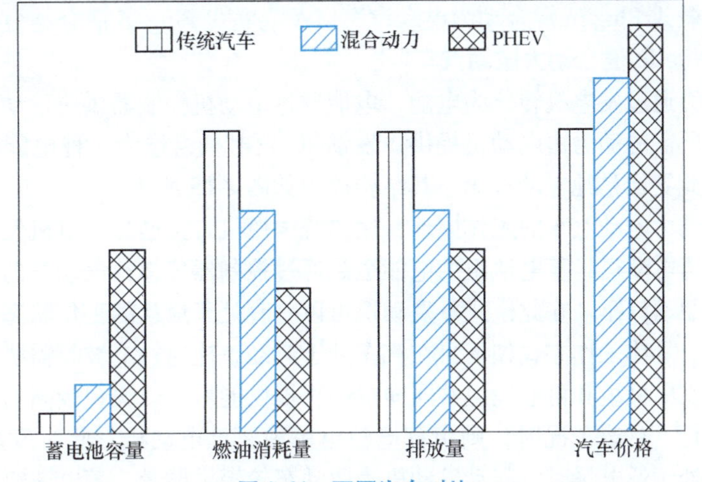

图 2-44　不同汽车对比

由于PHEV可以通过充电装置从电网获取电能，为了充分利用这部分从电网得到的能量，要求PHEV能够在电能消耗里程内合理分配动力总成不同驱动系统的输出能量。这样，PHEV能量管理策略就需要考虑不同行驶里程的能量分配问题，其能量管理策略设计空间维度增加，设计和优化的难度随之加大，因此开展PHEV的能量管理策略研究，对提高PHEV关键技术的自主研发能力和推进PHEV的产业化发展都具有重要意义。

2.8.1 插电式混合动力电动汽车的特点

1）具有纯电动汽车低噪声、零排放及高能量效率等优点。

2）可以大大降低HEV的有害气体、温室气体的排放量，提高混合动力电动汽车的燃油经济性和动力性能。

3）具有纯电动状态下行驶较长距离的功能，但需要时仍然可以以全混合模式工作。其最大的特点是将混合动力驱动系统和纯电动驱动系统相结合，里程短时采用纯电动模式，里程长时采用以内燃机为主的混合动力模式。

4）传统HEV电机的主要动力来源还是依赖于发动机，而PHEV可利用外部公用电网（主要是晚间低谷电力）对车载动力蓄电池进行均衡充电，可改善电厂发电机组效率、削峰填谷缓解供电压力。

5）传统HEV纯电动模式工作时间有限，而PHEV的纯电动驱动可以行驶足够的里程，通过纯电动行驶，可大大降低对石油的依赖。

PHEV介于纯电动汽车和常规混合动力电动汽车之间，在一定里程内采用纯电动模式。超过规定里程时采用与内燃机并用的混合动力模式，它的续驶里程可以与常规车型一样。但是，插电式混合动力仍需采用大容量的蓄电池，其蓄电池容量比传统的混合动力车型要大得多，除非蓄电池技术有突破，否则无法解决。与纯电动汽车相比，由于加入内燃机系统，进一步增加了成本。同时，由于PHEV要求在低SOC时有大功率输出，在高SOC时有大功率输入，对蓄电池的使用寿命产生巨大的挑战，而且蓄电池回收问题也亟待解决。

2.8.2 插电式混合动力电动汽车的分类

根据动力传动系统采用的机械连接结构形式，PHEV主要可分为串联式Plug-in混合动力电动汽车、并联式Plug-in混合动力电动汽车以及混联式Plug-in混合动力电动汽车。

1. 串联式Plug-in混合动力电动汽车

发动机的动力通过发电机转化为电能，电能通过电动机控制器供应给动力蓄电池组或电动机，汽车行驶所需的动力由电动机提供。发动机-发电机组作为一种电能供应系统，不直接参与驱动，因此更像是纯电动汽车，其结构原理如图2-45所示。

串联式混合动力电动汽车的工作原理：用传统内燃机直接通过发电机发电，再通过控制系统将能量传递给电动机，蓄电池组的电能也是通过控制器传递给电动机的，最后完全由电动机提供的动力驱动汽车。在此模式下发动机可以一直处于最佳的工作状态，产生较为明显的节能减排效果。具体工作方式如下：在汽车处于起动、提速、上坡等需要大功率输出的工况时，发动机—发电机组和蓄电池组共同向电动机提供能量，以实现较高的动力性能。在车辆处于慢速、滑行、怠速工况时，则由蓄电池组单独驱动电动机，此时发动机处于关闭状态。当蓄电池组处于低电量时，起动发动机为驱动车轮提供能量，蓄电池组与控制器之间的

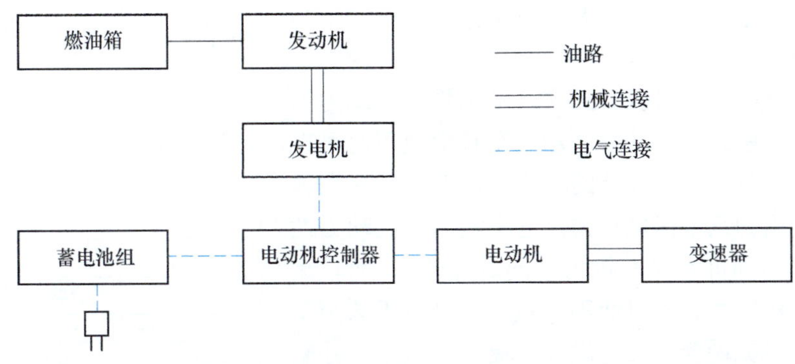

图 2-45　串联式 PHEV

能量是双向流通，此时可以将发电机输出的除驱动车轮使用能量外的多余电能为蓄电池组充电。串联式混合动力电动汽车的工作原理决定了其比较适合城市内交通拥堵、频繁起步、制动和低速行驶的驾驶工况，而且不会影响发动机处于最佳的工作状态，通过调整蓄电池和电动机的输出功率可达到调整车速的目的。该模式使发动机避免了怠速和低速运转，从而提高了发动机的效率，减少了废气排放。同时，串联式可以避免机械耦合，所以整车的设计布置比较简单。但其需要两次能量转换（先由化学能转换为电能，再由电能转换为机械能），由于机械转换效率偏低，因此串联式混合动力电动汽车的节油效果不太明显。串联式混合动力电动汽车的动力传递框图如图 2-46 所示。

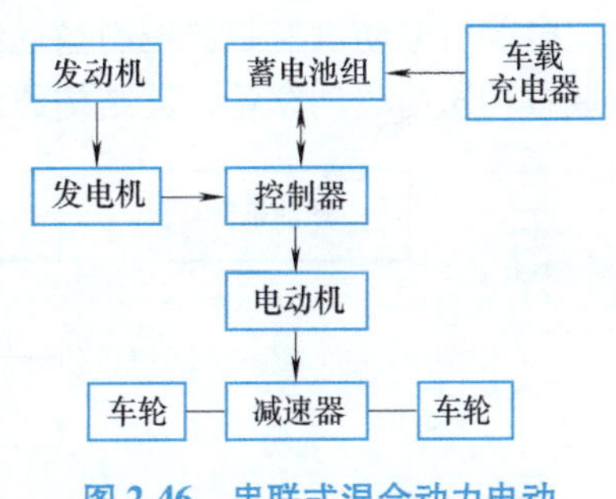

图 2-46　串联式混合动力电动汽车的动力传递框图

2. 并联式 Plug-in 混合动力电动汽车

发动机和蓄电池组−电动机所提供的动力以机械能叠加的方式实现动力耦合。发动机和电动机是两个相互独立的驱动系统，可实现单独驱动或者混合驱动，因此驱动模式包含纯电动模式、发动机单独驱动模式、混合驱动模式及行车充电模式，其结构原理如图 2-47 所示。

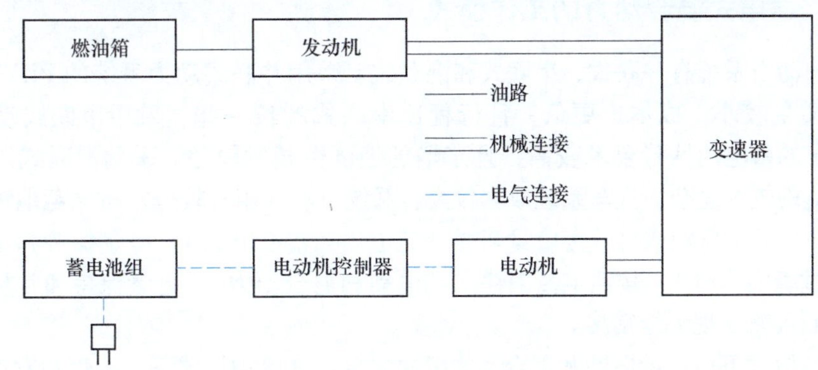

图 2-47　并联式 PHEV

并联式 Plug-in 混合动力电动汽车是在内燃机的基础上加上蓄电池组和电动机组成的，

这一类混合动力电动汽车内有两套驱动系统，电动机与内燃机可以单独驱动车轮也可以共同驱动车轮，两个动力系统同时工作时，以机械方式实现动力耦合，动力的流向为并联。并联式混合动力电动汽车日常使用时可以作为电动车，当汽车需要较高的动力性能时同时使用内燃机和蓄电池组为汽车提供动力。这类汽车不仅动力性能强大（由于电动机和发动机可以同时加速），而且具有纯电动汽车污染小、噪声低等优点，但是由于该类型动力系统需要机械耦合，因此设计安装比较复杂。并联式混合动力电动汽车的动力传递框图如图 2-48 所示。

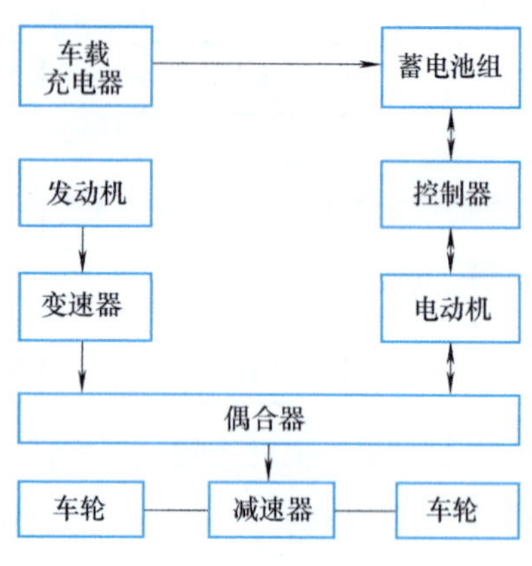

图 2-48　并联式混合动力电动汽车的动力传递框图

3. 混联式 Plug-in 混合动力电动汽车

混联式 Plug-in 混合动力电动汽车是串联式和并联式的综合，发动机发出的动力一部分通过机械传动直接驱动车轮，另一部分则驱动发电机发电，电能由电动机控制器控制输送给电动机或蓄电池组，电动机产生的驱动转矩通过动力耦合装置传送给驱动车轮，其结构原理如图 2-49 所示。

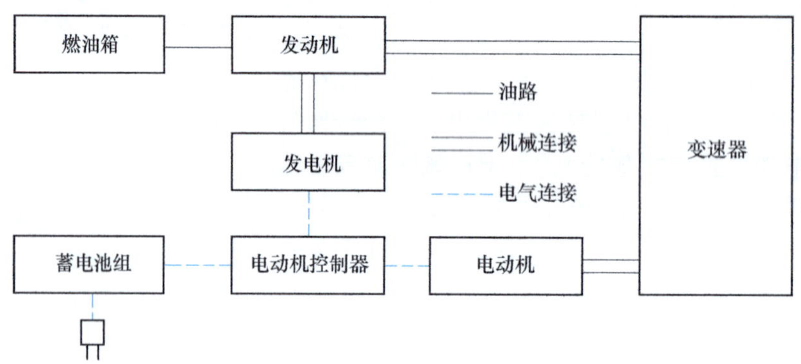

图 2-49　混联式 PHEV

2.8.3　插电式混合动力的工作模式

PHEV 的动力系统有并联式、串联式和混联式。采用并联式动力系统的 PHEV，其装配尺寸紧凑、质量较小，成本也更低，且行程比串联式的长一些。采用串联式动力系统的 PHEV 对汽车的蓄电池性能要求较高，且车辆的经济性相对较差。采用混联式动力系统的 PHEV 系统结构较为复杂，汽车系统成本较高，系统可靠性相对较低。按照蓄电池电量的变化特点，PHEV 的工作模式可分为电量消耗（纯电动和混合动力）、电量保持和常规充电模式，在使用过程中，PHEV 按照电量消耗（纯电动和混合动力）、电量保持和常规充电模式根据整车控制策略实现无缝衔接。

电量消耗模式下，有纯电动和混合动力模式之分。纯电动模式下，车辆的发动机处于关闭状态，仅靠汽车蓄电池驱动车辆，汽车的动力性较弱，这种模式一般在汽车低速或低负荷状态下使用。在混合动力模式下，汽车的发动机和电动机同时处于工作状态，汽车蓄电池为车辆行驶提供部分动力，发动机为车辆行驶提供蓄电池输出不足的动力，这种模式一般在车

辆高速状态或负荷较大时使用。一般情况下，根据 PHEV 行驶时所需的动力需求，选择纯电动和混合动力两种模式。

电量保持模式下，PHEV 的工作方式与传统 HEV 工作模式类似，即是为了保持车辆和蓄电池的安全性和连续使用性，在蓄电池电量消耗到一定程度时，车辆自动进入电量保持模式，此时蓄电池的电量基本保持不变。

常规充电模式下，用电网通过车载充电器给 PHEV 蓄电池充电。

2.8.4 丰田普锐斯（Prius）插电式混合动力电动汽车

传统的混合动力电动汽车的充电方式主要依靠两个方面，即行驶时发动机产生的能量和制动时回收的能量，这种能量将转换为电能为车辆蓄电池进行充电。插电式混合动力系统在传统充电方式的基础上增加了更为直接的外接电源充电。

插电式普锐斯电动汽车有 2 种驱动模式。当蓄电池充满电后，车辆自动运行在 EV 模式，蓄电池是驱动的主要来源，在此模式下车辆快速加速或高速运行时，发动机仍可能起动运行且输出动力。当蓄电池能量被消耗到一定程度后（如 23.1%SOC），车辆自动运行在 HV 模式，发动机是驱动力的主要来源，蓄电池的 SOC 将维持在一定的区间内。EV 及 HV 是丰田公司从控制策略角度对其模式的称呼，从测试角度看，车辆运行在 EV 模式是指在能量消耗模式或储能装置处于充电终止的最高荷电状态下运行，车辆运行在 HV 模式是指在能量维持模式或储能装置处于运行放电结束的最低荷电状态下运行。插电式普锐斯电动汽车的主要技术参数见表 2-4。

表 2-4　插电式普锐斯电动汽车的主要技术参数

车型	2010 年款	2012 年款插电式
发动机	Atkinson 循环汽油机带 VVT-i1.8L，73kW，142N·m	Atkinson 循环汽油机带 VVT-i1.8L，73kW，142N·m
驱动电动机	永磁同步电动机 60kW，207N·m	永磁同步电动机 60kW，207N·m
传动系统	ECVT	ECVT
蓄电池	镍氢蓄电池 201.6V，27kW	锂离子蓄电池 207.2V，4.5kW·h，38kW(EV)，27kW（HV）
燃油经济性	49.2mpg-US（4.78L/100km）	134mpg-US（1.76L/100km）
纯电续驶里程		~20km（取决于工况）

插电式普锐斯电动汽车系统配置如图 2-50 所示。

2017 款丰田普锐斯插电式混合动力电动汽车如图 2-51 所示，其加大了锂离子蓄电池的容量，因此满电下纯电续驶里程达到了 60km，快充可 20min 充满 80%电量；动力系统搭载了一套由 1.8L 发动机和两台电动机组成的插电式混合动力系统，其中发动机的最大功率为 72kW，峰值转矩达到了 142N·m，前、后各一台电动机额定功率分别为 53kW 和 23kW、转矩分别为 163N·m 和 40N·m；在 43L 燃油箱与 8.8kW·h 蓄电池电量全满的情况下，有高达 965km 的续驶里程，根据原厂提供的油耗数据，平均油耗达到 1L/km，当使用 220V 电源充电时，蓄电池充满仅需 3h。

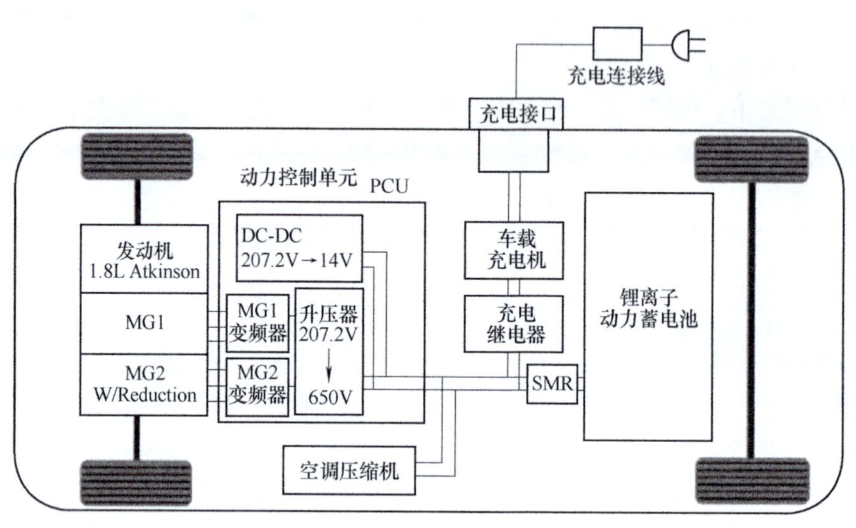

图 2-50　插电式普锐斯电动汽车系统配置

2.8.5　插电式混合动力电动汽车的发展概况

目前国内外各大汽车厂商均对PHEV开展了大量的研究工作，并已经开发出了各自的商品用车，其市场化的前景更值得期待。在2014年日内瓦国际汽车展上，HEV和PHEV一跃成为新能源汽车焦点，越来越多的汽车公司把新能源汽车发展的重点转到了PHEV上。

图 2-51　2017 款丰田普锐斯插电式混合动力电动汽车

1. 美国

早在1988年美国就开始对HEV技术展开研究。2007年，由加州大学戴维斯分校开发出了能够实现低速和短距离范围内纯电动行驶，高速和长距离时混合模式行驶的PHEV。目前，美国汽车生产厂商均有各自开发出的PHEV。

2. 日本

20世纪70年代，日本汽车厂商就开始了对HEV的研发工作，本田汽车公司和丰田汽车公司是技术研发的领导者。本田汽车公司早在1999年即推出Insight，之后将技术发展到雅阁和思域。雅阁PHEV是本田汽车公司的首款插电式混合动力量产车型，采用2.0L直列4缸i-VTEC自然进气阿特金森循环汽油发动机并配备双电动机和放电能量为6.7kW·h的锂离子蓄电池组。发动机的最大功率为101kW，与双电动机的电动动力串联，总功率输出达到145kW。汽车可在传统的混合动力模式之外，可在纯电模式下工作，续驶里程约为24km。另外，雅阁PHEV的充电时间较短，采用120V电源充电时少于3h即可充满，而采用240V电源时1h可充满。

丰田汽车公司在1997年推出了全球首款HEV——普锐斯，开始在日本销售，2000年开

始在北美和欧洲等地销售。普锐斯电动汽车的全面销售标志着 HEV 技术研发竞争正式开始。2009 年，丰田汽车公司推出了新一代普锐斯 PHEV。普锐斯 PHEV 装备了 60kW 电动机和 73kW 汽油发动机两套动力装备，为电动机提供动力的是与汽油机相连的一块 5.2kW·h 容量的锂离子蓄电池，容量约为普通版普锐斯蓄电池的 4 倍。锂离子蓄电池由发电机、电动机（制动时）和外接电源为其充电。汽车有多种运行模式：纯电力驱动、充电模式驱动、混动模式驱动和制动模式。

3. 欧洲

欧洲各大汽车厂商都推出了各自的 PHEV，如奥迪 A3 e-tron、宝马 X5×Drive40e 等。奥迪 A3 e-tron 搭载了传统的 1.4TFSI 发动机和一台 75kW 的电动机，配备放电能量 8.8kW·h 的锂离子蓄电池组，内部包括 8 个模块共计 96 个蓄电池单元，工业电压充电，约 2.25h 可充满电量，采用家用电压充电，约 5h 可以充满。它可以实现纯电动行驶，最大纯电动续驶里程能达到 50km，纯电动最高行驶速度可达 130km/h，在电动机与发动机的协同工作下，整车的综合最大功率可达 150kW，最大转矩达到 350N·m。

4. 中国

从我国对研发新能源汽车的大力支持开始以来，PHEV 在我国取得了长足的发展。我国 PHEV 乘用车的生产企业现有比亚迪汽车公司、上汽集团、浙江豪情汽车公司、奇瑞汽车公司、广汽集团、华晨宝马汽车公司等，自主研发的 PHEV 也已跻身世界前列。

比亚迪汽车公司的代表车型有比亚迪秦、比亚迪唐。比亚迪秦采用 1.5TDI 涡轮增压发动机和一台 110kW 的永磁同步电机，同时配备有放电能量为 13kW·h 的磷酸铁锂蓄电池，可保证 70km 的纯电动续驶里程。混合动力模式下百公里加速时间仅 5.9s，最高时速可达 185km/h，百公里综合油耗仅 2L。比亚迪唐搭载一台 2.0T 涡轮增压发动机和前后两个电动机，可实现前轮与后轮独立动力输出。其他厂商也先后推出了各自的 PHEV，如华晨宝马汽车公司推出的宝马 530Le、上汽集团的荣威 550Plug-in、广汽集团 GA3 和 GA5 等车型。此外，我国的高校和研究所也积极响应国家的号召，开展了研发工作，并取得了一定的研究成果。

2.9 增程式电动汽车

2.9.1 增程式电动汽车的定义

增程式电动汽车（EREV）为了解决纯电动汽车续驶里程短的问题，在纯电动汽车的基础上增加了增程器以增加电动汽车的续驶里程。EREV 在车载可充电储能系统能够提供电能时，以纯电动汽车模式运行；当动力蓄电池能量不足时，由车载辅助供电装置为动力系统提供电能。对于可插电的增程式电动汽车，还可通过车载充电机，使用 220V 家用电源对蓄电池包进行充电。

2.9.2 增程式电动汽车的结构与工作原理

增程式电动汽车通常搭载由动力蓄电池组和一个由“内燃机+发电机”组成的辅助动力系统（车载发电机组，又称增程器，简称 APU）。增程式电动汽车与纯电动汽车和串联式混合动力电动汽车一样采用纯电驱动的方式工作，与插电式混合动力电动汽车一样可以外接插电。增程式电动汽车典型结构如图 2-52 所示。从图中可以看出，在系统结构中移除增程器及车载燃油箱部分后，该车就是一款典型的纯电动汽车。

增程式电动汽车动力系统结构如图 2-53 所示。它主要由动力蓄电池、增程器及驱动电动机等组成。其中，动力蓄电池和增程器并联，通过功率转换器向驱动电动机输出功率。动力蓄电池作为主要动力源，要能够保证车辆的动力性能，能够吸收制动回馈能量，并能够提供一定的纯电动续驶里程。驱动电动机将电能转换为机械能，通过传动装置将转矩传至车轮。驱动电动机应具有制动再生功能，当车辆制动时，将机械能转换为电能，输送到动力蓄电池。

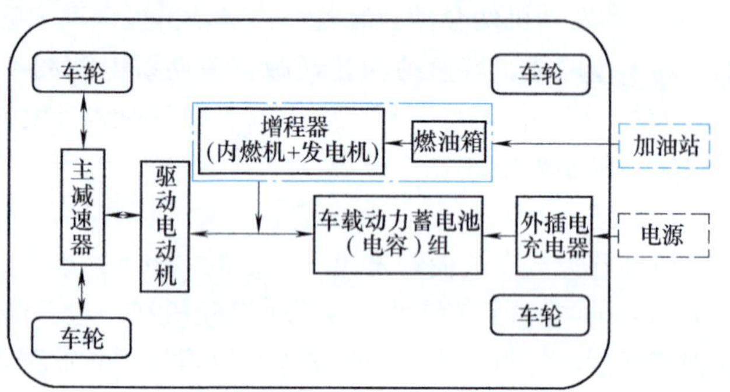

图 2-52　增程式电动汽车典型结构

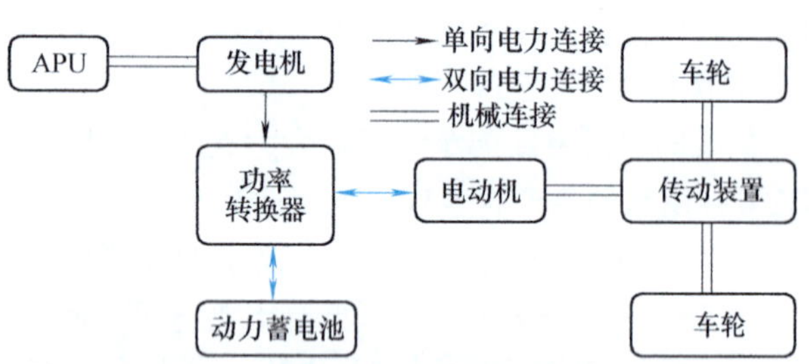

图 2-53　增程式电动汽车动力系统结构

当蓄电池有足够电量时，EREV 驱动系统的动力全部来源于蓄电池。在一定的行驶距离范围内，EREV 相当于纯电动汽车（RE 未开启），完全依靠蓄电池提供的动力来完成，实现“零油耗、零排放”。蓄电池能量低于一定值时，RE 开启，为驱动电动机提供动力，延长它的续驶里程。

2.9.3　增程式电动汽车的工作模式

增程式电动汽车在蓄电池充满电的初期行驶阶段，整车的需求功率完全由动力蓄电池提供，发动机不参与工作，此时增程式电动汽车相当于纯电动汽车。当蓄电池组的能量消耗到一定程度时，发动机起动，与动力蓄电池协同工作，此时增程式电动汽车相当于混合动力电动汽车。与纯电动汽车相比，增程式电动汽车的蓄电池成本大幅下降。增程式电动汽车发动机的使用，主要是为了在蓄电池电量不足时延长续驶里程，发动机不直接驱动车轮，因此，发动机可以始终工作在高效率区。

增程式电动汽车可以通过系统的设定使其按照以下 3 种不同模式进行工作：

（1）纯电动工作模式　使用外部充电桩或者家用电源插座为车辆充电，在动力蓄电池组的容量范围内车辆采用纯电动模式运行，与纯电动汽车相同。

（2）混合动力模式　完全依靠车载发电机组提供电能，动力蓄电池组起到储能、车辆起步、加速助力和制动能量回收的作用，与串联式混合动力电动汽车的工作原理相同。在特殊情况下，外部无法为车辆提供电能补充时，此工作模式能够保证车辆的正常行驶。该模式下节油率为 20%~30%。

（3）插电工作模式　晚上充电桩充电，白天有计划地使用蓄电池的能量，降低燃油发动机动力，显著提高节油率，同时具有起动助力和制动能量回收功能，可使节油率达 50%

以上。

2.9.4 增程式电动汽车的特点

1. 增程式电动汽车与纯电动汽车的区别

纯电动汽车的能量全部来源于蓄电池，为了满足整车性能和使用需求，所需蓄电池技术已经超出目前蓄电池发展的技术水平。为了保证续行能力，纯电动汽车对蓄电池将采用80%深度放电，大大地缩短了蓄电池的使用寿命。增程式电动汽车可以通过车载发电单元的工作，弥补由于蓄电池能量密度较低导致续驶里程不足的缺陷，同时在蓄电池电量较低时保证车辆行驶的动力性，大大降低蓄电池的容量，有利于降低电动汽车的成本。

2. 增程式电动汽车与混合动力电动汽车的区别

增程式电动汽车（EREV）无论是在纯电动模式还是增程模式下，其车轮始终由电动机驱动，而传统的混合动力电动汽车工作在混合动力模式下，其车轮可能是由发动机和电动机共同驱动的，这个过程则需要很好的动力耦合。另一方面，增程式电动汽车必须是串联式混合动力模式，而传统的混合动力电动汽车不仅可以是串联式，也可以是并联式或混联式混合动力模式，单独从使用性能看，EREV 在设计之初就要考虑动力蓄电池与驱动系统的匹配问题，才能很好地满足前面定好的性能。而传统的混合动力电动汽车因为发动机也参与驱动，所以对蓄电池与电动机驱动系统的匹配要求没有那么高。

混合动力电动汽车采用了复杂的机械动力混合结构，发动机和电动机复合驱动，蓄电池能量很小，只起到辅助驱动和制动能量回收的作用。增程式电动汽车采取蓄电池扩容的方式解决了蓄电池驱动的续驶能力问题。虽然车辆成本略有提高，但是在正常的运行工况下，有了电能补充装置的作用，蓄电池处于良性平台充放，保证了蓄电池的使用寿命，减少了维护成本，发动机一直处于最佳工作状态。

3. 增程式电动汽车与插电式混合动力电动汽车的区别

增程式电动汽车与插电式混合动力电动汽车都属于可充电混合动力电动汽车。插电式混合动力电动汽车继承了混合动力电动汽车的大部分特点，将混合动力电动汽车的功率型蓄电池替换为比容量更大的能量型蓄电池，从而保证车辆在零排放、无油耗的纯电动模式下行驶一定距离。

从驱动的角度分析，增程式电动汽车在任何模式下车轮始终仅由电动机独立驱动，而插电式混合动力电动汽车在混合动力模式下，发动机会与电动机一起（经动力耦合）驱动车轮。从系统选型角度分析，增程式电动汽车必须是串联式混合动力形式，而插电式混合动力电动汽车可以是并联式或者混联式混合动力形式。从性能角度分析，增程式电动汽车可以发挥纯电动汽车的最大潜力。增程式电动汽车的动力蓄电池以及驱动系统的选型必须匹配设计性能，增程器的存在与否不影响整车设计性能。而插电式混合动力汽车因为发动机参与驱动，对蓄电池与驱动系统的要求不会很高。

2.9.5 雪佛兰 Volt 增程式电动汽车

1. 结构

如图 2-54 所示，2010 款雪佛兰 Volt 增程式电动汽车主要由增程器、动力蓄电池、驱动电动机 M、发电机 G、行星轮系、3 个离合器组成。增程器由 1.4L 汽油发动机和永磁直流发电机组成。两台电机之间通过行星齿轮机构驱动车辆，巧妙地利用行星轮系实现了电能与机械能的分配与合成，省去了传统的齿轮式变速器或自动变速器，具有较高的集成度。

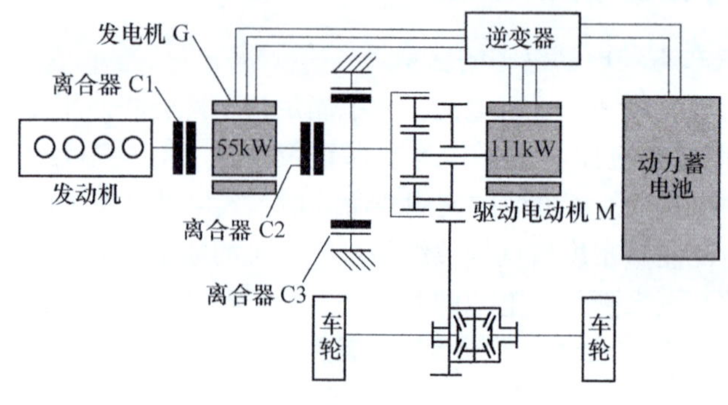

图 2-54　雪佛兰 Volt 结构

2. 工作模式

（1）低速纯电动模式　如图 2-55 所示，离合器 C3 接合，将行星轮系齿圈固定，电动机 M 单独驱动整车行驶，这时 C1、C2 处于分离状态，发动机与发电机不参与工作。

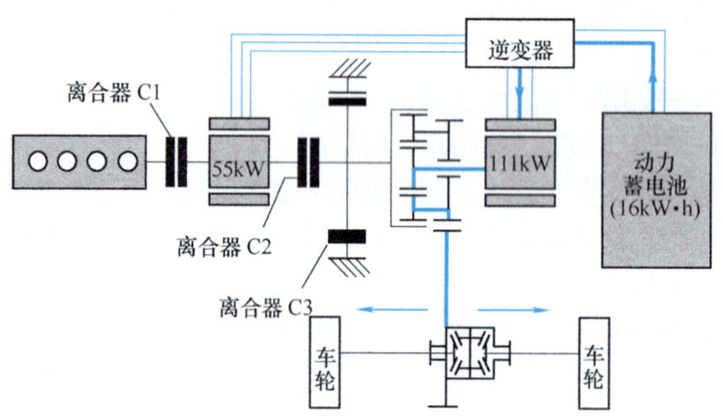

图 2-55　低速纯电动模式

（2）高速纯电动模式　如图 2-56 所示，离合器 C1、C3 分离，C2 接合，发电机 G 变为电动机驱动车辆，从而实现电动机 M、发电机 G 的转矩叠加，共同驱动整车行驶。

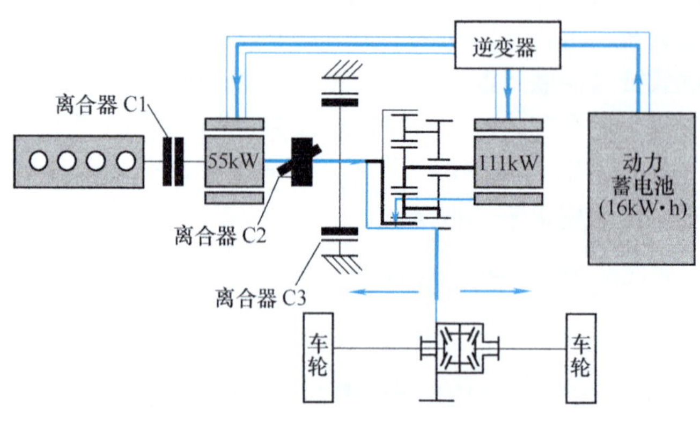

图 2-56　高速纯电动模式

（3）低速增程模式　如图 2-57 所示，在低速纯电动模式下，如果蓄电池能量接近下限，离合器 C1 接合，发动机驱动发电机 G 发电，以维持蓄电池的电量。

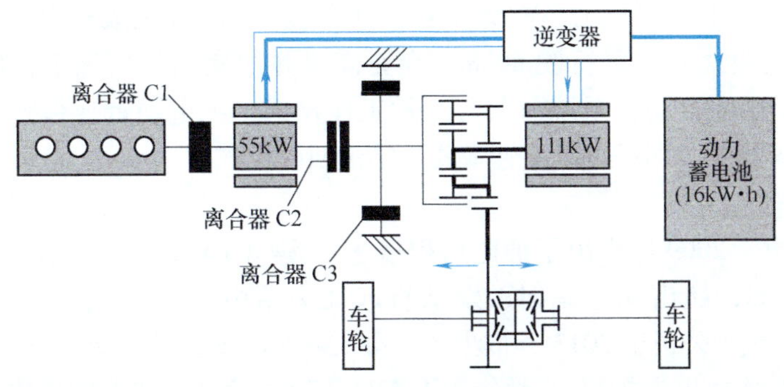

图 2-57　低速增程模式

（4）高速增程模式　如图 2-58 所示，离合器 C1、C2 接合，C3 分离，发动机直接参与车辆驱动，在功率富余时发电机 G 发电，电动机 M 起锁止作用。蓄电池工作在电量保持状态，效率较纯电动汽车高速模式提高 15%。与其他增程式电动汽车不同，Volt 在高速增程模式，发动机带动发电机，一方面发电，另一方面通过发电机驱动车辆。与混合动力电动汽车不同的是，如果没有电动机参与驱动，发动机是不能直接驱动车辆的，所以 Volt 属于增程式电动汽车。

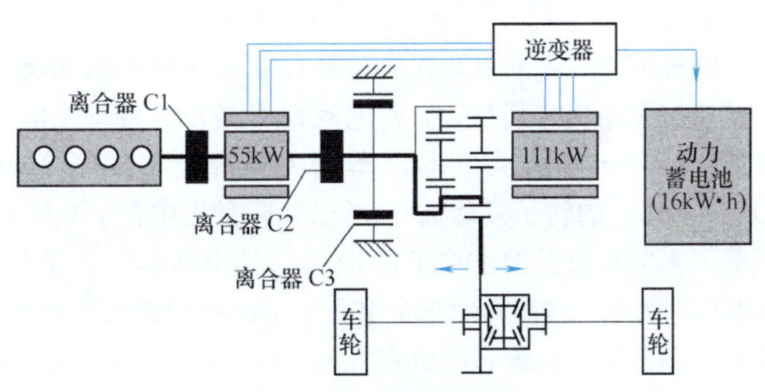

图 2-58　高速增程模式

2.9.6　增程式电动汽车发展现状

1. 美国

美国通用汽车公司在 2010 年推出了雪佛兰 Volt 电动汽车，如图 2-59 所示，该车型是全球首款增程式电动汽车，2011 年正式进入中国市场。动力系统由两台电机和一台内燃机组成，通过三组离合器和一个行星轮连接，实现不同工作模式，以适应行驶工况需求。主电机的最大功率为 111kW，最大转矩为 370N·m。在纯电动模式下，依靠车载 17.1kW·h 的锂离子蓄电池进行驱动，行驶里程最高可达 80km。通过增程模式，当电量快要耗完时，依靠 1.4L 增程发动机带动发电机产生电能，驱动车辆，

图 2-59　雪佛兰 Volt 增程式电动汽车

增程模式下行驶里程最高可达 490km。2016 款雪佛兰 Volt 是此车型的第二代，它配备了全新的 1.5L 发动机，最大功率为 75kW，其主要作用是为车内的动力蓄电池充电。锂离子蓄电池的容量增大到了 18.4kW·h，在 220V 电压下只要 5h 就可完成充电。Volt 配备两台电机，当使用纯电动模式时可以行驶 80km。在充满电并加满油的情况下，最大续驶里程为 644km。雪佛兰 Volt 混合动力系统一共有 5 种工作模式：纯电动低速模式、纯电动高速模式、增程电动低速模式、增程电动高速模式、能量回收模式。

2. 日本

铃木汽车公司于 2009 年推出了插电增程概念车 Swift EV-Hybrid，单靠蓄电池驱动，可持续行驶 20~30km，超出此范围时，发动机起动为蓄电池组充电，车辆最高车速超过 100km/h。马自达汽车公司于 2013 年推出了 Extender EV 增程式电动汽车，其搭载了 19kW 的转子发动机和功率输出为 74kW、转矩为 153N·m 的电动机，纯电动模式下仅由锂离子蓄电池供电可提供 200km 的续驶里程，最大续驶里程达 380km。

3. 欧洲

欧洲增程式电动汽车代表车型有宝马 i3 增程版和奥迪 A1 e-tron。宝马 i3 增程版搭载了一款两缸发动机，其在动力蓄电池 SOC 较小时带动发电机发电，车辆续驶里程可达 340km。奥迪 A1 e-tron 增程式电动汽车动力系统结构如图 2-60 所示，配备了 1 个排量为 254cc（1cc=1mL）的转子发动机、1 个 15kW 的发电机、1 台 45kW 的驱动电动机及锂离子蓄电池组等，车辆百公里加速时间为 10.2s，纯电动续驶里程为 50km，增程模式下续驶里程可增加 200km。此外，欧洲其他车企也开发了一些增程式电动汽车，如捷豹 C-X75、沃尔沃 C60 增程式电动汽车等。著名的研究机构 AVL 和 FEV 等也在积极开展增程式电动汽车相关技术研究和产品开发，如增程器及相关解决方案。

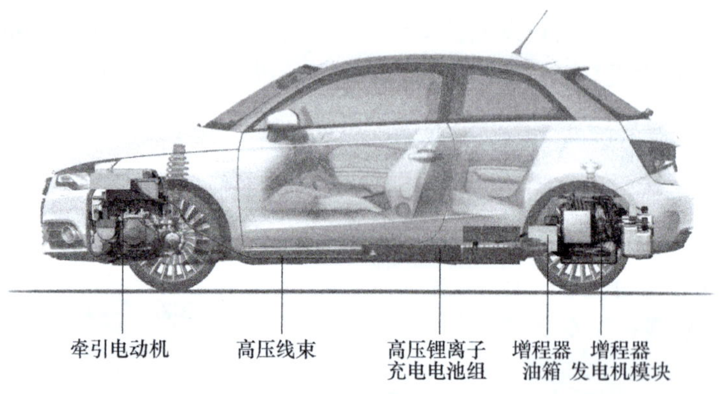

图 2-60　奥迪 A1 e-tron 增程式电动汽车动力系统结构

4. 中国

继通用汽车量产全球首款增程式电动汽车雪佛兰 Volt 以来，我国许多研究机构及汽车企业化开始着手增程式电动汽车的研究开发，但目前仅几家车企推出了增程式电动汽车。2010 年，奇瑞汽车公司推出了增程式电动汽车 S18D R-EEV，配备了 8kW 的增程器，续驶里程可达 300km。2014 年，广汽集团推出了广汽传祺 GA5 增程式电动汽车，如图 2-61 所示。它的动力系统配备了一款可输出 94kW/225N·m 的永磁同步电动机和 1.0L 发动机，最

高车速为 150km/h，配备的磷酸铁锂蓄电池容量为 13kW·h，纯电动模式下续驶里程为 80km。当蓄电池容量不足时，发动机起动并通过发电机给蓄电池充电，总续驶里程可达 680km。同年，北汽集团推出了 E150 增程式电动汽车，纯电动续驶里程达 60km，当动力蓄电池 SOC 降低到设定的下限值时，车辆自动切换到增程模式，总续驶里程达 400km。

图 2-61　广汽传祺 GA5 增程式电动汽车

另外，上汽集团、东风集团、吉利汽车公司、众泰汽车公司、万向集团等也已着手增程式电动汽车的开发。总体来说，国内现阶段仅有少量增程式电动车型推向市场，相关技术研究和开发刚刚起步，还有待继续完善深入。

第3章 纯电动汽车

3.1 概述

汽车的发展极大地改变了人们的生活方式，方便了人们的出行，同时也产生了大量能源消耗、环境污染等世界性难题。为了应对能源危机、缓解环境污染问题，世界各国都在加快步伐发展纯电动汽车技术。

纯电动汽车也称为电池电动汽车，其动力系统主要由动力蓄电池、电动机组成，从电网取电（或更换蓄电池）获得电力，并通过动力蓄电池向电动机提供电能来驱动汽车。在应用范围方面，起初纯电动汽车主要用于特定区域、特定路线，如零排放公交车、游览车、社区公交“微循环”车，以及特种行业的工程用车等。

纯电动汽车的发展尽管经历了多次起伏，但随着高性能的锂离子动力蓄电池、高效电力驱动系统等各种高新技术的发展应用以及社会对零排放概念的深入理解，纯电动汽车被赋予了新的生命力，有了新的发展机遇，近年来再次受到各国政府和各大汽车公司的重视。

目前，纯电动汽车在中、美、日、欧等国家和地区已得到商业化的推广应用，重点是市政的特殊用车（邮政运输车、环卫车等）、固定线路的公交车、公务车队用车和私人用车等领域。

在技术上，当代纯电动汽车呈现了以下趋势：

1）动力系统集成优化技术不断提高，节能效果显著。

2）高性能的锂离子蓄电池、镍氢蓄电池取代传统的铅酸蓄电池。

3）高效的一体化电力驱动系统取代了传统的直流电动机。

4）电动辅助系统的广泛应用提高了整车能量的利用效率和整车性能。

5）网络系统的应用促进了电动汽车的模块化和智能化。

6）轻量化技术和电器结构安全性技术得到了系统的应用。

3.1.1 纯电动汽车的分类

纯电动汽车有多种分类方法，可按所选用的储能装置或驱动电动机的不同来分类，其中又有许多不同组合；也可按驱动结构的布局或用途的不同来分类。

1. 按用途分类

由于没有相关国际规定，这里仅按照常见的纯电动汽车车型和传统汽车分类。国标 GB/T 3730.1—2001《汽车和挂车类型的术语和定义》将纯电动汽车按照用途的不同划分为运输

用电动汽车和专用特种电动汽车。

运输用电动汽车划分为纯电动乘用车和纯电动商用车。

1）纯电动乘用车一般称为电动轿车，车辆座位数不超过9座，用于载运乘客及其随身行李。

2）纯电动商用车可分为电动客车和电动货车，电动客车车辆座位数大于9座，用于载运较多的乘员，提供公共服务。电动货车用于载运各种货物。

常见的专用特种电动汽车划分为电动专用汽车、电动娱乐汽车和电动竞赛汽车。

1）电动专用汽车指装置有专用工作装置、完成专项作业任务的电动汽车。

2）电动娱乐汽车指高尔夫球场电动车、观光电动汽车等用于娱乐活动的场地电动汽车。

3）电动竞赛汽车指专门为竞赛设计的电动汽车。

2. 按储能装置分类

目前纯电动汽车所采用的储能装置主要有铅酸蓄电池、锂离子蓄电池、镍氢蓄电池、钠硫蓄电池等。其中铅酸蓄电池技术较为成熟，价格比较便宜，但其性能差一些，使用寿命短一些。其余几类均属于正在研究改进的蓄电池，其性能都比铅酸蓄电池要好许多，但目前价格也比较贵，随着工艺技术的成熟及批量的扩大，其性价比必定会有较大提高。由于纯电动汽车以蓄电池作为唯一能源，所以蓄电池的各项性能指标很大程度上决定了汽车的行驶性能，如纯电动汽车的续驶里程和加速能力与蓄电池的比能量和比功率有关。

3. 按驱动电动机分类

纯电动汽车的驱动电动机类型主要有直流电动机、交流电动机、永磁无刷电动机、开关磁阻电动机四类。

直流电动机具有控制简单、成本较低、技术成熟等优点，但直流电动机由于有电刷，存在电刷易磨损、需定期维护等缺点。

交流电动机本身具有坚固耐用、效率高、体积小、免维护等优点，并且整个驱动系统具有调速范围大、能有效实现再生制动的特点。但其驱动控制器由于须通过逆变器，并采用矢量控制变频调速，故其电路较为复杂，价格也比较高。

永磁无刷电动机包括无刷直流电动机和三相永磁同步电动机，由于采用永久磁铁励磁，故具有转化效率高、过载能力强、免维护等优点，但目前存在着成本较高、功率受限等缺点，可靠性也需改进。

开关磁阻电动机驱动系统是一种新型的典型机电一体化装置，具有结构简单、坚固可靠、制造成本低等特征，即特别适于汽车起步和蓄电池驱动的特性。其缺点主要是振动及噪声较大，需通过相应技术措施来改进。由于目前普及率不高，有待进一步改进提高。

4. 按驱动方式分类

其典型的基本结构有4种：传统的驱动模式、电动机-驱动桥组合式驱动方式、电动机-驱动桥整体式驱动方式、轮毂式电动机分散驱动方式，如图3-1所示。由于汽车转弯时，外侧车轮的转弯半径比内侧车轮大，所以需要通过差速器来配合两侧车轮转速不同的要求。前两种需采用具有行星轮结构的机械式差速器。第3种差速器可用机械式或电控式，第4种可实现电子差速控制。

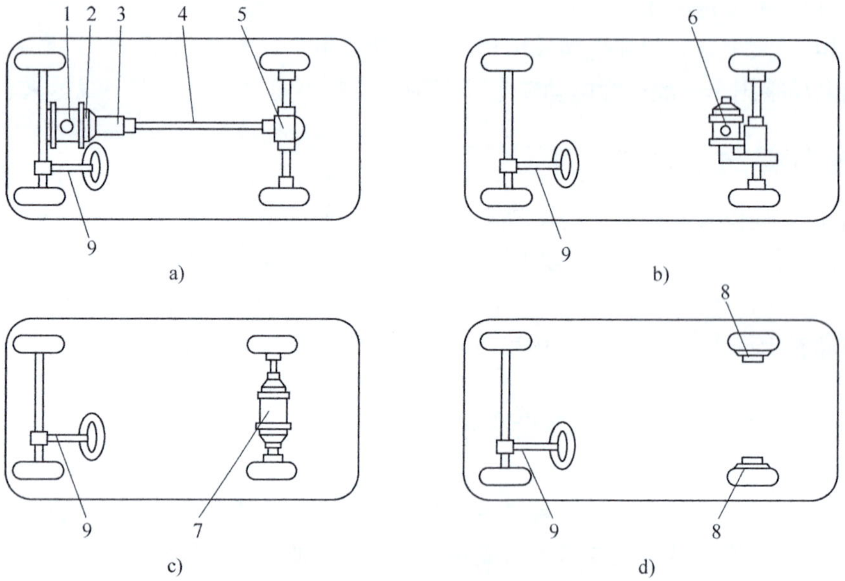

图 3-1 4 种典型的驱动结构

a）传统的驱动模式 b）电动机-驱动桥组合式驱动方式

c）电动机-驱动桥整体式驱动方式 d）轮毂式电动机分散驱动方式

1—电动机 2—离合器 3—变速器 4—传动轴 5—驱动桥 6—电动机-驱动桥组合式驱动系统

7—电动机-驱动桥整体式驱动系统 8—轮毂式电动机 9—转向器

3.1.2 纯电动汽车的特点

纯电动汽车是以蓄电池为电源，以电动机为唯一驱动力的车辆，与其他类型汽车相比，通常具有以下特点：

1. 零排放，舒适性好

纯电动汽车使用的是蓄电池产生的电能，工作过程中不会产生尾气，是真正意义上的无污染汽车。相比传统内燃机汽车，纯电动汽车没有了发动机、变速器等振源，而电动机本身的运转平稳，噪声较小。另外，纯电动汽车变速控制完全由控制器控制电机转速实现无级变速，大大提高了汽车行驶的平顺性。

2. 能源效率高

对纯电动汽车的研究表明，其总体的能源效率已经超过汽油机汽车。特别是在城市街道运行时，汽车走走停停，行驶工况变化频繁，而内燃机汽车，在怠速工况和起步工况燃油燃烧不充分，加重了污染。纯电动汽车在停驶时，不消耗电能，制动时会回收制动能量，所以优势明显，能源效率利用较高。

由于纯电动汽车的车载电源为蓄电池，向蓄电池充电的电能可以由煤炭、天然气、水力、核能、太阳能、潮汐能等多种能源转化。因此，纯电动汽车的应用可以有效地减小对石油资源的依赖。除此之外，还可以在夜间电网用电低谷的时候向蓄电池充电，有利于电网均衡负荷，提高电力资源的利用率，降低汽车的使用成本。

3. 结构简单，使用维修方便

与内燃机汽车、混合动力电动汽车和燃料电池电动汽车相比，纯电动汽车的结构简单，

动力传动部件减少，维护保养工作量小，当电动机采用永磁无刷直流电动机、交流异步电动机或开关磁阻电动机时，电动机本身无须维护保养。此外，纯电动汽车的动力驱动系统、电子控制系统的故障检修比发动机及其电子控制系统简单得多，纯电动汽车的驾驶操纵也更为简单。

4. 动力电源使用成本高，续驶里程短

目前，作为纯电动汽车唯一动力电源的蓄电池，其多项技术性能指标还远未达到人们设想的目标，且价格高、使用寿命短，不仅提高了纯电动汽车本身的价格，而且其使用成本较高。此外，蓄电池的能量密度低，储存的能量有限，一次充电后续驶里程还不理想，并且充电的时间太长。因此，从汽车价格、使用成本等方面看，目前的纯电动汽车还不能与燃油汽车相抗衡。

3.1.3 纯电动汽车的组成

纯电动汽车的基本组成可分为 3 个子系统，即主能源子系统、电力驱动子系统和辅助控制子系统（图 3-2）。其中，主能源子系统由主电源和能量管理系统构成；能量管理系统是实现能源利用主电源（动力电池组等）监控、协调充电、放电控制等功能的关键部件；电力驱动子系统由电子控制系统、驱动电动机、机械传动系统和驱动车轮等部分组成；辅助控制子系统主要由电压变换器、辅助电源等组成，电动汽车主电源是辅助电动动力来源，如依靠辅助电源实现动力转向、空气调节等功能。

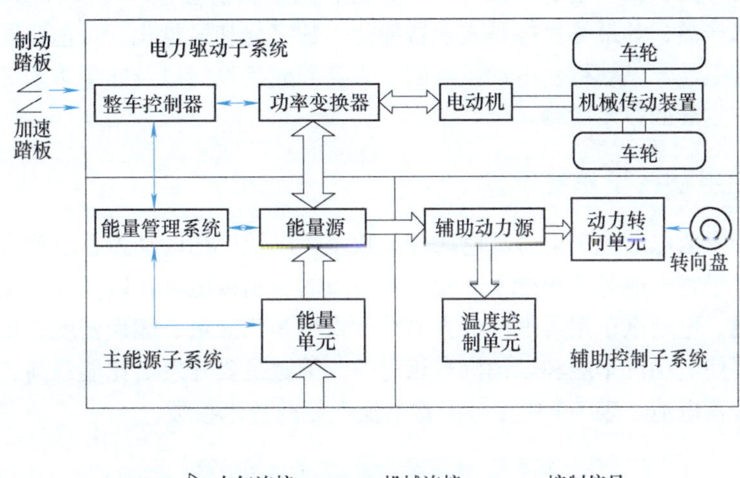

图 3-2 纯电动汽车组成示意图

与内燃机汽车相比，纯电动汽车的特点是结构灵活，内燃机汽车多为机械传动，而电动汽车的驱动电机与动力蓄电池是通过柔性的电线连接的，这样电动汽车各部件在车上的布置具有很大的灵活性。电动汽车电动机的种类较多，不同类型的电动机直接影响纯电动汽车的行驶性能。电动汽车采用不同类型的储能装置，如各种类型的动力蓄电池、超级电容器和飞轮电池等装置，储能装置的不同，影响着电动汽车的整车质量和体积，影响着整车主要性能。

变速传动系统是电动汽车驱动子系统的一个重要部件，它指的是驱动电机转轴和车轮之间的机械传动部分。对于传统内燃机汽车，变速器是必要的部件；对于纯电动汽车，由于驱动电动机的转矩和转速完全可以用电子控制器进行调节控制，因此变速系统的设计就可以有多种不同的选择，可以采用传统的手动或自动变速器变速，还可以控制电动机直接变速。纯电动汽车工作示意图如图 3-3 所示。

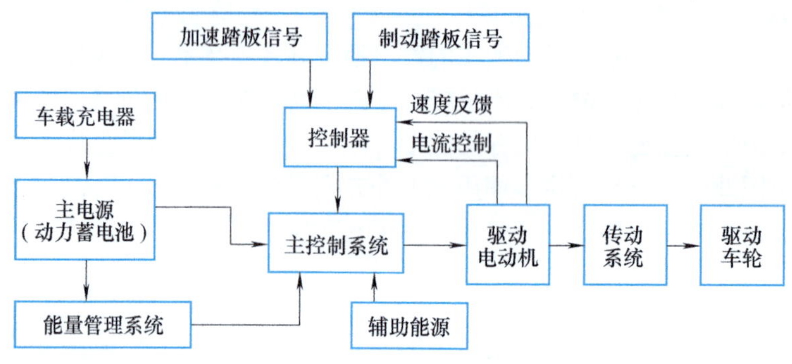

图 3-3　纯电动汽车工作示意图

3.2　纯电动汽车的关键技术

纯电动汽车作为机械、电子、能源、计算机、汽车和信息技术等多种高新技术的集成，是典型的高技术产品，其最终目标是实现智能化、数字化和轻量化。目前，研制和开发的关键技术主要有蓄电池、电动机、电动机控制、车身和底盘设计以及能量管理等技术，其中前三项是电动汽车发展的技术瓶颈。

3.2.1　纯电动汽车用蓄电池

当前研究开发的电动汽车动力蓄电池种类较多，广泛应用的动力蓄电池有铅酸电池、镍金属电池、锂离子蓄电池等，正处于开发研究阶段的有超级电容，以及具有发展远景的燃料电池和太阳电池。电动汽车用蓄电池的主要性能指标是比能量、能量密度、比功率、循环寿命和成本等。要使电动汽车能和燃油汽车相竞争，关键是要开发出比能量高、比功率大、使用寿命长的高效蓄电池。表 3-1 中是各类蓄电池性能的技术参数。

表 3-1　各类蓄电池性能的技术参数

项目	铅酸蓄电池	镍镉蓄电池	镍氢蓄电池	锂离子蓄电池
工作电压/V	2	1.2	1.2	3.2~3.6
质量比能量/(W·h/kg)	35~45	45~60	65~80	110~160
体积比能量/(W·h/L)	75	155	200	280
循环寿命/次	800	800	1000	2500
自放电率（%）/月	5	20	30	5
记忆效应	无	有	无	无

在上述各类蓄电池中，铅酸蓄电池（图 3-4a）的优势是工艺成熟、过放电性能良好、安全性好、价格低廉，在电动自行车、电动摩托车、电动船只、低速纯电动汽车上得到广泛应用。但是，由于铅酸蓄电池比能量和比功率较低，不能满足纯电动汽车续驶里程需求，在纯电动汽车上未能广泛应用。镍镉蓄电池具备充放电倍率好的优点，但是镍镉蓄电池具有记忆效应、含镉金属可能污染环境，现已经不在电动汽车上使用。镍氢蓄电池（图 3-4b）有充放电倍率大、环境污染小、无记忆效应等优点，缺点是镍氢蓄电池电压平台较低，如需满足纯电动汽车动力性和续驶里程的需求需要大量蓄电池串、并联，使得蓄电池组一致性变差，电池管理系统复杂，制约其在纯电动汽车上使用。锂离子蓄电池有电压平台高、比能量大、充放电效率高、循环寿命长等优点。锂离子蓄电池的能量密度是镍镉蓄电池的 3 倍。单体电池电压为镍氢蓄电池的 3 倍，因此能减少纯电动汽车蓄电池组中串、并联单体的数量，使得蓄电池组故障概率降低，蓄电池组的使用寿命延长。近年来，锂离子蓄电池以其良好的性能得到了广泛应用，性能上也取得较大的提高，是目前在纯电动汽车上应用最为广泛的动力蓄电池。

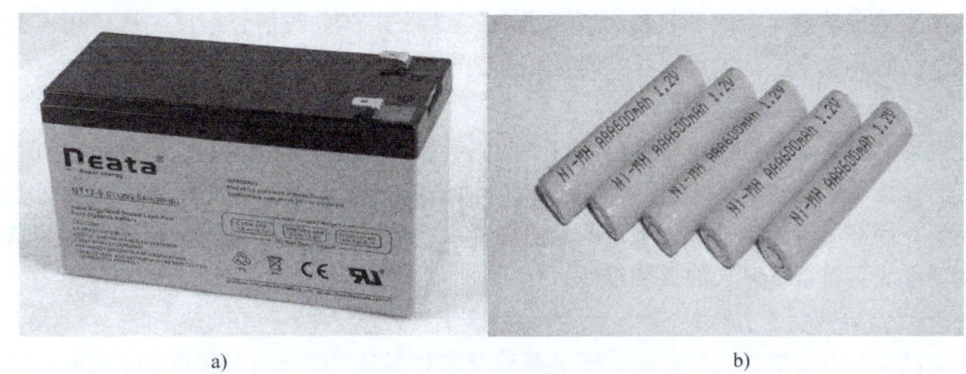

a) b)

图 3-4 铅酸蓄电池与镍氢蓄电池

a）铅酸蓄电池 b）镍氢蓄电池

3.2.2 电池能量管理技术

纯电动汽车的优点是结构简单，但它的大规模产业化受到了动力蓄电池技术的制约。动力蓄电池的主要问题体现在两个方面：其一是比能量低，在车辆能够提供的有效布置空间内，布置的蓄电池不能满足车辆续驶里程的要求，蓄电池组的高价格直接影响电动汽车的性价比；其二是蓄电池组的性能较差，循环寿命低和成组一致性差会影响电动汽车的使用寿命。要提高纯电动汽车用蓄电池组的性能，除需提高蓄电池单体自身性能外，还需使用完备的电池管理系统，尤其是单体蓄电池一致性较差的情况下，电池管理系统的作用就更为重要。电池管理系统可使蓄电池组充分发挥电池单体的性能，降低蓄电池组故障概率，延长蓄电池组的使用寿命。因此，研究纯电动汽车能量管理系统对于纯电动汽车的发展具有十分重要的意义。

纯电动汽车能量管理系统是纯电动汽车整车能量分配与优化、纯电动汽车动力蓄电池管理系统、纯电动汽车制动能量回收系统的集成。

1. 能量分配与优化控制

纯电动汽车续驶里程短是制约纯电动汽车产业化的主要因素之一，因此如何更为合理地分配能量来延长车辆的续驶里程非常重要。由于纯电动汽车只有动力蓄电池组一个动力源，不能像混合动力汽车那样通过调节油电混合比例提高效率，纯电动汽车的能量分配优化大都是在满足车辆动力性、经济性指标要求的前提下，提高驱动系统和能源系统的效率。

2. 电动汽车信息采集系统的故障诊断及纯电动汽车蓄电池的荷电状态估算

纯电动汽车区别于传统燃油汽车的一个重要特点是需要采集和处理大量的信息。对于纯电动汽车来说，电池管理系统需要采集车辆的电压、电流、温度等信息，通过计算处理并上报整车控制系统来实现对车辆的控制。由于大量信息都是通过 CAN 总线进行传输的，在实际使用过程中，由于时滞现象的出现会导致系统不稳定。另外，由于电动汽车蓄电池组包括多节蓄电池串、并联的结构，采集系统通道繁多，当其中某个通道执行器出现故障时，如何保证系统稳定工作也是很关键的技术问题。电动汽车的剩余续驶里程估算一直是电动汽车的难点技术之一，由于锂离子蓄电池的电压与剩余电量之间不是线性关系，SOC 估算误差较大。近年来很多学者研究诸多 SOC 估算的算法，提高了 SOC 的估算精度。从应用于电池管理系统产品的算法来看，大都采用安时法和开路电压法。

3. 再生制动能量回收技术

纯电动汽车制动能量回收是纯电动汽车的关键技术，在车辆制动时，将驱动电机改为发电模式，并将制动能转化为电能，存储到蓄电池系统。设计纯电动汽车制动能量回收系统时，需要在保证车辆的制动性能满足国家法规要求的前提下，尽可能多地吸收制动能量。同时，制动系统要符合驾驶人的驾驶习惯。

4. 车用蓄电池快速充电技术

电动汽车充电需要很长的时间，充电基础设施对蓄电池的充电时间产生了限制。

使用电池管理系统可控制整个充电过程。不同的电池化学物质有不同的充电曲线，通过电池管理系统控制可编程的充电器，配备与蓄电池相应的充电曲线，可提高充电效率。

3.2.3 电动机及其控制技术

电动汽车用驱动电动机通常要求能够适应频繁的起步与停车、加速与减速等各种工况。低速爬坡时要求电动机低转速、高功率；高速行驶时，要求电动机低转矩、变速范围大。因此，电动机的控制对整车性能影响很大。目前纯电动车辆主要应用直流电动机、交流异步电动机、永磁无刷直流电动机。针对不同的电动机，其控制技术也不一样。

1. 直流电动机的控制

直流电动机的控制通常采用的是斩波控制，通过改变直流电动机电枢两端的等效平均电压控制电动机的转速和转矩。

直流电动机的斩波控制如图 3-5 所示，斩波控制器根据信号分析后计算出的控制指令，通过控制励磁电流与电枢电压，达到控制驱动电动机的转矩和转速的目的。具体控制过程为：当电动机运转在恒转矩区域时，在稳定励磁电流的条件下，控制器通过改变电枢电压的大小来调整电动机的转速；当电动机运转在恒功率区域时，控制器将电枢电压保持恒定，通过调整励磁电流的大小来控制电动机的转矩和转速。

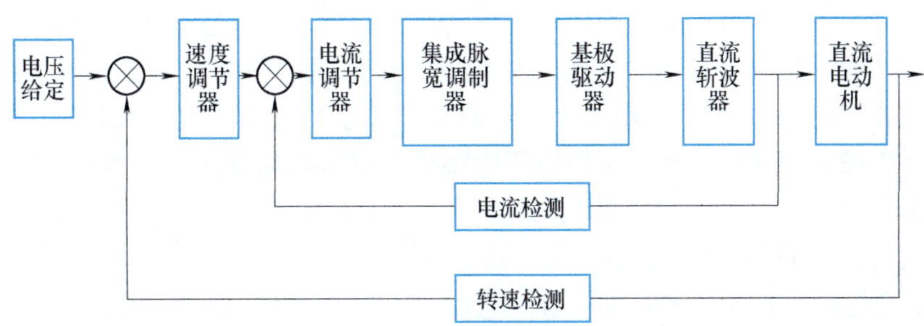

图 3-5　直流电动机的斩波控制

2. 异步电动机的直接转矩控制

直接转矩控制无需进行磁场定向、矢量变换和电流控制，控制起来较为简捷、快速，可进一步提高系统的动态响应能力。直接转矩控制是把转矩的检测值与转矩的给定值做比较，使转矩波动限制在一定的容差范围内，容差的大小由频率调节器来控制，并产生 PWM 脉宽调制信号，直接对逆变器的开关状态进行控制，以获得高动态性能的转矩输出。

直接转矩控制系统原理框图如图 3-6 所示。直接转矩控制系统根据定子三相电压和电流的检测值可估计出定子磁链矢量的幅值和相位，同时给出转矩值。电压源逆变器能提供 8 个开关电压矢量。将定子磁链实际值与给定值比较后的差值输入磁链环比较器，同时将转矩实际值和给定值比较后的差值输入转矩滞环比较器，根据两个滞环比较器的输出，查表可以选到合适的开关电压矢量。

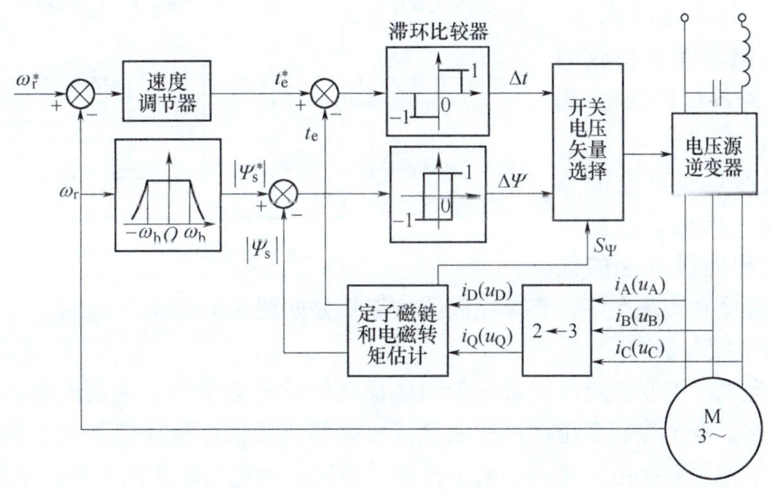

图 3-6　直接转矩控制系统原理框图

3. 永磁无刷直流电动机的控制

通常，永磁无刷直流电动机通过调节输入电动机的直流平均电压达到调节转速的目的。调节的方式有两种：一种是脉幅调制（Pulse Amplitude Modulation，PAM）方式；另一种是脉宽调制（Pulse Width Modulation，PWM）方式。

在 PAM 调节方式中，直流母线电压可调，逆变器功率开关器件只负责电动机换相控制，通过调节直流母线电压的大小来调节电动机转速。在 PWM 方式中，直流母线电压不可调，逆变器功率开关器件不但负责无刷直流电动机的换相控制，而且通过斩波调节电动机输入电压的平均值，从而达到调节转速的目的。逆变器也可采用 SPWM 技术或滞环控制技术等调制出正弦电压并与电动机反电动势保持适当的相位关系，产生有效电磁转矩。在这种情况下，往往会产生较大的转矩波动，实际应用中很少采用这种调制方式。当直流母线电压只有十几伏或几十伏时，多采用 PAM 调节方式。当母线电压较大时，多采用 PWM 调节方式，即通过改变 PWM 控制脉冲的占空比来调节输入电动机的直流平均电压。无刷直流电动机控制框图如图 3-7 所示，通常采用速度、电流双闭环控制系统。PWM 调节方式控制系统的关键在于位置检测电路检测到准确的转子位置信息以得到正确的换相信息，同时，消除电动机运行中由于换相引起的转矩脉动也是提高系统性能的要求之一。

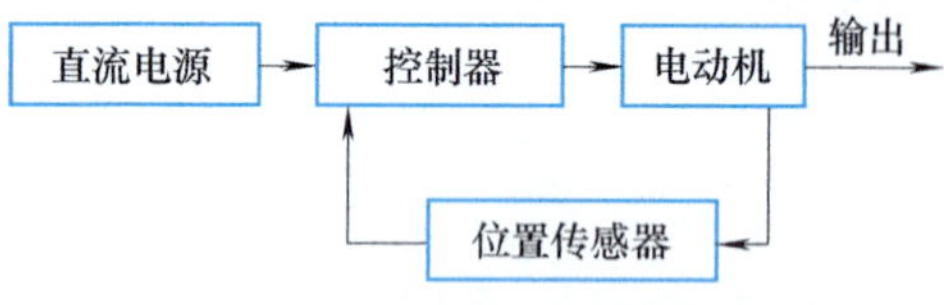

图 3-7　无刷直流电动机控制框图

3.2.4　整车控制技术

电动汽车电子控制系统由动力系统、底盘电子控制系统、汽车安全控制系统、汽车电子信息控制系统及汽车娱乐系统组成，这五大系统完成了电动汽车整车控制的使命。

1. 动力系统

电动汽车动力系统各零部件的工作都是由整车控制器统一协调的。对于纯电动汽车，电动机驱动和制动能量回收的最大功率都受到蓄电池放电/充电能力的制约。

整车控制器是整车控制系统的核心部件，承担了数据交换、安全管理和能量分配的任务。根据重要程度和实现次序，整车控制器功能划分如图 3-8 所示。

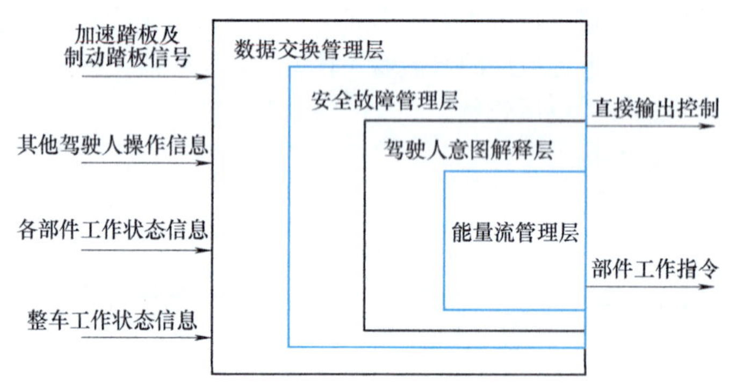

图 3-8　整车控制器功能划分

2. 底盘电子控制系统

良好的底盘电子控制系统能改善车轮和地面之间的附着情况，进而改善汽车的安全性、动力性和舒适性。电子控制系统在汽车底盘技术中的应用很好地改善了汽车的主动安全性。常见的底盘电子控制系统由变速器、电子控制动力转向系统、定速巡航控制系统、四轮转向系统、四轮驱动系统和轮胎压力监测系统等组成。

自动变速器通过各种液压多片离合器和制动闸限制，或接通行星轮组中的某些齿轮得到不同的传动比。

电子控制动力转向系统可以在低速时减轻转向力，以提高转向系统的操纵稳定性；在高速时则可适当加重转向力，以提高操纵稳定性。

电子控制动力转向系统避免了车辆起步打滑的可能。这得益于系统对制动、发动机管理和变速换档控制的及时干预。通过转向角和轮速，电子控制动力转向系统计算出驾驶人的操纵意图。通过侧滑率和横向加速度传感器的信息，电子控制动力转向系统识别车辆是否存在

打滑危险。一旦险情发生，电子控制动力转向系统反应轻快迅捷，通过选择性地对各个车轮实施独立制动将车辆拨转至期望方向。

定速巡航控制系统按驾驶人要求的速度闭合开关之后，不用踩加速踏板就自动地保持车速，使车辆以固定的车速行驶。

四轮转向系统是基于一个安装在后悬架上的后轮转向构件，它能够使驾驶人操纵转向盘时转动汽车的前、后车轮。

汽车驱动轮能够产生的牵引力的大小受地面附着力的限制，并与车重的大小成正比。采用四轮驱动系统可以充分利用车重来产生牵引力。

汽车轮胎内充气压力的高低直接影响到整车行驶的舒适性和安全性。如果保持适宜的胎压，则可以减小轮胎的磨损，降低油耗，防止因胎压不足而引起轮胎损坏，并能保证汽车的稳定行驶和安全。轮胎压力监测系统通过连续地监测轮胎的压力、温度和车轮转速自动向驾驶人发出警告。

3. 汽车安全控制系统

汽车安全控制系统按照交通事故发生的前后分为主动安全系统和被动安全系统。主动安全系统由驱动防滑系统（ASR）和防抱死制动系统（ABS）组成；被动安全系统主要由安全气囊等组成。

驱动防滑系统是应用于汽车防滑的电子控制系统，其功能图如图 3-9a 所示，基本组成框图如图 3-9b 所示。传感器将行驶汽车的驱动轮转速及非驱动轮转速转变为电信号，输送给电控单元（ECU）。ECU 根据车速传感器的信号计算驱动车轮的滑转率，若滑转率超限，控制器结合考虑节气门开度信号、发动机转速信号、转向信号灯因素确定控制方式，输出控制信号使相应执行器动作，将驱动车轮的滑转率控制在目标范围之内。

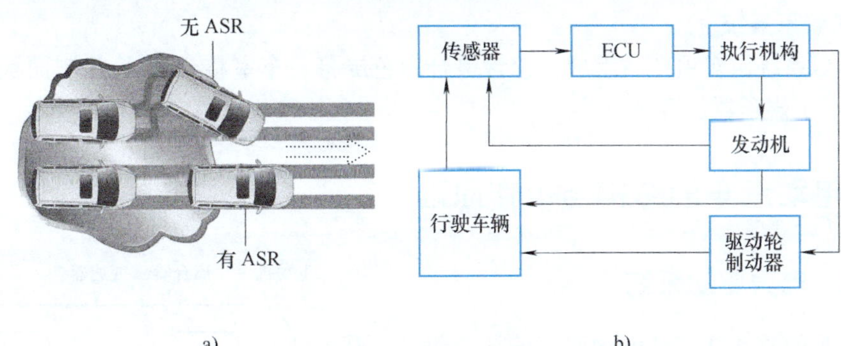

图 3-9　驱动防滑系统

a）ASR 功能图　b）ASR 基本组成图

防抱死制动系统是具有良好制动效果的制动装置。它的功用是在汽车进行紧急制动时，自动控制和调节车轮的制动力，防止车轮完全抱死，从而得到最佳的制动效果。防抱死制动系统如图 3-10 所示。

4. 汽车电子信息控制系统

为了方便驾驶人随时了解汽车的各种工作参数是否正常，以便及时采取措施，汽车上都设置有各种参数显示系统。这些仪表可显示汽车的常规运行参数，也可显示某些极限参数。由于传统的汽车仪表采用机械式或机电结合式仪表，都是通过指针和刻度实现模拟显示，因

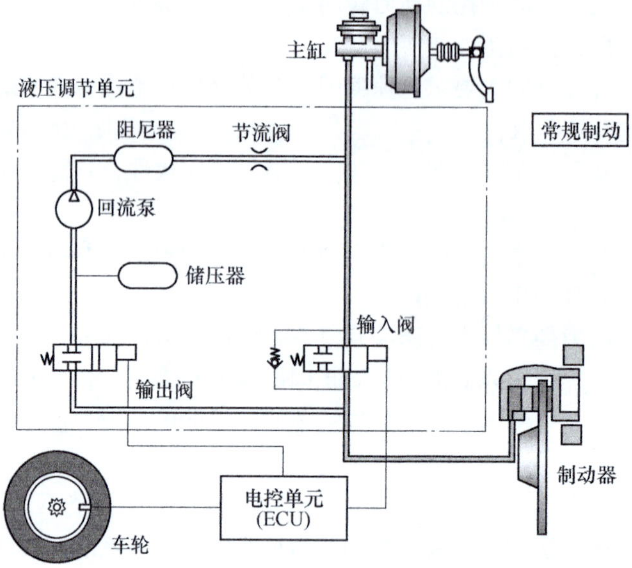

图 3-10　防抱死制动系统

此，存在显示信息量小、视觉特性不好、易使驾驶人疲劳、准确率低等缺点，难以满足人们对汽车性能越来越高的要求。

汽车电子信息控制系统由智能电子仪表显示系统、汽车显示与报警系统、全球卫星定位系统、远程监控系统组成。电子显示器件包括发光显示器件、线条图形显示器件以及液晶显示屏等。

5. 汽车娱乐系统

汽车娱乐系统由多项产品组成，包含整合彩色屏幕、车室整合 A/V 控制面板、隐藏式 DVD/VCD 车上娱乐器及音响系统。

3.3　纯电动汽车的结构与工作原理

3.3.1　电力驱动系统

电动汽车的驱动系统是电动汽车的核心部分，其性能决定着电动汽车运行性能的好坏。电动汽车的驱动系统布置取决于电动机驱动系统的布置形式，常见的驱动系统布置形式有以下几种。

1. 传统的驱动系统形式

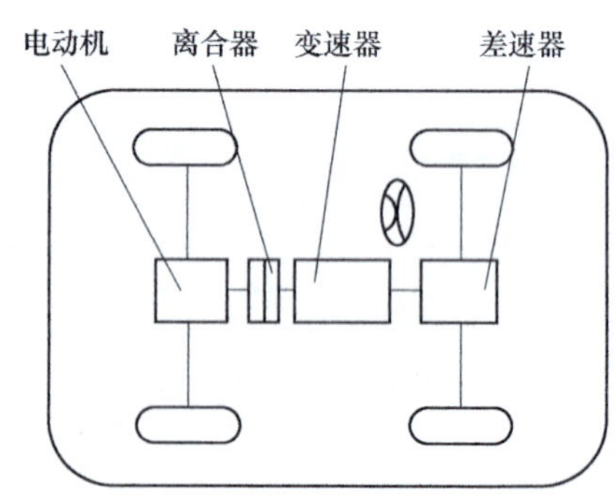

图 3-11　传统的驱动系统形式

如图 3-11 所示，这种布置形式与传统内燃机汽车驱动系统的布置形式一致，用电动机替代发动机，仍然采用内燃机汽车的传动系统，属于改造型电动汽车。这种布置可以提高电动汽车的起动转矩，增加低速时电动汽车的后备功率，但结构复杂、效率低，不能充分发挥电动机的性能。与传统内燃机汽车相似，有电动机前置、驱动桥

前置，电动机后置、驱动桥后置等各种驱动形式。

2. 简化的传统驱动系统形式

如图 3-12 和图 3-13 所示，这种布置形式与传统内燃机驱动汽车相比，简化了传统的驱动系统，使用一组电动机，取消了离合器和变速器，采用固定速比主减速器，可减少机械传动装置的质量、缩小其体积，提高传统系统的机械效率，可以继续沿用当前发动机汽车中的动力传动装置。这种方式对电动机的要求较高，不仅要求电动机具有较高的起动转矩，而且要求具有较大的后备功率，以保证电动汽车的起动、爬坡、加速、超车等动力性能。

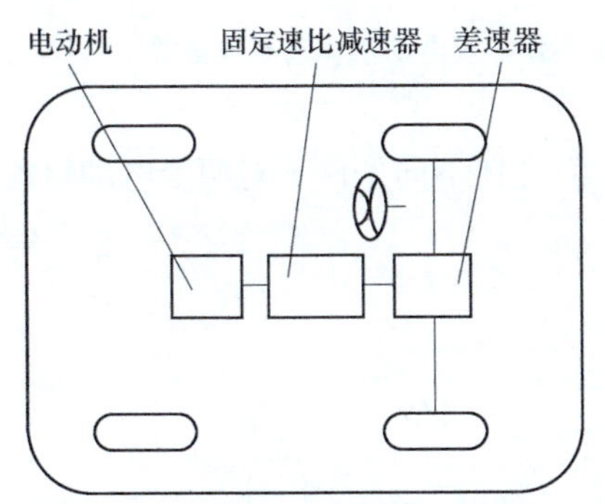

图 3-12　简化离合器和变速器的驱动形式

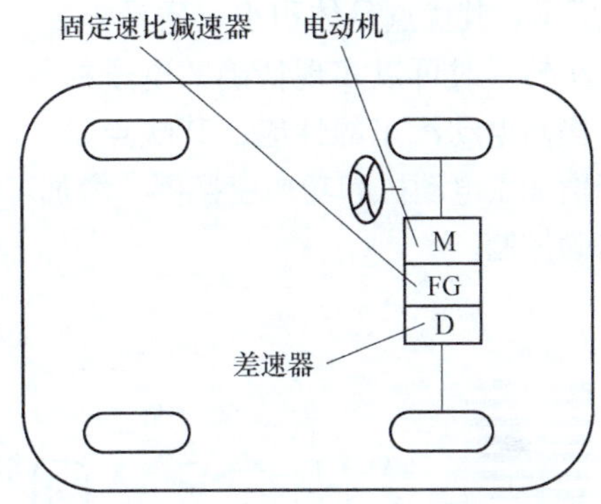

图 3-13　单电动机-驱动桥同轴布置驱动形式

简化的传统驱动系统形式可以通过“电动机-驱动桥组合式驱动系统”实现。电动机的输出轴线与半轴轴线平行，装有机械式传统装置的减速齿轮和差速器齿轮，动力经过左、右两个半轴来驱动车轮，它们组成一个整体。

简化的传统驱动系统形式也可以通过“电动机-驱动桥整体式驱动系统”来实现，如图 3-14 所示。把电动机、固定速比减速器和差速器集成为一个整体，采用特殊的空心轴的电动机、两根半轴连接驱动车轮。这种形式的传动机构结构紧凑，传动效率较高，安装方便，在小型电动汽车上应用最普遍。

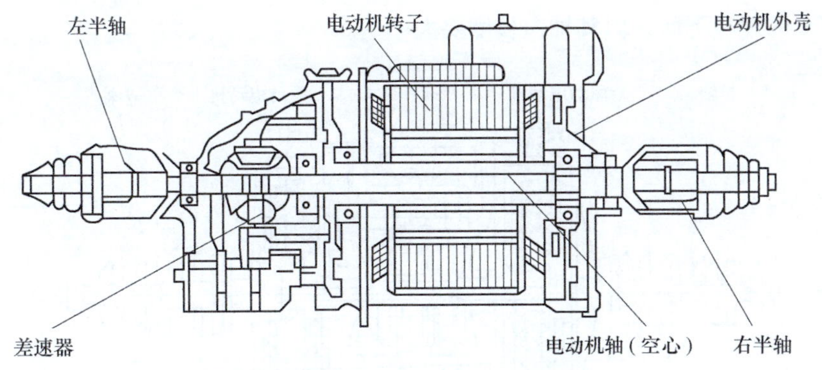

图 3-14　电动机-驱动桥整体式驱动系统

3. 双电动机驱动系统形式

如图 3-15 所示，这种布置方式在同轴上采用双电动机形式，将电动机直接装到驱动半轴上，电动机通过固定速比减速器分别驱动两个车轮，并且直接由电动机实现变速和差速转换，不必选用机械差速器。这种布置形式对电动机有较高的要求，如大的起动转矩和后备功率，同时不仅要求控制系统有较高的控制精度，而且要具备良好的可靠性，从而保证电动汽车行驶安全、平稳。

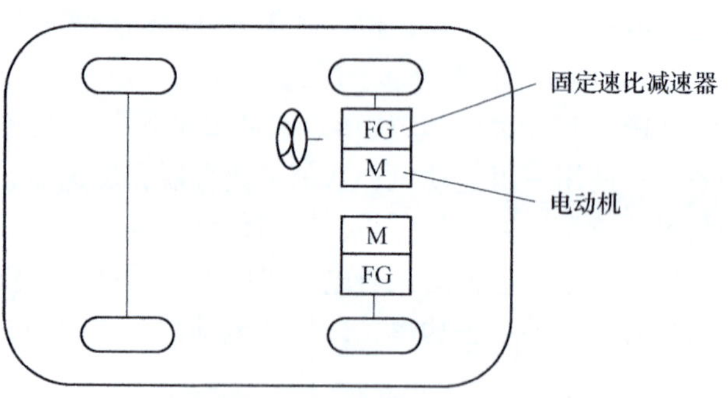

图 3-15　双电动机驱动系统形式

电子差速器原理示意图如图 3-16b 所示，其优点是体积小、质量小，在汽车转弯时可以实现精确的电子控制，提高电动汽车的性能；其缺点是由于增加了电动机和功率变换器，增加了初始成本，而且在不同条件下对两个电动机需要进行精确控制。

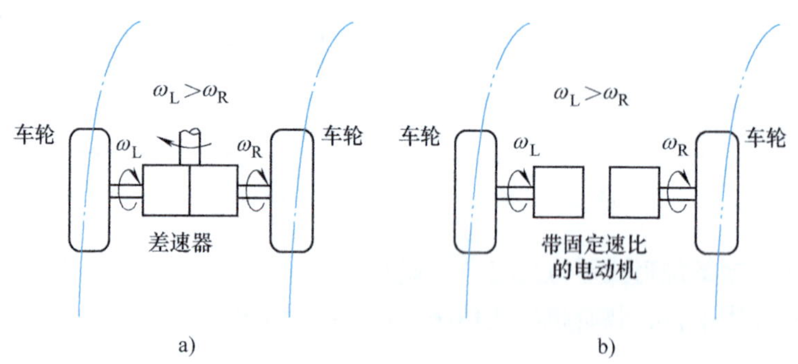

图 3-16　差速器原理示意图

a）机械差速　b）电子差速

双电动机驱动系统结构如图 3-17 所示，由左、右两个永磁电动机直接通过半轴带动车轮转动。左、右两个电动机由中央控制器的电控差速模块控制，可以将双电动机驱动桥布置在纯电动汽车的地板下面，但其轴向长度要大一些。

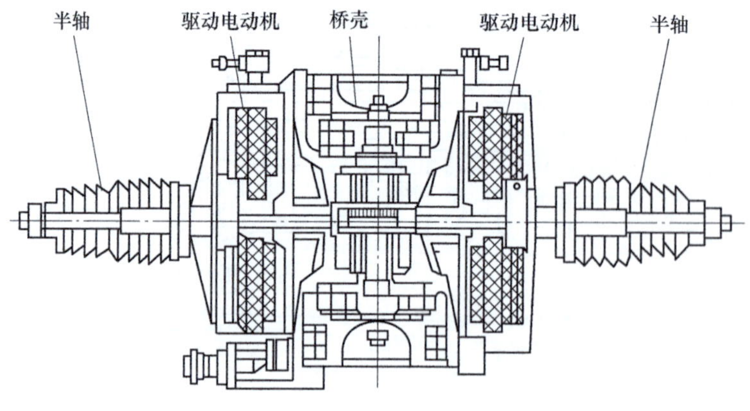

图 3-17　双电动机驱动系统结构

4. 电动轮驱动系统形式

电动轮驱动系统又称为轮毂驱动电动机形式。这种布置方式将电动机直接装到了驱动轮上，由电动机直接驱动车轮。轮毂电动机可以布置在电动汽车的两个前轮、两个后轮或 4 个车轮的轮毂中，成为前轮驱动、后轮驱动或四轮驱动的电动汽车。

电动轮驱动系统可以是低速电动机直接驱动车轮，如图 3-18 所示，又被称为“外转子电动轮驱动系统”。电动机转速和车轮转速相等，车轮转速和车速控制完全取决于电动机的转速控制。这种形式的电动机结构简单，无需齿轮变速传动机构，但轮毂电动机体积大、质量大、成本高。

电动轮驱动系统也可以采用高速电动机，装固定速比减速器降低车速，如图 3-19 所示，又被称为“内转子电动轮驱动系统”。一般采用高减速比行星轮减速装置，安装在电动机输出轴和车轮轮缘之间，且输入轴和输出轴布置在同一条轴线上。这种形式的电动机具有体积小、质量小和成本低的优点。

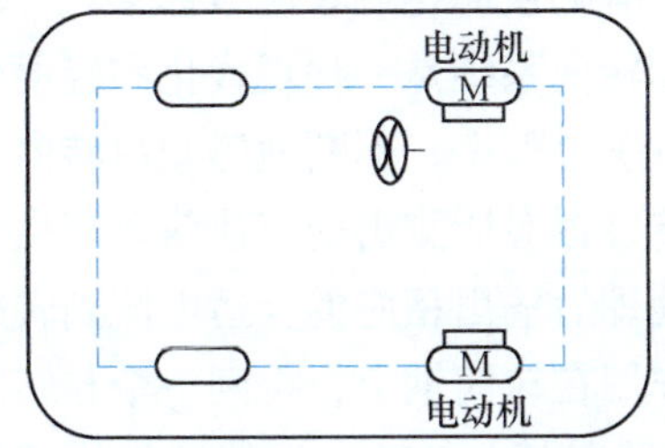

图 3-18 直接驱动形式的电动轮驱动示意图

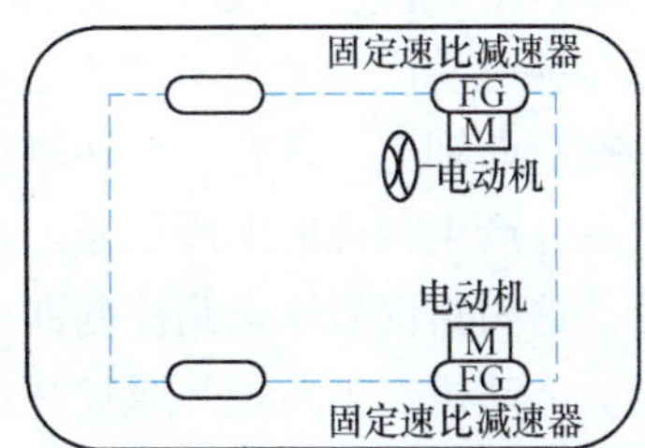

图 3-19 带有减速器的电动轮驱动系统示意图

实现电动轮驱动系统的轮毂驱动电动机的结构如图 3-20 所示。

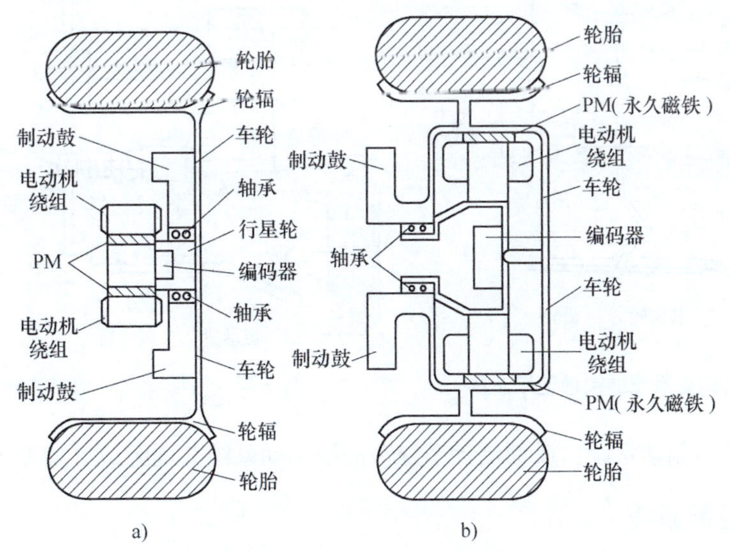

图 3-20 轮毂驱动电动机的结构

a）内转子电动机 b）外转子电动机

3.3.2 车身与底盘

1. 车身

汽车车身主要由车身本体、开启件（各种门、窗、行李箱和车顶盖等）、座椅、内外饰附件和安全保护装置（保险杠、安全带、安全气囊等）组成。针对纯电动汽车能源少的特点，汽车车身的外形一般是缩小迎风面积来降低空气阻力，并采用轻型高强度材料来减轻整车自身的重量。

2. 汽车底盘

汽车底盘是整个汽车的基体，不仅起着支撑蓄电池、电动机、驱动控制器、汽车车身、空调及各种辅助装置的作用，同时将电动机的动力进行传递和分配，并使车辆按驾驶人的意志（加速、减速、转向、制动等）行驶。汽车底盘包括传动系统、行驶系统、转向系统和制动系统四大系统。

纯电动汽车的传动系统因为所选驱动方式的不同，有的被简化或者删减掉了。

在部分纯电动汽车上已采用了电动转向系统。电动转向系统是一种现代化和轻便化的转向系统。在转向轴上，装有一个转矩传感器，在车辆行驶过程中，不断地感知由转向盘传递的转矩信息并产生相应的电压信号。与此同时，速度传感器对所测出的车速信息产生相应的电压信号。这两路信号输送到控制器中，经过运算和处理后输出相应的合适电流到转向助力电动机上。电动机产生转矩并通过减速器减速增矩，作用在转向轴上，得到一个与转向工况相适应的转向助力。图 3-21 和图 3-22 所示分别为某电动车辆电动转向系统的结构模型示意图和布置示意图。

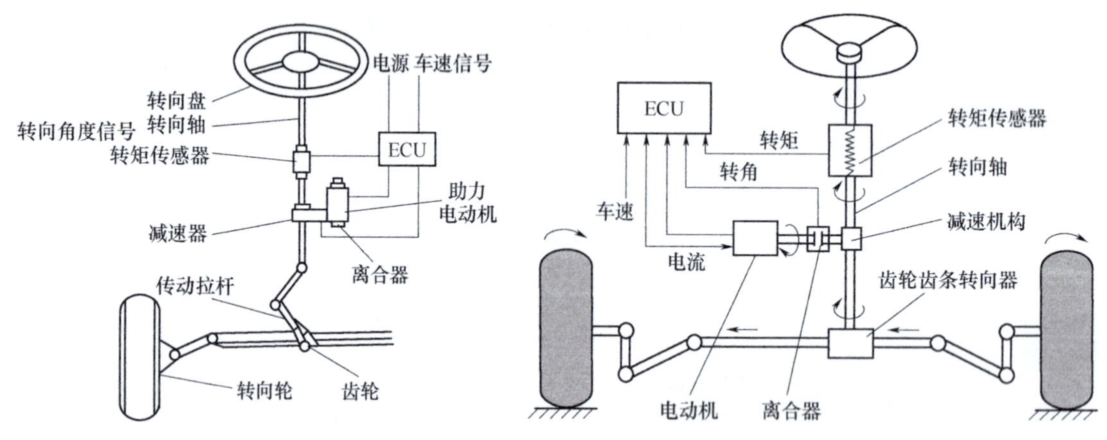

图 3-21 电动转向系统结构模型示意图　　图 3-22 电动转向系统结构布置示意图

纯电动汽车的制动系统由反馈制动系统和液压制动系统共同组成，如图 3-23 所示。

3.3.3 控制系统

纯电动汽车控制系统是基于使用车载微处理器的硬件和软件以及 CAN 通信网络系统等，来实现对汽车各个功能和总成的控制的。微处理器的功能包括信息的传达、分析、处理，控制指令的发布和修改，能量的传递和调控，执行器的动态响应，各个总成和器件的实时执行

状态、传感器反馈的信息比较等功能。在微处理器控制系统中装备有多个子控制器、执行器和功能总成的实体，具体实现驾驶人的驾驶意图，并通过传感器反馈执行器在线执行的信息。使用控制系统可全面改善和提高电动汽车的安全性、可靠性、动力性、经济性、节能减排和环保等性能，创建良好、舒适的驾驶环境和人车对话氛围，减轻驾驶人驾驶和操控的繁杂劳动强度，减少安全事故的发生概率。电动汽车控制系统的构成如图 3-24 所示。

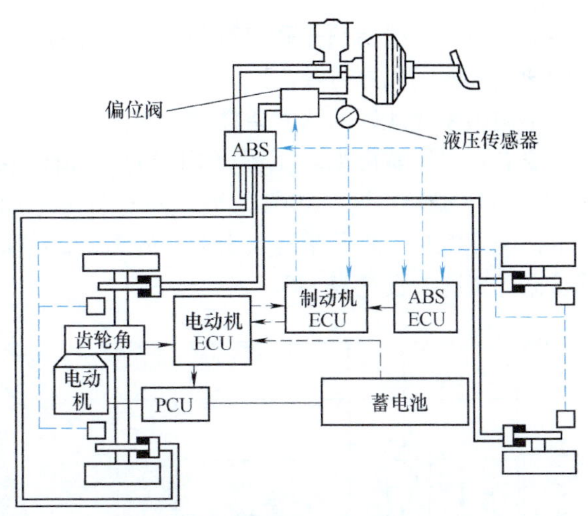

图 3-23　反馈制动与 ABS 控制装置

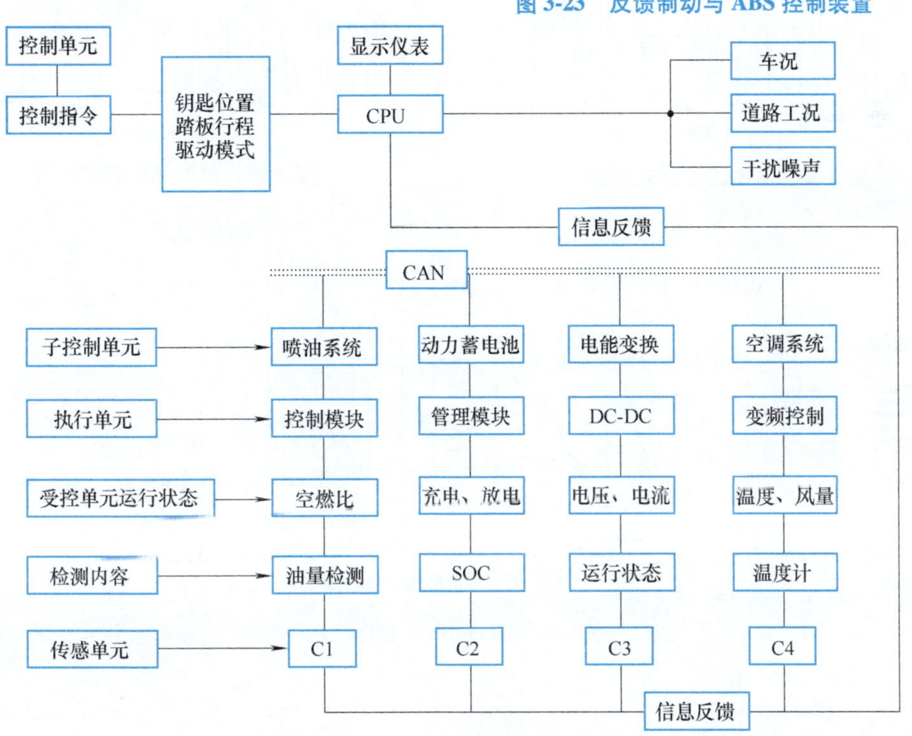

图 3-24　电动汽车控制系统的构成

3.4　纯电动汽车的性能指标

3.4.1　纯电动汽车的经济性

1. 试验循环行驶工况

纯电动汽车的经济性指标主要是充足电后的续驶里程，在不同的行驶工况下，续驶里程会有很大的差异。为了合理地评价电动汽车的性能，人们制定了相应的试验循环行驶工况。

试验循环行驶工况指预先确定行驶速度与时间的变化关系曲线。电动汽车在试验时必须按规定的速度和时间程序行驶。

不同国家或地区的驾驶条件差异很大，因此，分别制定了适合各个国家的行驶工况。其中主要有：美国城市循环工况（UDDS），如图 3-25 所示；联合国欧洲经济委员会（ECE）的 ECE-R15 循环工况，如图 3-26 所示；日本电动车汽车协会的 10-15 循环工况，如图 3-27 所示；美国汽车工程师学会（SAE）的 J227a 试验循环工况，如图 3-28 所示。SAE 的 J227a 试验循环工况参数见表 3-5。

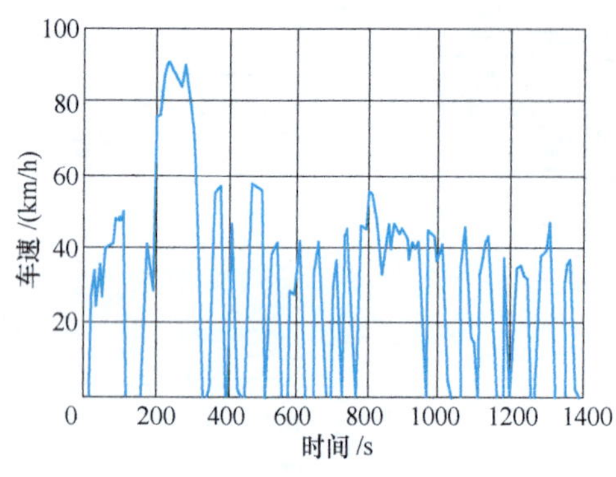

图 3-25　美国城市循环工况

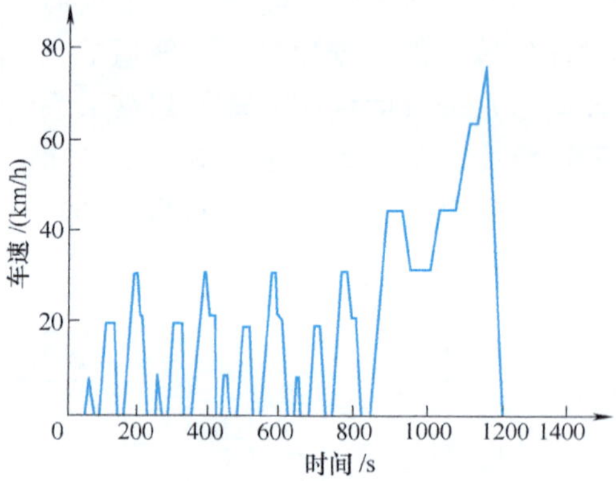

图 3-26　ECE-R15 循环工况

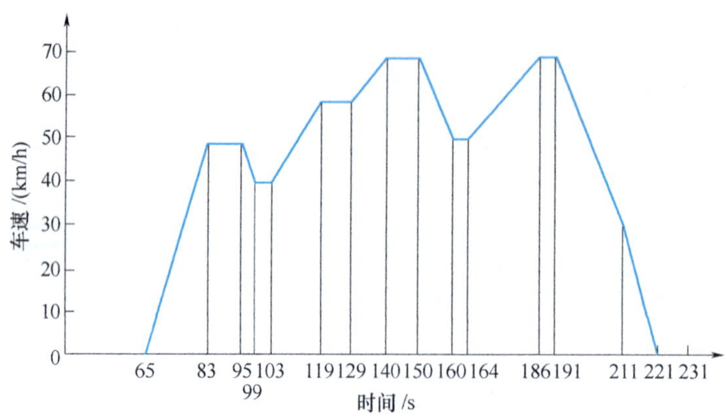

图 3-27　日本 10-15 循环工况

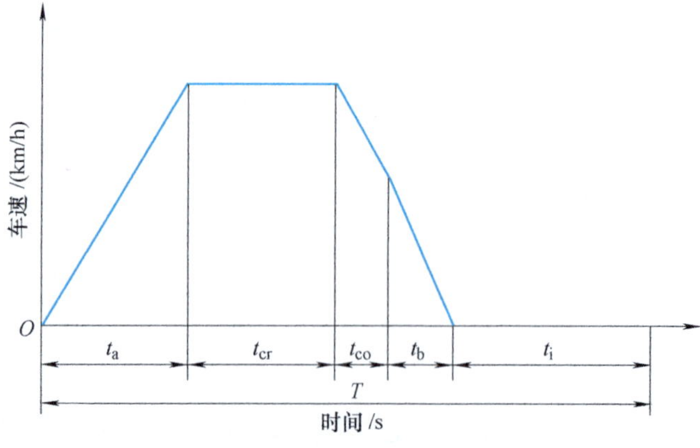

图 3-28　SAE 的 J227a 试验循环工况

表 3-5　SAE 的 J227a 试验循环工况参数

循环模式	A	B	C	D
v（车速）/（km/h）	16.5±1.5	32.0±1.5	48.0±1.5	72.0±1.5
t_a（加速段）/s	4±1	19±1	18±1	28±2
t_{cr}（加速段）/s	0	19±1	20±1	50±2
t_{co}（加速段）/s	2±1	4±1	8±1	10±1
t_b（加速段）/s	3±1	5±1	9±1	9±1
t_i（加速段）/s	30±2	25±2	25±2	25±2
T（循环总时间）/s	39±2	72±2	80±2	122±2

我国试验循环由 4 个市区循环和 1 个市郊循环组成，理论试验距离为 11.022km，时间为 800s，同时，只允许采用市区循环进行试验，但所采用的试验循环要在试验报告中进行说明。图 3-29 所示为我国试验循环的组成。

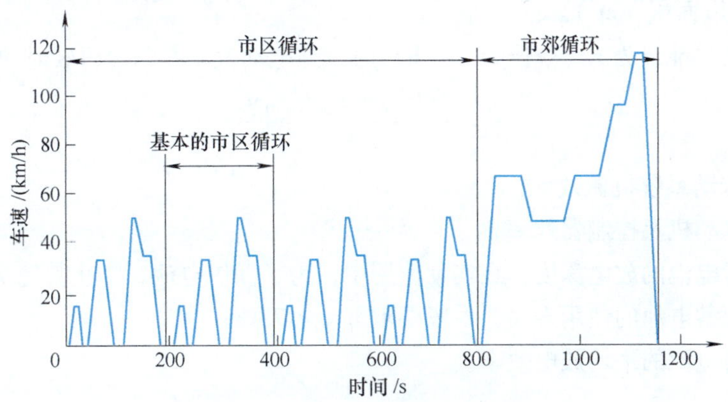

图 3-29　我国试验循环的组成

2. 续驶里程

纯电动汽车在蓄电池充足电的情况下，按一定的行驶工况，能连续行驶的最大距离称为续驶里程。对于传统的燃油汽车，通常以百公里油耗作为其经济性指标，而纯电动汽车的经济性指标是蓄电池一次充满电后的续驶里程。对于某型号的纯电动汽车，需要通过测试得到续驶里程。续驶里程的测试分为工况法和等速法。

（1）工况法　工况法测试续驶里程是在底盘测功机上按图 3-29 规定的试验循环工况进行的。实验时，将试验车辆加载到规定的装载质量，在工况试验循环结束时，记录试验车辆驶过的距离，该距离即为工况法测量得到的续驶里程。

电动汽车的试验质量指电动汽车整车整备质量与试验所需的附加质量之和，而附加质量分别为：

1）最大允许装载质量（包括驾驶人的质量）小于或等于 180kg，最大允许装载质量即为附加质量。

2）最大允许装载质量大于 180kg，但小于 360kg，附加质量为 180kg。

3）最大允许装载质量大于 360kg，附加质量为最大允许装载质量的 1/2。

（2）等速法　等速法测试续驶里程是在道路上进行的，让车辆以（60±2）km/h 的速度或（40±2）km/h 的速度等速行驶，当蓄电池达到一定放电深度时，车辆驶过的距离即为等速法测量的续驶里程。

电动汽车经过规定的试验循环后对动力蓄电池重新充电至试验前的容量，用从电网上得到的电能除以续驶里程所得的值称为能量消耗率。

3. 等速工况续驶里程计算

假定纯电动汽车在续驶里程测试过程中以 v_c（单位为 km/h）等速行驶，其行驶阻力 F 可以通过下式计算：

$$F = Gf + \frac{C_D A v_c^2}{21.15} \tag{3-1}$$

式中 G——整车重力（N）；

f——轮胎滚动阻力系数；

C_D——空气阻力系数；

A——迎风面积（m^2）。

当蓄电池的总能量为 E_B（单位为 kW·h）时，纯电动汽车在匀速行驶时的续驶里程为

$$s = \frac{3600 E_B \eta_T \eta_{mc} \eta_{DOD} \eta_q}{F} \tag{3-2}$$

式中 η_T——传动系统机械效率；

η_{mc}——电动机及控制器效率；

η_{DOD}——蓄电池的放电深度，在实际使用中，为了保护电池，防止其完全放电受损，保证蓄电池的使用寿命，一般要求 $\eta_{DOD} \leqslant 75\%$；

η_q——蓄电池的平均放电效率。

【例】 某电动大客车总质量为 17000kg，轮胎滚动阻力系数为 0.01，空气阻力系数为 0.7，迎风面积为 7.95m²，传动系统机械效率为 0.92，电动机及控制器效率为 0.9，蓄电池组总能量为 180kW·h，蓄电池的放电深度为 0.75，蓄电池的平均放电效率为 0.95，试计算充满电后，该车按照 50km/h 的速度行驶的续驶里程。

解： 50km/h 匀速行驶的行驶阻力为

$$F = Gf + \frac{C_D A v_c^2}{21.15} = 17000\text{kg} \times 9.8\text{N/kg} \times 0.01 + \frac{0.7 \times 7.95 \times 50^2}{21.15}\text{N} = 2323.8\text{N}$$

续驶里程为

$$s = \frac{3600 E_B \eta_T \eta_{mc} \eta_{DOD} \eta_q}{F} = \frac{3600 \times 180 \times 0.92 \times 0.9 \times 0.75 \times 0.95}{2323.8}\text{km} = 164.5\text{km}$$

该电动车辆的续驶里程为 164.5km。

4. 续驶里程的影响因素分析

（1）整车参数对续驶里程的影响　由式（3-2）可以看出，等速行驶时对应续驶里程与行驶阻力成反比，与蓄电池的总能量成正比。低速行驶和电动汽车质量小时的功率消耗少，有助于增加电动汽车的续驶里程。提高蓄电池组总能量是加大续驶里程的有效办法。但是，随着蓄电池数量的增加，会引起整车质量的增加，加大阻力功率，另外，也需要更大的空间来安装蓄电池组，因此，需要综合考虑。

（2）蓄电池均匀性的影响　为提高电源电压和增大容量，通常采取将多个蓄电池串联成一组，然后将各组蓄电池并联的方法。当蓄电池组各个蓄电池性能不一致的时候，容易造成性能差的蓄电池在充放电循环中过充电或过放电，使其性能下降，导致蓄电池的不一致性扩大，蓄电池组的整体容量和端电压均会降低，其放电能力随之下降。可见，蓄电池的均匀性对电动汽车的续驶里程也有较大的影响。

（3）环境温度的影响　当环境温度下降时，蓄电池的内阻增大而容量一般会下降，其放电能力降低，从而导致电动汽车续驶里程缩短。

3.4.2　纯电动汽车的动力性

1. 电动机的特性

纯电动汽车的动力性指标主要是最高车速、最大加速度、爬坡能力。在纯电动汽车中，牵引电动机的性能对其动力性起着至关重要的作用。

（1）电动机的工作特性　变速电动机通常在低速区域，电动机具有恒转矩特性。在高速区域，电动机具有恒功率特性。这一特性一般采用转速比 x 予以描述。该转速比 x 的定义为最高转速与基速的比值。在低速运行情况下，随着转速增高，由功率变换器向电动机供电的电压升高，而磁通量保持不变。在基速运行点处，电动机端电压保持不变，而磁通量衰减，因此其转矩随着转速增加而呈双曲线下降。

（2）电动机的机械特性　具有大范围恒功率区域的电动机，其最大转矩能显著提高。因此，车辆的加速和爬坡性能得以改善，而传动装置也可以简化。但是，不同形式的电动机都具有最高转速比的限值。例如，由于有永久磁体，磁场难以衰减，因此永磁电动机具有小转速比（$x<2$）；开关磁阻电动机的转速比可以达到 $x>6$；异步电动机的 $x\approx4$。

2. 动力性指标

（1）最高车速　汽车的最高车速指汽车在无风条件下，在水平良好的路面上所能达到的最高车速。纯电动汽车的最高车速分为 1km 最高车速和 30min 最高车速。1km 最高车速通常简称为最高车速，指纯电动汽车能够往返各持续行驶 1km 以上距离的最高平均车速。30min 最高车速指纯电动汽车能够持续行驶 30min 以上的最高平均车速。在测试纯电动汽车的最高车速时，需要将试验车辆加载到试验质量。

（2）最大加速能力　汽车的加速能力用汽车原地起步的加速能力和超车能力来表示。通常将汽车加速过程中所经过的加速时间或加速距离作为评价汽车加速能力的指标。纯电动汽车的加速能力用从速度 v_1 加速到 v_2 所需的最短时间（单位用 s）来评价。例如，对于 M_1、N_1 类纯电动汽车，采用 0~50km/h 原地起步加速时间和 50~80km/h 超车加速时间；对于 M_2、M_3 类纯电动汽车，采用 0~30km/h 原地起步加速时间和 30~50km/h 超车加速时间。在测试纯电动汽车的最大加速能力时，需要将试验车辆加载到试验质量。

车类分类代号说明如下：

M_1 类车辆——至少有 4 个车轮，或有 3 个车轮，厂定最大总质量超过 1t，除驾驶人座位外，乘客座位不超过 8 个的载客车辆。

M_2 类车辆——至少有 4 个车轮，或有 3 个车轮，厂定最大总质量超过 5t，除驾驶人座位外，乘客座位超过 8 个的载客车辆。

M_3 类车辆——至少有 4 个车轮，或有 3 个车轮，厂定最大总质量超过 5t 的载客车辆。

N_1 类车辆——至少有 4 个车轮，或有 3 个车轮，厂定最大总质量不超过 3.5t 的载货车辆。

N_2 类车辆——至少有 4 个车轮，或有 3 个车轮，厂定最大总质量超过 3.5t，但不超过 12t 的载货车辆。

N_3 类车辆——至少有 4 个车轮，或有 3 个车轮，厂定最大总质量超过 12t 的载货车辆。

（3）爬坡能力　汽车的爬坡能力指汽车在良好的道路上以最低行驶车速上坡行驶的最大坡度。纯电动汽车的爬坡能力用坡道起步能力和爬坡加速能力来评价。坡道起步能力指纯电动汽车加载到最大设计质量时在坡道上能够起动且 1min 内向上行驶至少 10m 的最大坡度。

爬坡车速指加载到最大设计总质量后，纯电动汽车在给定坡度（4%和 12%）的坡道上能够持续行驶 1km 以上的最高平均车速。

3. 动力性指标的计算

（1）电动汽车最高车速的计算　电动机发出的功率全部消耗于车辆行驶阻力。若电动机的额定功率为 P_e（单位为 kW），则汽车的功率平衡方程为

$$P_e = \frac{1}{\eta_t}(P_f + P_w) = \frac{1}{\eta_t}\left(\frac{fGv_{max}}{3600} + \frac{C_D A v_{max}^3}{76140}\right) \tag{3-3}$$

式中　P_f——克服滚动阻力所需的功率（kW）；

P_w——克服空气阻力所需的功率（kW）；

η_t——传动系统的机械效率；

G——整车重力（N）；

v_{max}——最高车速（km/h）；

C_D——空气阻力系数；

A——迎风面积（m^2）。

根据电动机的功率曲线与负载功率曲线的交点，就可以求得最高车速。

需要指出的是，通常在选用较大功率的牵引电动机或大传动比的某些设计中，并不存在这样的交点。此时，最高车速由电动机的最高车速 n_{max} 决定，即

$$v_{max} = 0.377\frac{n_{max} r}{i_{tmin}} \tag{3-4}$$

式中　r——车轮半径（m）。

i_{tmin}——传动系统最小传动比。

（2）电动汽车爬坡能力的计算　电动汽车的爬坡能力指车辆在良好的路面上克服滚动阻力和空气阻力之后，其后备功率在稳定车速条件下全部用来爬坡时所能爬上的最大坡度。汽车行驶方程为

$$F_t = F_f + F_i + F_w \tag{3-5}$$

式中　F_f——滚动阻力（N）；

F_i——坡道阻力（N）；

F_w——空气阻力（N）；

F_t——汽车驱动力（N）。

根据汽车行驶方程可计算出最大坡度角∂ 为

$$\partial = \arcsin \frac{F_t - F_f - F_w}{G} \tag{3-6}$$

低速时汽车爬坡能力要大得多，基于式（3-5）的计算结果将产生显著偏差，应按照下式计算：

$$\partial = \arcsin \frac{D - f\sqrt{1 + f^2 - D^2}}{1 + f^2} \tag{3-7}$$

式中，$D = \dfrac{F_t - F_w}{G}$ 为汽车的动力因数。

（3）电动汽车的加速性能　电动车辆的加速性能指车辆在良好的平坦路面上，克服滚动阻力和空气阻力之后，其后备功率全部用来提高车辆速度的能力。

汽车加速时的行驶方程为

$$F_t = F_f + F_j + F_w \tag{3-8}$$

即

$$\frac{T_m i_t \eta_t}{r} = fG + \frac{C_D A v_c^2}{21.15} + \delta m \frac{\mathrm{d}u}{\mathrm{d}t} \tag{3-9}$$

式中　T_m——电动机转矩（N·m）；

i_t——传动系统传动比；

r——车轮半径（m）；

m——整车质量（kg）；

δ——旋转质量换算系数；

$$\delta = 1 + \frac{1}{m}\frac{\sum I_w}{r^2} + \frac{1}{m}\frac{I_f i_t^2 \eta_t}{r^2} \tag{3-10}$$

式中　I_w——车轮转动惯量；

I_f——电动机的转动惯量。

在不同车速下加速时的加速度为

$$\frac{\mathrm{d}u}{\mathrm{d}t} = \frac{1}{\delta m}[F_t - (F_f + F_w)] \tag{3-11}$$

若最终车速位于恒转矩区，则加速时间 t 为

$$t = \int_0^{\frac{v_n}{3.6}} \frac{\delta m}{3600\dfrac{P_t}{v_b} - Gf - 0.6128 C_D A u^2} \mathrm{d}u$$

$$t = \int_0^{\frac{v_b}{3.6}} \frac{\delta m}{3600\dfrac{P_t}{v_b} - Gf - 0.6128 C_D A u^2} \mathrm{d}u + \int_{\frac{v_b}{3.6}}^{\frac{v_n}{3.6}} \frac{\delta m}{1000\dfrac{P_t}{u} - Gf - 0.6128 C_D A u^2} \mathrm{d}u$$

式中　v_b——电动机为基速时的汽车车速（km/h）；

P_t——驱动功率（kW）；

v_n——最终车速（kW/h）。

3.5 北汽 EV200 纯电动汽车

北汽 EV200 电动汽车（图 3-30）的长、宽、高分别为 4025mm、1720mm、1503mm，轴距达到 2500mm，整车质量为 1290kg。

（1）电池管理系统　北汽 EV200 电动汽车电池管理系统（BMS，见图 3-31）不仅仅能保证蓄电池安全可靠地使用，还能充分发挥蓄电池的能力和延长使用寿命，并向整车控制器上报动力蓄电池系统的基本情况和故障。该系统的功能主要是检测动力系统的电压、电流及温度，实现对其过电压、欠电压、过电流、过高温和过低温保护，继电器控制、SOC 估算、充放电管理、均衡控制、故障报警及处理，与其他控制器通信等，同时还有高压回路绝缘检测功能和为动力蓄电池系统加热功能。

图 3-30　北汽 EV200 电动汽车

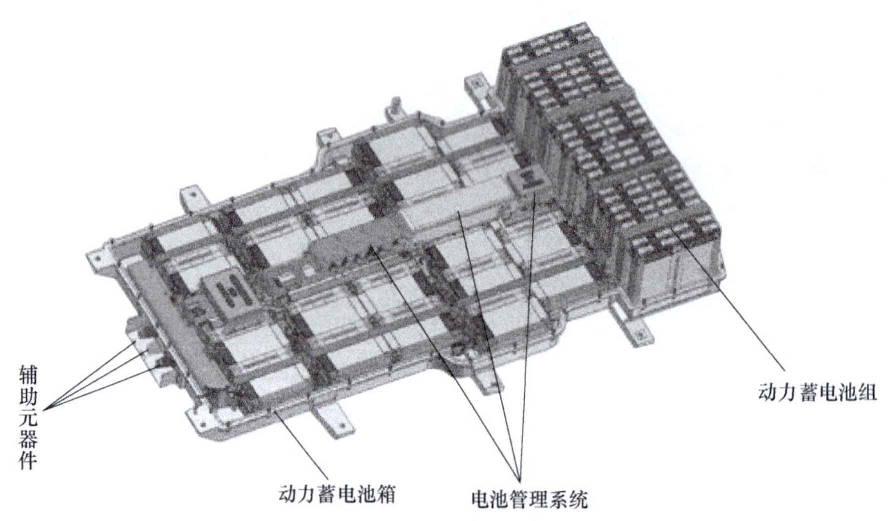

图 3-31　电池管理系统

（2）驱动电动机　在动力方面，北汽 EV200 电动汽车搭载的电动机为永磁同步电动机，其额定功率为 30kW，最大功率为 53kW，额定转矩为 102N·m，最大转矩为 180N·m。最高车速可达 125km/h，0~100km 加速时间为 13s。

（3）仪表盘　仪表盘样式充满科技感，中央的液晶显示屏能够支持多达 20 项显示内容：功率表、数字车速、瞬时电耗、倒车雷达、动力蓄电池电压、电流、驱动电动机转速、平均电耗、保养里程、车外温度等多种显示信息，如图 3-32 所示。

（4）旋钮式电子换档　有别于传统燃油汽车的换挡装置，EV200 电动汽车配备的是智能旋钮式电子换档，如图 3-33 所示。此外，其独有的 E 档能量回收可调模式能根据用户的不同感受改善能量回收及制动性能，妥善使用能量回收系统，能增加 5%~15%的续驶里程。

图 3-32　仪表盘

图 3-33　旋钮式电子换档

第4章 燃料电池电动汽车

4.1 概述

4.1.1 定义

GB/T 24548—2009《燃料电池电动汽车 术语》中规定了与燃料电池电动汽车相关的术语与定义。

（1）燃料电池 燃料电池（Fuel Cell）是将外部供应的燃料和氧化剂中的化学能通过电化学反应直接转化为电能、热能和其他反应产物的发电装置。

（2）燃料电池电动汽车 燃料电池电动汽车（Full Cell Electric Vehicle，FCEV）是以燃料电池系统作为动力源或主动力源的车辆。

燃料电池电动汽车一般以质子交换膜燃料电池（PEMFC）作为车载能量源。

4.1.2 分类

1. 按有无蓄能装置分类

根据燃料电池电动汽车是否配备蓄能装置，可以把燃料电池电动汽车分为纯燃料电池电动汽车和混合燃料电池电动汽车两大类。

（1）纯燃料电池电动汽车 纯燃料电池电动汽车的燃料电池是电动汽车上电能的唯一来源。这种类型的燃料电池电动汽车，要求燃料电池的功率大，并且无法回收汽车制动能量。因此，纯燃料电池电动汽车目前应用较少。

（2）混合燃料电池电动汽车 混合燃料电池电动汽车除燃料电池外，同时配备了蓄能装置（如蓄电池、超级电容和飞轮电池等）。由于蓄能装置可以协助供电，因而可适当减少燃料电池的功率，且蓄能装置可用于汽车制动时的能量回收，所以可提高燃料电池电动汽车的能量利用率。因此，燃料电池电动汽车多采用混合型结构。

2. 按燃料电池与蓄电池的结构关系分类

根据混合型燃料电池电动汽车中燃料电池和蓄电池的电路结构，可将混合型燃料电池电动汽车分为串联式和并联式两种，如图4-1所示。

（1）串联式燃料电池电动汽车 串联式燃料电池电动汽车动力系统的构成如图4-1a所示。其燃料电池相当于车载发电装置，通过DC-DC变换器进行电压变换后对蓄电池充电，

再由蓄电池向电动机提供驱动车辆的全部电力。串联式燃料电池电动汽车的特点与普通的串联式混合动力电动汽车相似，其优点是可以采用小功率的燃料电池，但要求蓄电池的容量和功率足够大，且燃料电池发出的电能需要经过蓄电池的电化学转化过程，这个过程有能量的转换损失。目前，串联式燃料电池电动汽车较为少见。

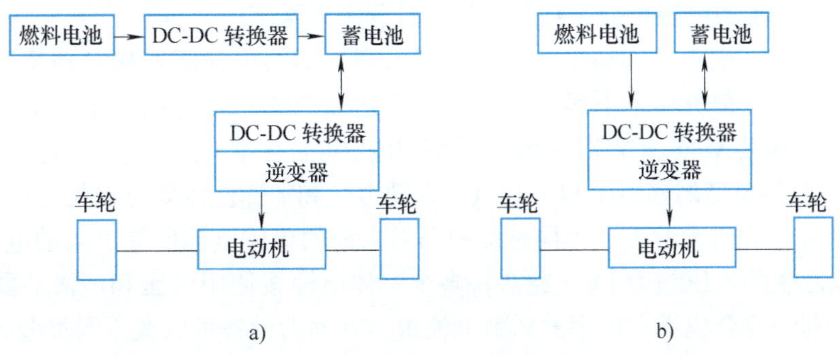

图 4-1　串联式和并联式燃料电池电动汽车动力系统示意图

a）串联式　b）并联式

（2）并联式燃料电池电动汽车　并联式燃料电池电动汽车动力系统的构成如图 4-1b 所示。它由燃料电池和蓄电池共同向电动机供电。根据燃料电池和蓄电池能量大小的配置不同，可将其分为大燃料电池型和小燃料电池型两种。大燃料电池型主要由燃料电池提供电力，蓄电池的容量较小，只是在汽车起步、加速和爬坡等行驶工况时协助供电，并在车辆减速与制动时进行能量回收。小燃料电池型则必须采用大容量蓄电池，由蓄电池提供主要电力，燃料电池只是协助供电。并联式是目前燃料电池电动汽车采用较多的形式。

3. 按提供的燃料不同分类

根据燃料电池提供的燃料不同，燃料电池电动汽车可分为直接燃料电池电动汽车和重整燃料电池电动汽车两大类。

（1）直接燃料电池电动汽车　直接燃料电池电动汽车的燃料主要是纯氢，也可以用甲醇等燃料。采用纯氢作燃料的燃料电池电动汽车，氢燃料的储存方式有压缩氢气、液态氢和合金（碳纳米管）吸附氢等几种。

（2）重整燃料电池电动汽车　重整燃料电池电动汽车的燃料主要有汽油、天然气、甲醇、甲烷、液化石油气等。重整燃料电池电动汽车的结构比氢燃料电池电动汽车复杂得多。例如，甲醇重整燃料电池电动汽车需要对甲醇进行 200℃左右的加热以分解出氢，汽油重整燃料电池电动汽车需要对汽油进行 1000℃左右的加热分解出氢。无论采用什么燃料，重整燃料电池电动汽车都需要设置重整装置，将其他燃料转化为燃料电池所需的氢。

4.1.3　特点

1. 优点

（1）热效率高　碳氢化合物燃料经过重整器重整，并由燃料电池将化学能转变为电能，然后通过电动机和驱动系统驱动汽车车轮，其综合效率可达到 34%；而内燃机汽车的发动机将燃料的化学能转变为机械能，然后通过传动系统起动汽车车轮，其综合效率为 11%，效率仅为燃料电池电动汽车的 1/3。热效率高是燃料电池突出的优点，这意味着燃料电池电动汽车比内燃机汽车更加节能。

（2）零污染或超低污染　采用以氢气为燃料的燃料电池，燃料经过化学反应后的产物只有水，其排放属于零污染；采用以甲醇或汽油经过重整后产生氢气，也只有少量的 CO、CH 和 NO_x 等有害气体排放，属于超低污染，完全可达到最严格的排放标准要求。并且燃料电池本身没有运动副的摩擦损耗，在化学反应过程中无噪声。

（3）在宽广的范围内保持高效率且过载能力强　燃料电池组在额定功率下运行，效率可达到60%左右。在部分功率下运行时，效率可达到70%；在过载功率下运行时，效率可达到50%左右。其功率范围宽广，效率受输出功率变化影响小，短时过载能力可达到200%，可满足各种类型的燃料电池电动汽车在动力性和加速性能等方面的要求。

（4）配置灵活及机动性大　不同种类的燃料电池的单体电池所能产生的电压略有不同，单体电池所能产生的电压约为1V。通常将多个单体电池按使用电压和电流的要求组合成燃料电池组，有利于组合成不同功率的燃料电池组。其辅助设备可以在不同类型燃料电池电动汽车上灵活配置，能够充分地利用车辆上的有效空间。

（5）充分利用现有的设施　与其他电池不同的是，燃料电池电动汽车的续驶里程可以与内燃机汽车相同，关键取决于燃料电池电动汽车燃料箱所装载的燃料（氢气、甲醇或汽油等）量。特别是以甲醇或汽油为燃料时，燃料的装载办法与内燃机汽车很相似，在几分钟内即可加满所需的燃料，因此可以充分利用现有内燃机汽车加油站的现成设备和服务体系。

2. 缺点

（1）辅助设备复杂　以甲醇或汽油为燃料的燃料电池电动汽车，其燃料通过重整器进行重整后，除产生氢气外，还有少量的 CO、CO_2、CH 和 NO_x 等气体混杂在氢气中，其中 CO 会使催化剂“中毒”失效，在 H_2 进入燃料电池组之前，必须采用净化装置对 CO、CO_2、CH 和 NO_x 等气体进行分离处理，这增加了结构和工艺的复杂性。由于甲醇或汽油在重整装置中会产生热量，因此还需要对重整装置进行热的控制和管理。

（2）辅助设备重而体积大　目前，燃料电池电动汽车大部分采用氢气作燃料，但氢气的制取、存储、运输和罐装还没有实现规模化，安全保护要求高。采用氢气作为燃料需要特种储气罐，罐体体积大、占用空间大。目前，使用成本也很高，给燃料电池电动汽车的使用带来不便。在采用甲醇、汽油等燃料电池系统中，需要通过重整器对甲醇和汽油等燃料进行重整后才能制取氢气。目前重整器、净化器和其他辅助装置在燃料电池电动汽车上所占的体积和质量都较大，还必须进一步解决其小型化和轻量化的问题。

（3）起动时间长并需提高系统的耐振能力　采用甲醇和汽油作为燃料时，需要通过重整器进行重整，一般需要10min以上才能产生足够的氢气，比内燃机起动的时间长得多，影响了汽车的机动性。燃料电池发动机系统包括燃料电池本身和各种辅助设备，在车辆受到振动或冲击的时候，各种管道的连接和密封的可靠性需要进一步提高，以防止发生氢泄漏，降低氢的利用率，影响燃料电池的效率，严重时还会引发氢气燃烧事故。由于要求严格密封，使得燃料电池的制造工艺很复杂，并给使用和维护带来困难。

4.1.4　燃料电池电动汽车发展

燃料电池出现至今已经有100多年的历史，其发展过程可归纳为实验室研究开发和实际应用开发两个阶段。

早在 1839 年，英国人 William Grove 爵士就提出了氢气和氧气反应可以发电的原理，氢氧燃料电池汽车示意图如图 4-2 所示。他在一次偶然的电解实验中，发现将电解器的两个电极连接时，有反向的电流产生，同时消耗氢气和氧气。这种以铂片电极浸入稀硫酸中能产生电压为 1V 的发电装置被公认为现代燃料电池的雏形。此后的 100 多年里，人们采用铂片作为电极，以 KOH 作为电解质，并用氢作为燃料，重复着燃料创始人 William Grove 的燃料电池发电试验。这一阶段的燃料电池输出的电流有限，不具有实际应用价值。直到英国人培根（Francis T. Bacon）研究出了具有实际意义的培根电池，这才使得燃料电池走出实验室，服务于人类的生产活动。

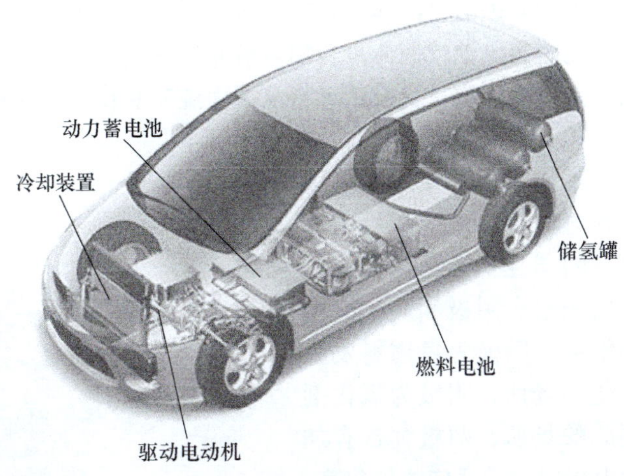

图 4-2 氢氧燃料电池汽车

1952 年，英国人培根研制出了 5kW 的碱性电池组。该燃料电池组可用作小型机械的动力。20 世纪 60 年代，美国 IFC（International Fuel Cell）公司制造的燃料电池为阿波罗登月飞船提供了电力和宇航员的饮用水。此后，燃料电池技术得到了迅速发展，燃料电池的应用也从航天扩展到了军事、发电、电动汽车等领域。美国、日本、加拿大、俄罗斯、德国及我国都致力于燃料电池的研究和开发，燃料电池从几瓦发展到了兆瓦级的大型装置。1968 年，美国通用汽车公司推出了第一辆燃料电池电动汽车。自此以后，燃料电池电动汽车作为一种清洁能源汽车被世界各国重视。

当前，车用燃料电池技术发展方向明确，氢能质子膜燃料电池被确定为最适合车辆应用的燃料电池技术，技术攻关的目标是降低成本、提高可靠性和耐久性。

4.2 燃料电池电动汽车关键技术

4.2.1 燃料电池系统

燃料电池技术是燃料电池电动汽车的最关键技术之一。燃料电池电堆的净输出功率、耐久性、低温起动性及成本等，直接影响燃料电池电动汽车的性能和发展。目前，降低燃料电池成本是燃料电池电动汽车研究的最重要目标，而控制燃料电池成本最有效的手段是减少燃料电池材料的成本，降低加工费用。在降低燃料电池成本的同时，进一步提高燃料电池的性能，是目前燃料电池电动汽车技术研究的重点。燃料电池系统还有许多需要攻克的技术难题，例如系统起动与关闭的时间、系统能量管理与变换操作、电堆水热管理模式以及降低成本高性能的辅助装置。

1. 质子交换膜燃料电池

质子交换膜燃料电池（Proton Exchange Membrane Fuel Cell，PEMFC）通常是以可传导

离子的全氟磺酸型固体聚合物为电解质的燃料电池，因此也称聚合物电解质燃料电池、固体聚合物燃料电池或固体聚合物电解质燃料电池。该聚合物膜是酸性的，因此迁移的离子为氢离子或质子。质子交换膜燃料电池由纯氢和作为氧化剂的氧或空气一起供给燃料。

（1）质子交换膜燃料电池的工作原理　质子交换膜燃料电池在原理上相当于水电解的“逆”装置，其单电池由阳极、阴极和质子交换膜组成，阳极为氢燃料发生氧化的场所，阴极为氧化剂还原的场所，两极都含有加速电极电化学反应的催化剂，一般采用铂、碳为电催化剂，质子交换膜为电解质，氢或净化重整气为燃料，空气或纯氧为氧化剂，带有气体流动通道的石墨或表面改性的金属板为双极板。质子交换膜燃料电池的工作原理如图4-3所示。

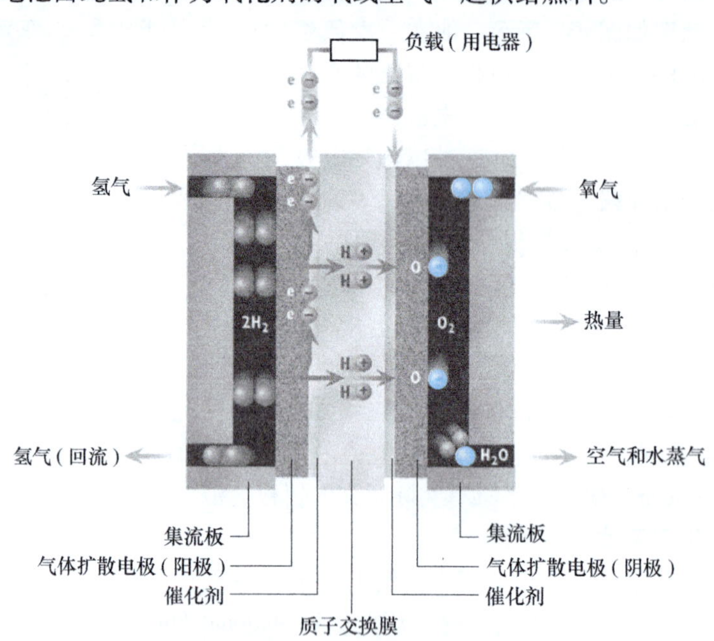

图4-3　质子交换膜燃料电池的工作原理

导入的氢气通过阳极集流板经由阳极气体扩散层到达阳极催化剂层，在阳极催化剂作用下，氢分子分解为带正电的氢离子并释放出带负电的电子，完成阳极反应。阳极发生的电化学反应为

$$H^2 \longrightarrow 2H^+ + 2e^-$$

质子交换膜燃料电池采用的全氟磺酸膜是一种酸性电解质，传导的离子为质子，阳极氢分子分解的质子穿过膜到达阴极催化剂层，电子则由集流板收集，通过外电路到达阴极，电子在外电路形成电流，通过适当连接可向负载输出电能。在电池阴极，氧气通过集流板经由阴极气体扩散层到达阴极催化剂层。在阴极催化剂的作用下，氧与透过膜的氢离子及来自外电路的电子发生反应生成水，完成阴极反应，阴极发生的电化学反应为

$$\frac{1}{2}O^2 + 2H^+ + 2e^- \longrightarrow H_2O$$

所以总的电池化学反应为

$$H_2 + \frac{1}{2}O^2 \longrightarrow H_2O$$

电极反应生成的水大部分以水蒸气态移出燃料电池，一小部分在压力差的作用下通过膜向阳极扩散。上述过程是理想的工作过程，实际上，在整个反应过程中会有很多中间步骤和中间产物的存在。

（2）质子交换膜燃料电池的基本结构　如图4-3所示，质子交换膜燃料电池的基本结构主要由质子交换膜、催化剂层、扩散层、集流板组成。聚合物电解质膜被碳基催化剂覆盖，

催化剂直接为扩散层。电解质、催化剂层和气体扩散层的组成被称为膜片-电极组件。

（3）质子交换膜燃料电池的效率 质子交换膜燃料电池的效率指在燃料中转化为电能的那部分能量占燃料中所含能量的比值。质子交换膜燃料电池的效率为60%左右。在标准大气压下，室温为25℃时的燃料电池的理想能量转换效率为83%。但由于电池内阻的存在和电极工作时的极化现象，实际上质子交换膜燃料电池的效率为50%~70%，这在按电解质分类的5种类型燃料电池中并不算高，但已经是普通内燃机的两倍了。由于内燃机是将燃料燃烧产生的热能转变为机械能，其效率受到卡诺循环的限制，再加上热机中运动部件摩擦造成的损失，实际上热机的效率在30%左右，甚至更低。燃料电池是经过氢氧的电化学反应直接产生电能，不是通过氢气的燃烧产生机械能，因此不受卡诺循环的限制。电堆本身也没有运动部件，不仅噪声小，也没有摩擦损失，效率得到很大提高。

（4）质子交换膜燃料电池的特点

1）质子交换膜燃料电池的优点。

①可低温运行，能实现低温快速起动，适用于车辆。

②比能量和比功率高，效率高。

③结构紧凑、质量小，水易排除。

④可靠性高，使用寿命长。

⑤因唯一的液体为水，所以本质上可避免腐蚀。

质子交换膜燃料电池的最大优势在于它的工作温度，其最佳工作温度是80~90℃，在室温下也可以正常工作，特别适合用作交通车辆的移动电源。正因如此，质子交换膜燃料电池最有希望替代内燃机而成为汽车动力源。

2）质子交换膜燃料电池的缺点。

①需采用贵金属催化剂，电解质膜材料也十分昂贵，所以成本较高。

②需要纯净的氢，对CO敏感，需要对燃气净化去除里面的CO。

③对温度和含水量要求高。

④余热难以有效利用。

2. 磷酸燃料电池

磷酸燃料电池（Phosphoric Acid Fuel Cell，PAFC）是以磷酸为导电电解质的酸性燃料电池，依靠酸性电解液传导氢离子。PAFC被称为继火电、水电、核电之后的第4种发电方式，是目前使用最多的燃料电池之一，是最早成为商品的燃料电池技术。

（1）PAFC的工作原理 PAFC的电池片由燃料极、电解质层、空气极构成。燃料极和空气极都是由基材及肋条板催化剂层所组成的，是两块涂布有催化剂的多孔碳素板电极。电解质层是用来保持磷酸的，它是经浓磷酸浸泡的碳化硅系电解质保持板。磷酸（H_3PO_4）是一种黏滞液体，它在燃料电池中通过多孔硅碳化物基体内的毛细管作用予以存储。燃料中的氢原子在燃烧极释放电子成为氢离子。氢离子经过电解质层，在空气极与氧离子发生反应生成水，其电极反应与PEMFC一样。将数枚单电池片进行叠加，为降低发电时内部的热量，每枚电池片中叠加进冷却板，输出功率稳定的基本电池堆就构成了。基本电池堆加上用于上下固定的构件、供气用的集合管等即构成了PAFC的电池堆。

PAFC的工作原理如图4-4所示。PAFC使用液体磷酸为电解质，通常位于碳化硅基质中。当以氢气为燃料，氧气为氧化剂时，在电池内发生电化学反应，其电化学反应与

PEMFC 一样。

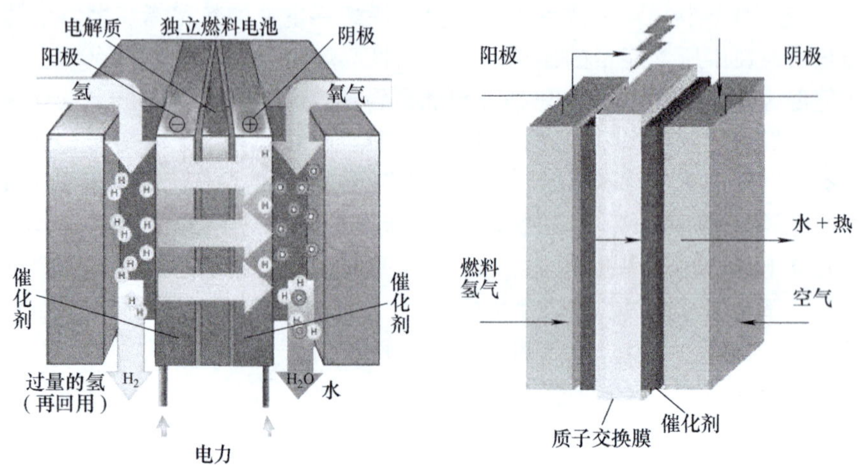

图 4-4　PAFC 的工作原理

阳极和阴极发生的电化学反应为

$$H_2 \longrightarrow 2H^+ + 2e^-$$

$$\frac{1}{2}O_2 + 2H^+ + 2e^- \longrightarrow H_2O$$

总的电化学反应是

$$H_2 + \frac{1}{2}O^2 \longrightarrow H_2O$$

（2）PAFC 的特点　PAFC 与其他类型的燃料电池相比，具有以下特点：

1）PAFC 与 PEMFC 不同的是不需要纯氢作燃料，具有构造简单、稳定，电解质挥发度低、廉价、起动时间合理等优点。目前，PAFC 能成功地用于固定的应用，已有许多发电能力为 0.2~20MW 的工作装置被安装在世界各地，为医院、学校和小型电站提供动力。

2）PAFC 的工作温度比 PEMFC 的略高，为 150~200℃，工作压力为 0.3~0.8MPa，单电池的电压为 0.65~0.75V。较高的工作温度使其对杂质的耐受性较强，当其反应物中含有 1%~2%的 CO 和百万分之几的 S 时，PAFC 可以正常工作。尽管 PAFC 的工作温度较高，但仍需电极上的白金催化剂加速反应。

3）高运行温度（150℃以上）引起与燃料电池堆升温相伴随的能量损耗。每当燃料电池起动时，必须消耗一些能量在加热燃料电池直至其温度达到运行温度。反之，每当燃料电池关闭时，相应的一些热量也被损耗。若应用于车辆上，由于在市区内的驾驶通常是短时运行，该损耗是显著的。然而，在公共交通运输情况下，对于公共汽车这一问题是次要的，即 PAFC 可用作公共汽车的动力，而且有许多这样的系统正在运行。这种电池很难用在轿车上。

4）磷酸电解质必须保持在 42℃以上。冻结的和再解冻的酸将难以使燃料电池堆激化，而保持燃料电池堆在 42℃以上，需要额外的设备，这就需要增加成本、复杂性、重量和体积。

4.2.2 燃料电池电动汽车供氢系统

目前，燃料电池电动汽车大都以纯氢为燃料。车载储氢装置对燃料电池电动汽车的动力性和续驶里程影响很大。常见的车载储氢装置有高压储氢、液态储氢、金属储氢、活性炭吸附储氢和碳纳米管储氢等几种。

1. 高压储氢

车载高压储氢供应系统的基本结构如图 4-5 所示。在给储气瓶组加氢气时，加氢站的压缩氢气由压力表 3 附近的加气口压入，经过客车中部的管路 11、三通 9、单向阀 8 和管路 7 到达汇流排 12，由汇流排 12 进入储气瓶组。当燃料电池用氢气时，压缩氢气由储气瓶组经汇流排 12、电磁阀 10 和三通 9 到达管路 11，管路 11 的氢气再经过压力表 3 和附件气路、客车后部的滤清器 4 和减压器 5，到达燃料电池 6。为了安全上的需要，该系统还配备以下保护装置：

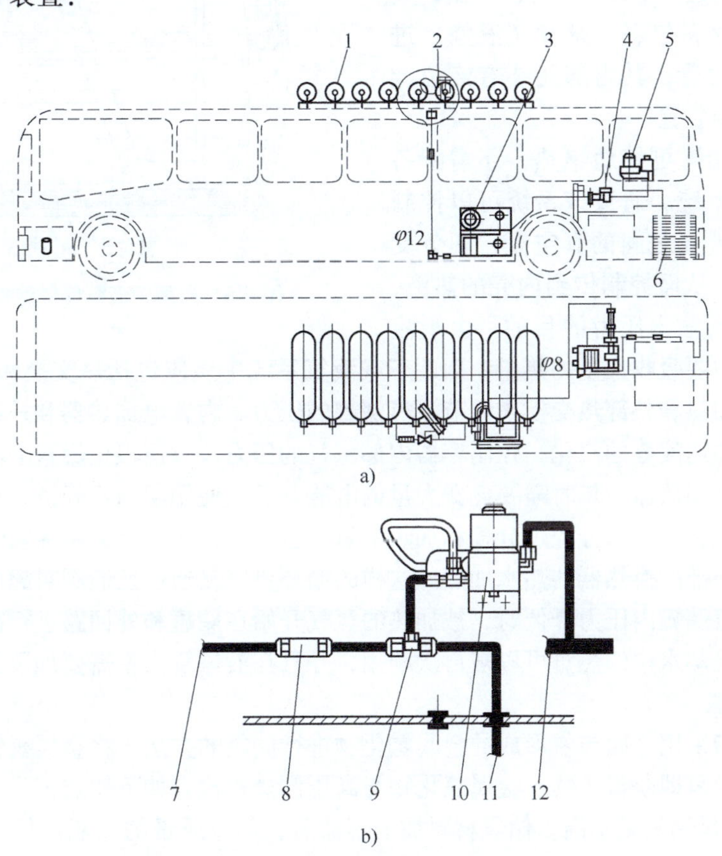

图 4-5 车载高压储氢供应系统的基本结构

a）系统简图 b）结构图

1—储气瓶组 2—车顶控制气路 3—压力表 4—滤清器 5—减压器

6—燃料电池 7、11—管路 8—单向阀 9—三通 10—电磁阀 12—汇流排

（1）高压管路部分　在高压管路部分，设置了过流安全保护装置。若发生意外，在超过设计安全流量时，不需要借助任何外力即可迅速自动切断气路。当故障排除后，只需对电

磁阀进行数秒钟的通电，即可恢复正常运行。

（2）低压管路部分　在低压管路部分，设置了燃料电池系统供气安全保护装置。当燃料电池系统因某种原因不能正常运转时，其控制信号消失即刻使电磁阀自动关闭，切断燃料电池系统供气气路，从而保证系统的供气安全。

2. 液态储氢

车载液态储氢系统主要由液氢储罐、压力控制装置及管路等组成。对于客车来说，液氢储罐通常为直径420mm、长5m的圆柱体，所以一般需设在车顶上部；而对于轿车和轻型车，液氢储罐可设在车座下方和侧后方。

典型的液氢储罐结构示意图如图4-6所示。由于氢气和液化温度非常低（通常在−253℃以下），因此，液氢储罐的结构设计主要考虑绝热问题。从图4-6可以看出，其外壳由超绝热材料包裹，设有（液氢）进出口、安全排气管，其内部还装有液位计和压力检测控制装置。

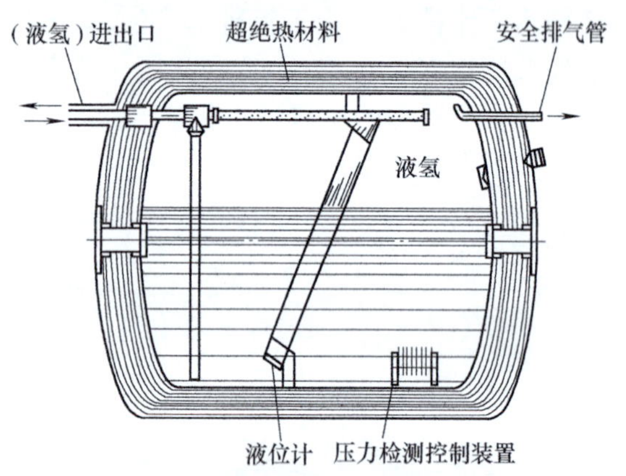

图4-6　典型的液氢储罐结构示意图

为使液氢储罐更好地绝热，还需配备真空压力控制系统。通过该系统可以控制液氢储罐内、外壳之间的真空度，调节真空的绝热程度，从而控制传到内壳的热流，以达到控制氢气输出压力的目的。由于液氢在汽化过程中要吸收大量的热量，因此车载液氢系统中还应包括热交换和压力调节系统，即通过内部电加热和外部热交换来调节液氢储罐的压力。内置电加热器和外设热交换器都可以提供热量，加速液氢的汽化，控制容器内部氢气的压力，以便根据燃料电池的需要提供氢气。由于内置电加热器加热时需要耗费大量的电能，所以使用起来不经济。更好的方法是在容器内放置热盘管，一部分经过分离和加热的氢气被返回，将热量传给液氢储罐内的气态或液态氢，再由外部的换热器的热水加热。这样的循环更容易通过三通阀对罐内的压力变化进行控制。当液氢储罐内压力降低时，被加热的氢气开始在储罐和外回路进行循环。这种方法的主要优点是冷却水中的热量可以被再次利用，并且在液氢管内不需要加装其他部件。

3. 金属储氢

金属储氢指采用金属与氢形成的金属氢化物进行储氢的方法。将金属氢化物加热，则金属氢化物分解脱氢即获得氢气。金属氢化物与高压储氢相比有如下特点：

1）单位质量储氢量不高，储氢材料加上容器后，单位质量的储氢量低于高性能材料的压力容器。

2）单位体积的储氢容量提高，为0.05kg/L。

3）储氢压力为1~2MPa，远低于高压容器压力，提高了安全性，对充氢站要求及其充氢能耗要求皆降低。

4）金属氢化物对氢气中的少量杂质如O_2、CO等有较高的敏感度，高于燃料电池电极催化剂的敏感度，因而提高了对原料氢的品质要求。

5）金属氢化物存在机械强度、反复充放后的粉碎等方面的问题。目前，金属氢化物可

反复充放的次数不多且价格高，所以用金属氢化物储氢的方法在燃料电池电动汽车上运行不经济，费用较高。

6）储存金属氢化物的容器要能够耐高压，还要有足够的换热面积，能够迅速传递吸氢和放氢反应过程中释放或者需要的热量。

4. 活性炭吸附储氢

活性炭低温吸附具有相当好的储氢能力，在-196℃、4.2MPa 时，活性炭的储氢质量百分比约为 5%。但是考虑到-196℃的低温及 4.2MPa 的使用环境，在车辆上极难实现，因此，在燃料电池电动汽车上的应用可能性比较小。

5. 碳纳米管储氢

碳纳米管被认为是一种非常有潜力的高容量储氢材料，但碳纳米管放氢难，放氢速率低，实际应用困难。

4.2.3 燃料电池电动汽车氢气安全控制策略

燃料电池电动汽车氢气供给及安全警报的主要元件有氢气传感器、温度传感器、湿度传感器、压力传感器、氢气瓶温度传感器、氢气瓶电磁阀、总电磁阀、蜂鸣器、系统控制等。

车载氢气安全应从预防和监控两方面着手。车载氢气安全系统实例如图 4-7 所示。

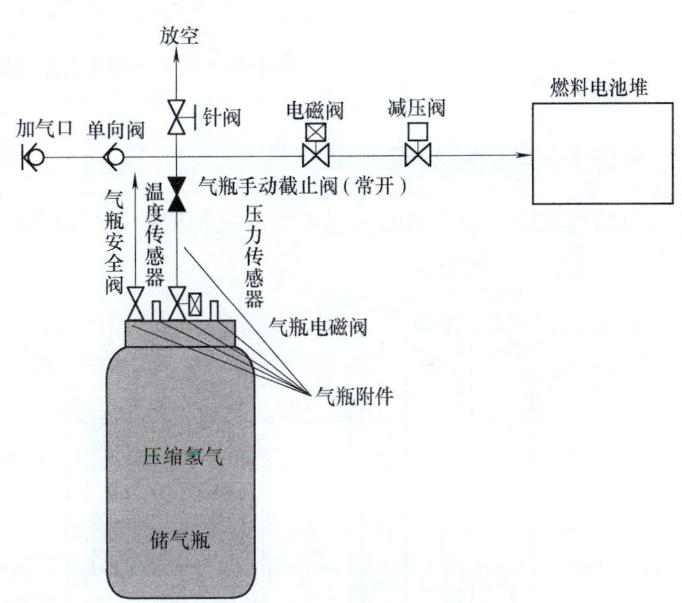

图 4-7　车载氢气安全系统实例

1）气瓶安全阀：当气瓶中氢气压力超过设定值时自动泄压。

2）温度传感器：气体的温度信号发送到驾驶室仪表盘上，通过气体温度的变化可以判定外界是否有异常情况发生。

3）压力传感器：主要用于判断气瓶中剩余的氢气量，保证车辆的正常行驶。

4）气瓶电磁阀：主要起开、关蓄电池作用，与氢气泄漏报警系统联动，一旦泄漏氢气浓度达到保护值即自动关闭，从而达到切断氢气源的目的。

5）气瓶手动截止阀：通常处于常开状态，当气瓶电磁阀失效时能手动切断氢源。

从监控角度来说，车载氢气系统的安全措施主要是安装氢气泄漏传感器。

4.3 燃料电池电动汽车的结构与工作原理

燃料电池电动汽车与普通燃油汽车相比，其不同之处在于动力系统。燃料电池电动汽车动力系统的基本组成部分有燃料电池系统、电子控制系统、辅助蓄能装置及驱动电动机。燃料电池电动汽车动力系统的布置如图 4-8 所示。

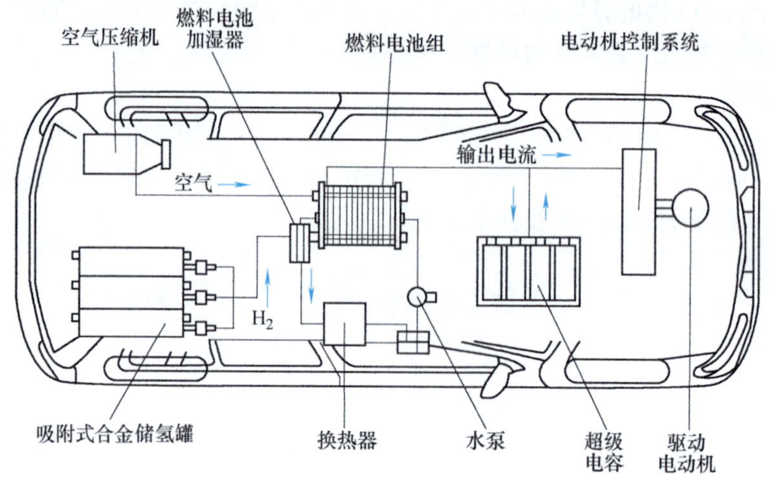

图 4-8 燃料电池电动汽车动力系统的布置

4.3.1 直接燃料电池电动汽车

典型的直接燃料电池电动汽车动力系统的基本构成如图 4-9 所示。

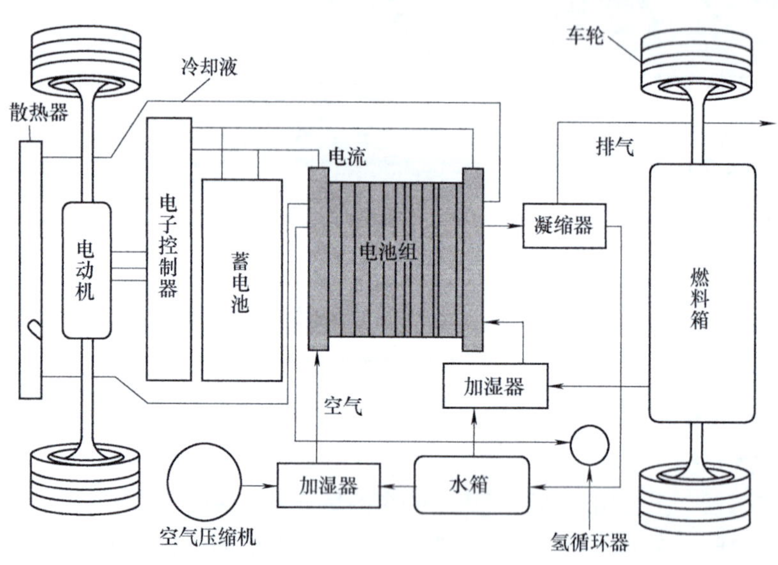

图 4-9 典型的直接燃料电池电动汽车动力系统的基本构成

1. 燃料电池系统

燃料电池系统的核心是燃料电池电堆，此外，还配备了氢气供给系统、氧气供给系统、气体加湿系统、水循环及反应物生成系统等，用以确保燃料电池电堆正常工作。

（1）氢气供给系统　氢气供给系统包括氢的储存、管理和回收。由于气态氢需要采用高压的方式储存，因此，储氢瓶必须有较高的品质。储氢瓶的容量决定了一次充氢的行驶里

程。轿车一般都采用2~4个高压储氢瓶，大型客车上通常采用5~10个高压储氢瓶储存所需的氢气量。

液态氢比气态氢需要更高的压力进行储存，而且要保持低温，因此，在使用液态氢时对储氢瓶要求更高，还需要有较复杂的低温保温装置。

不同的储氢压力，需要采用相应的减压阀、调压阀、安全阀、压力表、流量表、换热器、传感器及管路等组成氢气供给系统。从燃料电池电堆排出的水中含有少量的氢，可通过氢气循环将其回收。

（2）氧气供给系统　氧气有纯氧和空气两种供给方式。当以纯氧的方式供给时，需要氧气罐。当从空气中获得氧气时，需要用压缩机来提高压力，以确保供氧量，增加燃料电池的反应速度。空气供给系统除了需要有体积小、效率高的空气压缩机外，还需配备相应的空气阀、压力表、流量表及管路，并对空气进行加湿处理，以确保空气具有一定的湿度。

（3）水循环系统　在燃料电池反应过程中会产生水和热量，需要通过水循环系统中的凝缩器加以冷凝并进行气水分离处理，部分水可用于反应气体的加湿。水循环系统还用于燃料电池的冷却，以使燃料电池保持在正常的工作温度。

2. 辅助蓄能装置

混合式燃料电池电动汽车配备辅助蓄能装置。辅助蓄能装置可采用蓄电池、超级电容和飞轮电池中的一种，组成双电源的混合动力系统，也可采用蓄电池+超级电容或蓄电池+飞轮电池中的一种，组成双电源混合动力系统，还可采用蓄电池+超级电容、蓄电池+飞轮电池的三电源系统。

燃料电池电动汽车配备辅助蓄能装置的作用如下：

1）在燃料电池电动汽车起动时，由辅助蓄能装置提供电能，带动燃料电池起动或带动车辆起步。

2）在燃料电池电动汽车运行过程中，当燃料电池输出的电能大于车辆驱动所需的能量时，辅助蓄能装置可储存燃料电池剩余的电能。

3）在燃料电池电动汽车加速和爬坡时，辅助蓄能装置可协助供电，以弥补燃料电池输出功率的不足，使电动机获得足够的电能，产生满足车辆加速和爬坡所需的电磁转矩。

4）向车辆各种电子设备、电器提供工作所需的电能。

5）在车辆制动时，将驱动电动机转换为发电机工作状态，将车辆的动能转化为电能，并向辅助蓄能装置充电，以实现车辆制动时的能量回收。

3. 驱动电动机

驱动电动机用于将电源提供的电能转换为电磁转矩，并通过传动装置驱动车辆行驶。与纯电动汽车和混合动力电动汽车一样，燃料电池电动汽车用驱动电动机可采用有刷直流电动机、交流异步电动机、交流同步电动机、永磁无刷直流电动机和开关磁阻电动机等。

不同类型的电动机具有不同的性能特点，应该结合整车的开发目标，综合考虑各种电动机的结构与性能特点以及电动机的驱动控制方式及控制器结构特点等，选择适宜的驱动电动机。

4. 电子控制系统

直接燃料电池电动汽车的电子控制系统包括燃料电池系统控制、DC-DC转换控制、辅助储能装置能量管理、电动机驱动控制及整车协调控制等控制功能，各控制功能模块通过总线连接，如图4-10所示。

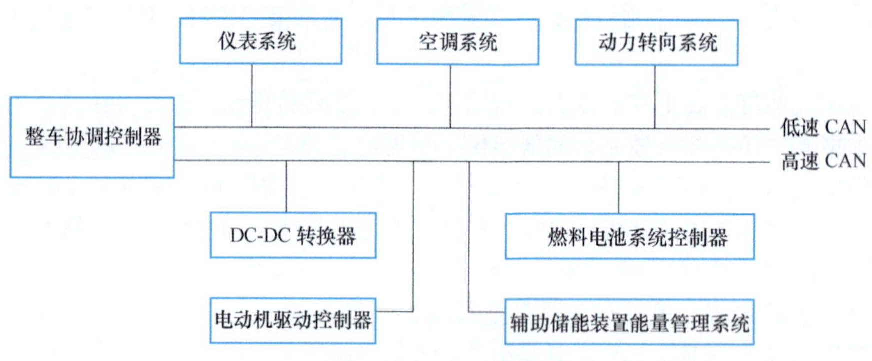

图 4-10 燃料电池电动汽车电子控制系统

（1）燃料电池系统控制 燃料电池系统控制器用来控制燃料电池的燃料供给与循环系统、氧化剂供给系统、水热管理系统，并协调各系统工作，以使燃料系统能持续向外供电。

（2）DC-DC 变换器控制 DC-DC 变换器用于改变燃料电池的直流电压，由电子控制器控制。电子控制器的作用是通过调节 DC-DC 转换器的输出电压，将燃料电池电堆较低的电压上升至电动机所需的电压。DC-DC 变换器的作用不仅仅是升压和稳压，在工作时，通过控制器实时调节，可使其输出电压与蓄电池电压相匹配，协调燃料电池和蓄电池负荷，起限制燃料电池最大输出电流和最大功率的作用，以避免燃料电池因过载而损坏。

（3）辅助蓄能装置能量管理 辅助蓄能装置能量管理系统对蓄电池的充电、放电、存电状态进行监控，使辅助蓄能装置能正常起作用，实现车辆的起动、加速、爬坡等工况下的协助供电，并在车辆运行时储存燃料电池富余电能，实现汽车制动时的能量回馈。蓄电池能量管理系统通过对蓄电池电压、电流、温度等参数的监测，还可实现蓄电池的过充电、过放电控制，进行蓄电池荷电状态的估计与显示。

（4）电动机的驱动控制 电动机的类型不同，其控制系统的电路结构和工作原理也不同。总体上，电动机驱动控制系统的主要控制功能有：电动机的转速与转矩调节、电动机的工作模式控制（设有制动能量回馈的电动汽车）、电动机过载保护控制等。

（5）整车协调控制 整车协调控制系统基于设定的控制策略对各控制功能模块进行协调控制。一方面，控制器根据加速踏板传感器、制动踏板传感器、档位开关送入的电信号判断驾驶人的驾车意图，并输出控制信号，通过相关的控制功能模块实现车辆行驶工况的控制。另一方面，控制器根据相关传感器和开关输入的电信号，获取车速、电动机转速、是否制动、蓄电池和燃料电池的电压和电流等信息，通过相应的功能模块实现能量分配调节控制。此外，整车协调控制还包括整车故障自诊断的功能。

4.3.2 重整燃料电池电动汽车

1. 重整燃料电池电动汽车动力系统

重整燃料电池电动汽车与直接燃料电池电动汽车的主要区别在于使用汽油、天然气、甲醇、甲烷、液化石油气等燃料，在汽车上通过重整器产生氢，再将氢提供给燃料电池电堆。重整燃料电池电动汽车动力系统的基本组成如图 4-11 所示。

重整燃料电池系统中的氧气供给及管理系统、反应生成的水和热量处理系统及电力管理

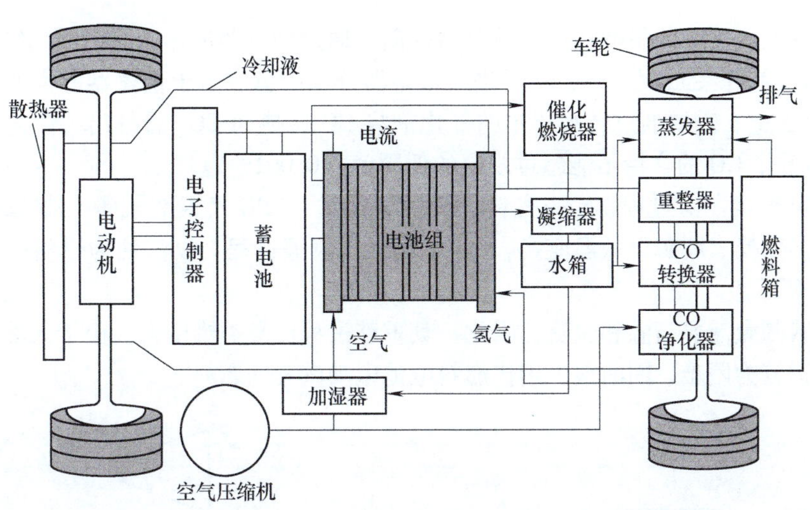

图 4-11　重整燃料电池电动汽车动力系统的基本组成

系统等与直接燃料电池系统基本相同，只是增加了重整器、加热器、CO 转换与净化器等装置，用以将汽油、天然气、甲醇、甲烷、液化石油气等燃料转化为纯氢。

2. 重整燃料电池氢气产生过程

重整燃料电池电动汽车采用的燃料不同，其制氢过程（重整技术）也会有所不同。

（1）车载醇类制氢过程　醇类燃料（甲醇、乙醇、二甲醚等）的车载制氢过程大体相同，均需重整、变换、一氧化碳脱除等几个步骤。以甲醇为燃料的车载制氢过程如图 4-12 所示。

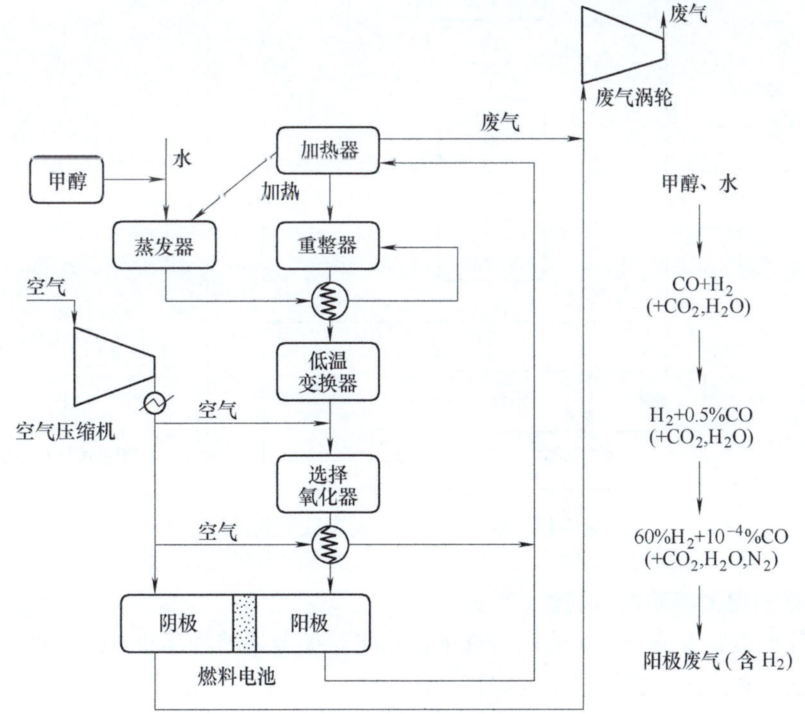

图 4-12　以甲醇为燃料的车载制氢过程

（图中的百分数为体积分数）

储存在普通容器中的甲醇在进入重整器以前，通过加热器加热，使甲醇和纯水的混合物在高温（621℃）下变成混合气，然后进入重整器分离出氢。由于重整器产生的氢气中含有少量的CO，因此，需要通过转换器中的催化剂将CO转换为CO_2后排出，使之最终进入燃料电池的H_2中，CO的含量不能超过规定的低限值（0.001%）。

（2）车载烃类制氢过程　烃类燃料（汽油、柴油、LPG及天然气等）制氢通常包括氧化重整、高温变换、脱硫、低温变换、CO净化机燃烧等过程。以汽油为燃料的车载制氢过程如图4-13所示。

烃类车载制氢需要高温和脱硫，因此，其重整过程比醇类难度大。由于天然气是气体燃料，车载储运较为困难，因而很少用作燃料电池电动汽车的燃料。

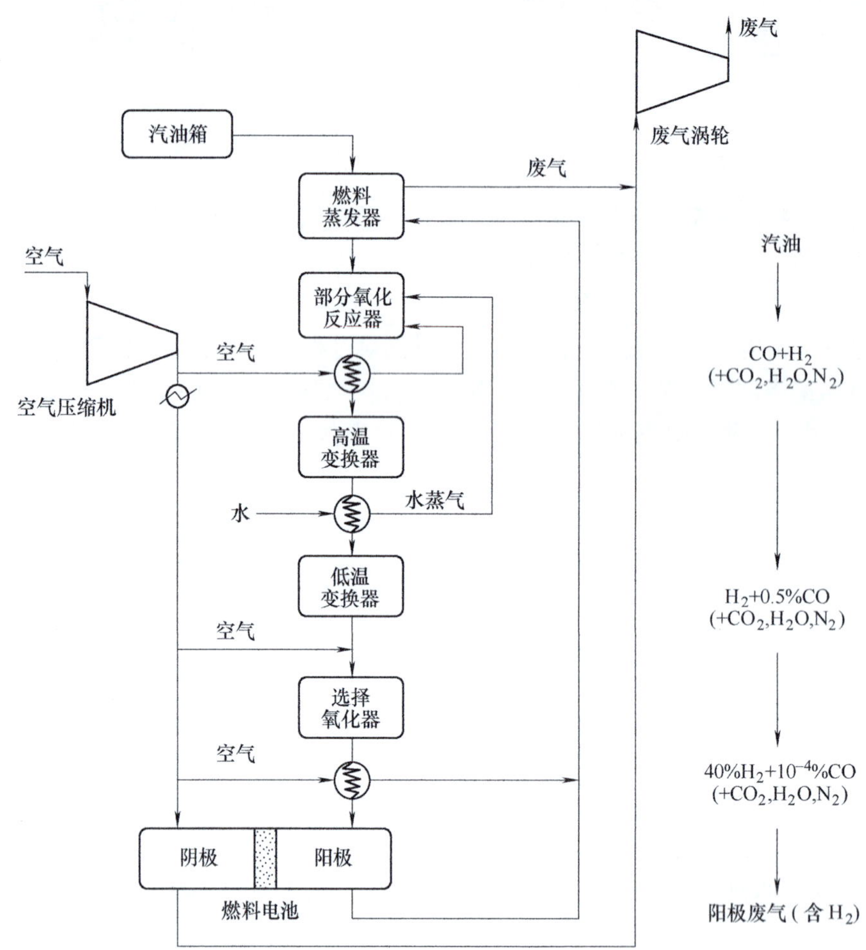

图4-13　以汽油为燃料的车载制氢过程

3. 重整燃料电池电动汽车的优、缺点

使用车载重整制氢的燃料电池电动汽车，其主要优点是燃料存储方便，只需要普通的容器，不需要加压和冷藏；其缺点主要有：

1）燃料电池系统起动时间较长，动态响应较慢。对于配备辅助蓄能装置的重整燃料电池电动汽车来说，辅助蓄能装置可很好地解决这一问题。

2）重整装置不仅需要复杂的控制过程，而且其体积和质量会减小车辆可利用的空间，增加更多的能量消耗。

3）当制取的氢气纯度不高时，可能会使催化剂中毒并产生一些污染。

由于上述不足，在现已推出的燃料电池电动汽车中采用重整技术的相对较少。

4.4 燃料电池电动汽车的主要技术指标

4.4.1 燃料电池电动汽车基本参数

1. 燃料电池电动汽车的基本性能比较

与内燃机汽车相比，燃料电池电动汽车的能量转换效率高出近一倍，而且近乎零排放；与纯电动汽车相比，续驶里程不再受限制，燃料补给时间大大缩短。

从整车结构看，燃料电池电动汽车和纯电动汽车较为相似，两者都是由电动机驱动，最大的区别在于燃料电池电动汽车的电能主要来源于车载燃料电池系统，蓄电池作为辅助能量源。燃料电池系统进行过高或过低功率输出时，工作效率会显著降低，因此辅以较小容量的蓄电池，在燃料电池系统的低效工作区间为驱动电动机提供能量。表 4-1 是不同燃料类型汽车类型对比。

表 4-1 不同燃料类型汽车类型对比

汽车类型	内燃机	混动	插电混	纯电动	燃料电池
价格	低	较低	中等	较高	高
排放	高	较高	低	0	0
能量利用效率（%）	30	40	50	90	60
续驶里程/km	500	500	500	180	500
燃料补给站	多	多	中等	较少	少
燃料费用/(元/100km)	50	35	25	10	25
燃料补给时间/min	5	5	15	30	—

2. 燃料电池汽车的基本参数比较

我国自主开发的燃料电池电动汽车在车型开发、整车动力学、续驶里程、燃料电池发动机功率等方面与国际先进水平存在一定的差距，在等效燃料经济性水平和车辆噪声水平方面处于同一水平。表 4-2 是燃料电池电动汽车的基本参数对比。

表 4-2 燃料电池电动汽车的基本参数对比

制造商 参数	上汽集团 上汽牌	戴姆勒 B Class F-Cell	Honda Clarity	TOYOTA FCHV adv	GM Provoq
整车整备质量/kg	1833	1700	1625	1880	1978
百公里加速时间/s	15	10	11	—	8.5
最高车速/(km/h)	150	170	160	155	160

（续）

参数 \ 制造商	上汽集团 上汽牌	戴姆勒 B Class F-Cell	Honda Clarity	TOYOTA FCHV adv	GM Provoq
续驶里程/km	300	600	570	830	483
最大功率/kW	55	80	100	90	88
储氢系统压力/MPa	35	70	70	70	70
冷起动温度/℃	0	-25	-30	-30	-25
电动机 kW/N·m	90/210	100/290	100/260	90/260	150/Na

从表4-2可以看出，目前国外主流燃料电池电动汽车车型均采用70MPa的氢气储存和供给系统，而国内燃料电池电动汽车的高压氢气存储系统压力仍然维持在35MPa的水平，这在一定程度上影响了我国燃料电池电动汽车的整车续驶里程能力。与此同时，国内35MPa的氢气储存和供给系统中的传感器、阀门等零件还得依赖进口，直接导致氢气存储和供给成本过高。在燃料电池电动汽车车型平台开发方面，国外已经由基于传统车辆平台改造形成燃料电池电动汽车模式走向为燃料电池电动汽车打造全新整车平台阶段，如本田汽车公司Clarity、丰田汽车公司FCHV、戴姆勒公司F-Cell和通用公司Provoq等均是为燃料电池汽车动力系统技术平台而打造的专用化整车平台。基于这些整车平台，国外汽车公司开展了如汽车动力学、轻量化、车身碰撞安全性、底盘系统主动控制以及面向舒适性的人机界面与人机工程等研究。在国内，开发的燃料电池电动轿车均基于传统内燃机车辆进行改制，尚未掌握燃料电池汽车专用车身开发、底盘开发、底盘动力学主动控制等关键技术，与国外存在较大差距。在车辆动力性能方面，主要受限于燃料电池功率输出水平和整车集成及轻量化技术水平，我国燃料电池汽车整车加速性能明显低于世界主流燃料汽车加速性能。

3. 车载储氢装置

储氢技术是氢能利用走向规模化应用的关键。目前，常见的车载储氢系统有高压储氢、低温储存液氢和金属氢化物储氢3种基本方法。对于车载储氢系统，美国能源部提出续驶里程和标准汽油车相当的燃料电池汽车车载储氢目标是：质量储氢密度为6%（质量百分比）、体积储氢密度为60kg/m^3。纵观现有储氢方法，除了低温存储液氢技术，其他技术都不能完全达到以上指标。而低温储存氢气的成本与能耗都很大，作为车载储氢并不是最佳选择。图4-14所示为丰田汽车燃料储氢瓶布置图。

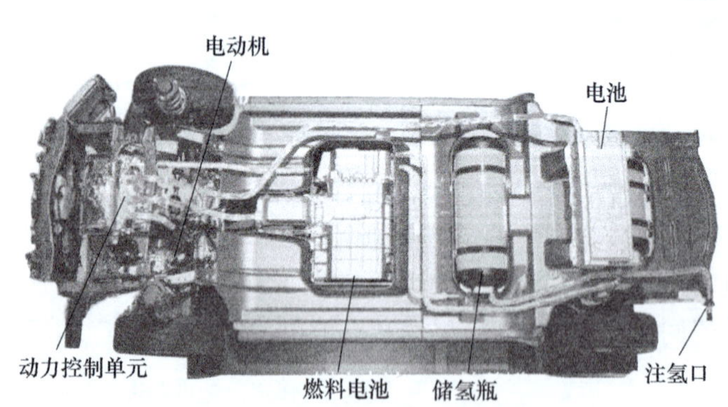

图4-14 丰田汽车燃料储氢瓶布置图

4.4.2 燃料电池的安全保护措施

由于目前的燃料电池电动汽车大都采用氢气作燃料，而氢气的泄漏将会造成危险，因

此，燃料电池电动汽车必须考虑针对氢气安全的措施。通常采用两种措施：一是储氢装置和输送管路宜选用不易造成泄漏的材料和结构；二是实时监测燃料电池系统中氢的泄漏情况。

燃料电池电动汽车中，储氢瓶放在燃料电池电动汽车的后舱靠乘员舱后排座位的位置，燃料电池放在前舱，氢气管路在乘员舱的下面。基于燃料电池电动汽车的储氢系统布置，在前舱、乘员舱、后舱和排气管上各安装了一个氢气泄漏传感器，分别是HL1、HL2、HL3和HL4，其布置如图4-15所示。氢气泄漏传感器的布置按照氢气管路分布来布置，这样基本解决了对整车氢气泄漏监控的要求。氢气泄漏传感器HL4主要检测燃料电池排出混合气体中氢气的浓度。通过氢气泄漏传感器可以检测出在燃料电池车乘员舱、前舱和后舱是否有氢气泄漏，而氢气泄漏传感器实际上是检测某一点氢气聚集的浓度，因此燃料电池汽车中的氢气泄漏传感器又称为氢气浓度传感器。

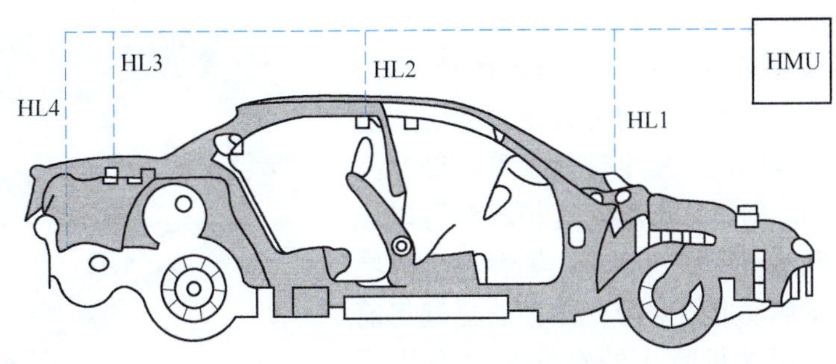

图 4-15　氢气泄漏传感器分布图

(1) 氢气源切断保护装置　当汽车发生碰撞时，氢气的泄漏将会引发严重的安全事故。为此，一些燃料电池电动汽车设置了相应的保护装置。当汽车发生碰撞事故时，保护装置便会根据碰撞传感器所发出的信号及时切断电源和气源，以避免因氢气泄漏而造成更为严重的事故。

(2) 用吸能车架保护燃料电池系统　一些燃料电池电动汽车的车身、车架采取了特殊的结构措施，以保护燃料电池系统在汽车发生碰撞时不易受损。本田燃料电池电动汽车FCX的纵梁结构如图4-16所示。该车架的结构特点是，当从前面碰撞时，前纵梁可吸收冲击能量，可减少驾驶室的变形。如果侧面发生了碰撞，则地板梁可吸收能量，也可减少驾驶室的变形和对燃料电池系统的影响。

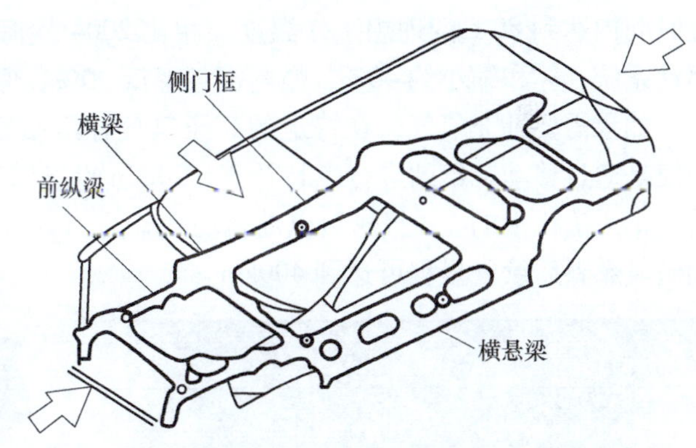

图 4-16　本田燃料电池电动汽车 FCX 的纵梁结构

(3) 储氢瓶的安全措施　储氢瓶压力高达25~35MPa。当汽车发生碰撞时，如果高压储氢瓶受损破裂，则后果将不堪设想。为此，除了选用高强度的储氢瓶外，在汽车的结构上还要考虑尽可能减少汽车碰撞时对储氢瓶的冲击。

4.5　奔驰 B 级 F-CELL 燃料电池电动汽车

2011年奔驰汽车公司推出了奔驰B级F-CELL燃料电池电动汽车，如图4-17所示，燃料电池汽车所有的动力设备全部位于车底，而且出于安全性的考虑，全部分布在前、后轴之间，组成了所谓的三明治车身，这样的布置降低了车辆的重心，使行驶的稳定性更好。储存氢气的高压罐压力可以达到 700bar（1bar = 0.1MPa），一共有 3 个，全部都是使用高强度的碳纤维制成，每个储气罐可以储存大约 4kg 的气态燃料。这些燃料可以让车辆连续行驶 400km。氢燃料反应堆是车辆动力的来源，储存的氢气与前方的压缩机吸入的空气结合发生反应，产生的电能输送到前方的电动机，驱动车辆行驶。

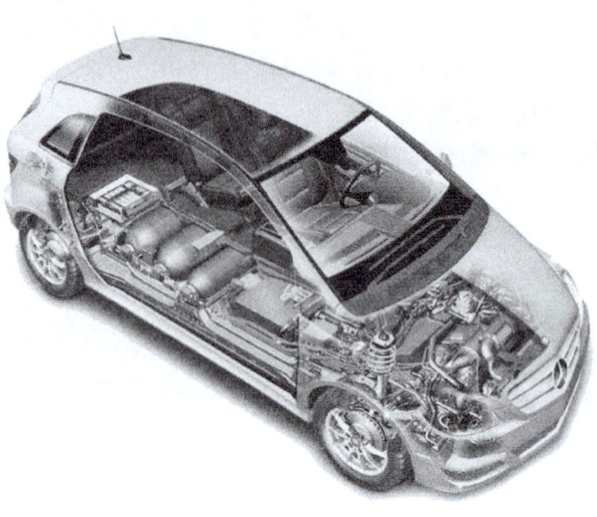

图 4-17　奔驰 B 级 F-CELL 燃料电池电动汽车透视图

辅助动力源装在汽车行李箱中，如图 4-18 所示。一个锂离子蓄电池最多可以储存 1.4kW·h 的电力，它的作用是在低速行驶时，或者加速高功率行驶时，提供给汽车一部分动力。该车型和奔驰 B 级的 2.0 车型相同，电动机起步瞬间转矩可以达到 290N·m，最高车速可达 170km/h。在欧洲 NEDC 测试中，B 级燃料电池电动汽车每百公里仅消耗相当于 3.3L 柴油的耗油量，经济性能已经远远超过了传统意义上的混合动力车型。B 级燃料电池电动汽车的燃料电池模块（即电池反应堆）拥有出色的冷起动能力，可在-25℃的情况下轻松起动。汽车起动时，专门设计的操作系统可以保证燃料电池反应堆在最短时间内达到 80℃的理想工作温度。相比 2004 款梅赛德斯-奔驰 A 级燃料电池电动汽车的驱动系统，体积缩小约 40%，燃料消耗降低 30%，但输出功率却增加了 30%。

如果需要补充氢气，在特定的高压氢气补给站每辆车只需要 3min 就可以将燃料充满，即使是通过移动补给站进行燃料补充，20min 也能够充满。这样的效率是使用蓄电池的纯电动汽车无法比拟的。B 级燃料电池电动汽车的加氢口由原加油口改造而成，如图 4-19 所示。加满氢燃料后续驶里程可达到 400km。

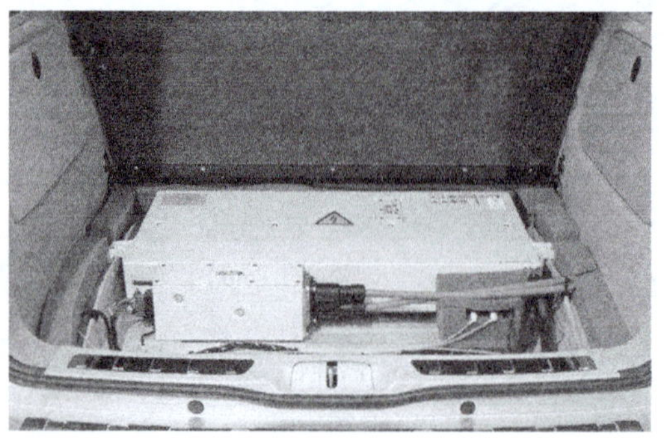

图 4-18　辅助动力源

图 4-19　燃料电池电动汽车加氢口

第5章 动力蓄电池及其管理系统

5.1 概述

动力蓄电池是电动汽车的主要能量来源，其技术历经了多次材料体系的变迁。每一次动力蓄电池材料体系的变化都会带来电动车辆的一次发展高潮。最早的铅酸蓄电池技术发展带来了20世纪初第一次电动汽车的研发和应用高潮，20世纪80年代镍氢蓄电池技术突破带来了混合动力电动汽车的产业化，20世纪90年代出现的锂离子动力蓄电池带来了现在以纯电驱动为主的电动汽车研发和示范应用新纪元。

现阶段在电动汽车上使用的主流电池中，铅酸蓄电池由于技术成熟、成本低，在电动汽车上应用广泛，锂离子动力电池具有容量高、比能量高、循环寿命长、无记忆效应等优点，因而成为当前电动汽车动力电池技术研究开发的主要方向。

5.1.1 生物电池

生物电池指将生物质能直接转化为电能的装置（生物质蕴含的能量绝大部分来自于太阳能，是绿色植物和光合细菌通过光合作用转化而来的）。从原理上来讲，生物质能能够直接转化为电能主要是因为生物体内存在与能量代谢关系密切的氧化还原反应。这些氧化还原反应彼此影响，互相依存，形成网络，进行生物的能量代谢。

1. 生物电池的分类

（1）按使用场所的不同　按使用场所不同可分为3种，它们的主要差别是反映场所不同，分别是于生物体内、于生物体外和于生物体细胞外。

1）单步反应型生物电池，指利用生物体内的氧化还原物质发生氧化还原反应制成的生物电池。

2）多步反应型生物电池，指生物体外的氧化还原物质发生氧化还原反应制成的生物电池。

3）细胞型生物电池，指生物体细胞外的氧化还原物质发生氧化还原反应制成的生物电池。

（2）催化剂的来源不同　按催化剂的来源不同可分为两种：微生物电池和酶电池。

1）微生物电池。微生物电池由阳极室和阴极室组成，有一个质子交换膜将两个极室分开，基本反应类型分为4步。

①在微生物的作用下，燃料发生氧化反应，同时释放出电子。

②介体捕获电子并将其运送至阳极。

③电子经外电路抵达阴极，质子通过质子交换膜由阳极室进入阴极室。

④氧气在阳极接收电子，发生氧化还原反应。

2）酶电池。酶电池通常使用葡萄糖作为反应原料，反应原理如下：

葡萄糖在葡萄糖氧化酶（GO_X）和辅酶的作用下失去电子而被氧化成葡萄糖酸，电子由介体运送至阳极，再经外电路到阴极。双氧水得到电子，并在微过氧化酶的作用下被还原成水。

2. 生物电池的特点

与传统的化学电池相比，生物电池具有操作上和功能上的优势。

1）它将生物能直接转化为电能，保证了具有高的能量转化效率。

2）不同于现有的生物能处理，生物电池能在常温常压甚至是低温的环境条件下有效运作，电池维护成本低，安全性强。

3）生物电池不需要进行废气处理，因为它所产生的废气的主要成分是二氧化碳。

4）生物电池具有生物相容性，利用人体内的葡萄糖和氧为原料的生物电池可以直接植入人体。

5）在缺乏电力基础设施的局部地区，生物燃料电池具有广泛应用的潜力。

5.1.2　物理电池

在电池的使用过程中其内部本身不产生化学反应的电池称为物理电池。

物理电池的分类如下：

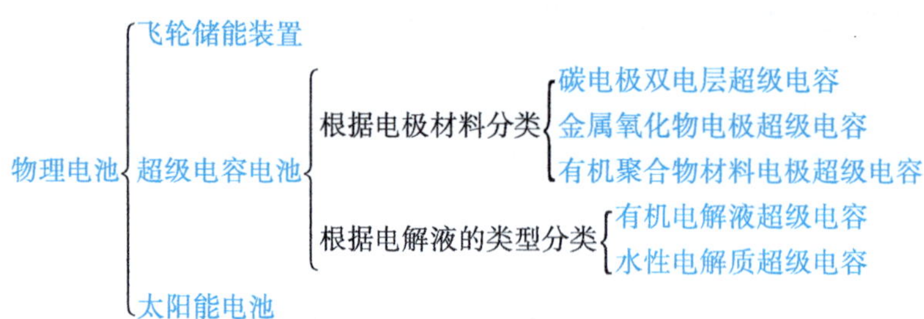

1. 飞轮储能装置

飞轮电池是20世纪90年代才提出的新概念电池，它突破了化学电池的局限，用物理方法实现储能。众所周知，当飞轮以一定角速度旋转时，它就具有一定的动能。飞轮电池正是以其动能转换成电能的，高技术型的飞轮用于储存电能，就很像标准电池。

飞轮电池中有一个电机，充电时该电机以电动机形式运转，在飞轮的带动下对外输出电能，完成机械能到电能的转换。当飞轮电池发出电时，飞轮转速逐渐下降，飞轮电池的飞轮是在真空环境下运行的，转速极高。飞轮电池的结构如图5-1所示。

图5-1　飞轮电池的结构

飞轮电池兼顾化学电池、燃料电池和超导电池等储能装置的优点，主要表现在以下几个方面：

1）能量密度高。

2）能量转换效率高。

3）体积小、重量轻。

4）工作温度范围宽。

5）使用寿命长。

6）低损耗、低维护。

2. 超级电容电池

超级电容电池又称为双电层电容，如图 5-2 所示，是一种新型储能装置，它具有充电时间短、使用寿命长、温度特性好、节约能源和绿色环保等特点。由于其储能的过程并不发生化学反应，因此这种储能过程是可逆的，正因为此超级电容器可以反复充放电数十万次，一般使用活性炭电极材料，具有吸附面积大、经典储存多的特点，在新能源汽车中被广泛使用。它用作起重装置的电力平衡电源，可提供超大电流的电力；用作车辆启动电源，启动效率和可靠性都比传统的蓄电池高，可以全部或部分替代传统的蓄电池；用作车辆的牵引能源可以生产电动汽车、替代传统的内燃机、改造现有的无轨电车；用在军事上可保证坦克车、装甲车等战车的顺利启动（尤其是在寒冷的冬季）、作为激光武器的脉动能源。此外，还可用于其他机电设备的储能能源。

图 5-2 超级电容电池

超级电容电池的特点：

1）充电速度快，只要充电几十秒到几分钟就可达到其额定容量的 95%以上。

2）循环使用寿命长，深度充放电循环使用次数可达 50 万次。

3）大电流放电能力超强，能量转换效率高，过程损失小，大电流能量循环效率≥90%。

4）功率密度高，可达 300~5000W/kg，相当于普通电池的数十倍。

5）产品原材料构成、生产、使用、储存及拆解过程均没有污染，是理想的环保电源。

6）充放电电路简单，无需充电电池那样的充电电路，安全系数高，长期使用免维护。

7）超低温特性好，使用环境温度范围宽达-40~70℃。

8）检测方便，剩余电量可直接读出。

9）单体容量范围通常为 0.1~3400F。

3. 太阳能电池

太阳能电池又称为“太阳能芯片”或“光电池”，如图 5-3 所示，是一种利用太阳光直接发电的光电半导体薄片。它只要被满足一定照度条件的光照到，瞬间就可输出电压及在有回路的情况

图 5-3 太阳能电池

下产生电流。太阳能电池在物理学上称为太阳能光伏，简称光伏。

太阳能电池是通过光电效应或者光化学效应直接把光能转化成电能的装置，现在以光电效应工作的晶硅太阳能电池为主流，而以光化学效应工作的薄膜电池湿式太阳能电池还处于萌芽阶段。

太阳能电池是利用半导体的光生伏特效应制成的，许多材料都可以用来制作太阳能电池，因而太阳能电池的种类很多。一般太阳能电池具有以下特性：

1）转换效率高。

2）制造能耗少。

3）制造成本低。

4）原材料丰富。

5）使用寿命长。

6）无公害。

5.1.3 化学电池

化学电池是将化学能转化为电能的装置，其主要部分是电解质溶液、浸在溶液中的正、负电极和连接电极的导线。它依据能否充电复原分为原电池和蓄电池两种。

化学电池的特点：

1）能量转换效率高，供能稳定可靠。

2）可以制成各种形状和大小、不同容量和电压的电池和电池组，使用方便，如图 5-4 所示。

3）易维护，可在各种环境下工作。

图 5-4 化学电池

5.2 铅酸蓄电池

铅酸蓄电池分为四大类：起动用铅酸蓄电池，动力用铅酸蓄电池，固定型阀控密封式铅酸蓄电池，其他类（包括小型阀控密封式铅酸蓄电池，矿灯用铅酸蓄电池等）。

一个单格铅酸蓄电池的标称电压是 2.0V，能放电到 1.5V，能充电到 2.4V。在应用中，经常用 6 个单格铅酸电池串联起来组成标称是 12V 的铅酸电池，还有 24V、36V、48V 等。

5.2.1 铅酸蓄电池的基本结构

铅酸蓄电池都是由正极板、负极板、隔板、电解液、外壳、极柱和排气阀等主要部件构成的，如图 5-5 所示。每个单体电池的标称电压为 2V，故一个 6V 或 12V 起动型铅酸蓄电池一般由 3 个或 6 个单体电池串联构成。由若干单体电池串联组成蓄电池总成，可以满足汽车用电设备的需要。

1. 极板组

极板组是电池的核心部分，它的作用是接收充入的电能和释放向外的电能，如图 5-6 所示。极板分正极板和负极板两种。蓄电池的充放电过程是靠极板上的活性物质与电解液的电

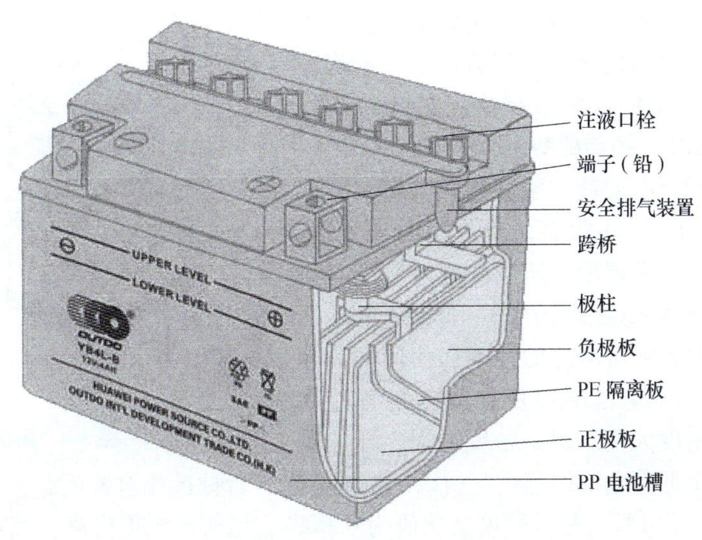

图 5-5　铅酸蓄电池的基本结构

化学反应来实现的。极板由栅架和活性物质组成，如图 5-7 所示。

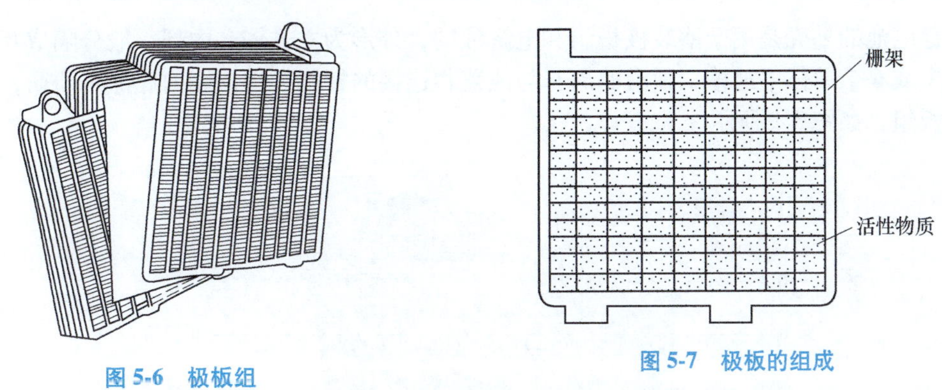

图 5-6　极板组

图 5-7　极板的组成

栅架的作用是容纳活性物质并使极板形成，活性物质是进行电化学反应的主要成分。经过化成处理（正、负极板上的活性物质的转化过程称为化成处理）后，正极板上的活性物质多为孔性的二氧化铅（PbO_2），呈红棕色。负极板上的活性物质为海绵状纯铅（Pb），呈灰青色。

2. 隔板

隔板的作用是将浸在硫酸溶液中的正、负极板隔开。为减小蓄电池的体积，使正、负极板尽可能地靠近，且确保正、负极板之间有必要的绝缘层，隔板需由带微孔的橡胶、塑料、玻璃、纤维等绝缘材料制成。它除了在正、负极板间起绝缘作用外，还要使电解液中正、负离子顺利通过，阻缓正、负极板活性物质的脱落，防止正极板因振动而损伤。

近年来，有些厂家把隔板做成信封式套在正极板上，可以有效地防止活性物质脱落，如图 5-8 所示。

3. 电解液

电解液又称电解质，俗称电水。它的作用是形成电离，促使极板活性物质电离产生电化学反应。电解液是用专业的蓄电池用硫酸与铅酸蓄电池用蒸馏水按一定的比例配置而成的。一般汽车用的铅酸蓄电池采用的电解液是密度为（1.280±0.010）g/cm³（25℃）的稀硫酸。

配制电解液时，必须使用耐酸耐热的器皿，因硫酸的比热比水的比热小得多，受热时温升很快，易产生气泡，造成飞溅现象，所以配制电解液时切记只能将硫酸徐徐倒入蒸馏水中，并不断搅拌。

图 5-8　隔板

电解液的相对密度对电池的性能和使用寿命影响很大，为了提高蓄电池的容量和降低电解液冰点，需要电解液密度大些。但是密度过大，导致黏度增加，反而会降低蓄电池的容量。所以电解液必须符合标准相对密度。

一般温度每变化1℃，相对密度变化值为0.0007。电解液温度升高，相对密度减小，温度下降，相对密度增大。因此，温度是确定电解液相对密度值的前提。世界各国规定了电解液的标准温度，我国规定为15℃，日本规定为20℃，欧美国家规定为25℃和30℃。

4. 外壳

蓄电池的外壳是用于盛装极板组和电解液的，外形为立方体，内部一般分隔成互不相通的3个或6个单体电池槽，顶沿四周有与池盖相连接的特制封沟，壳内底部有凸筋，用以支撑极板组，如图5-9所示。

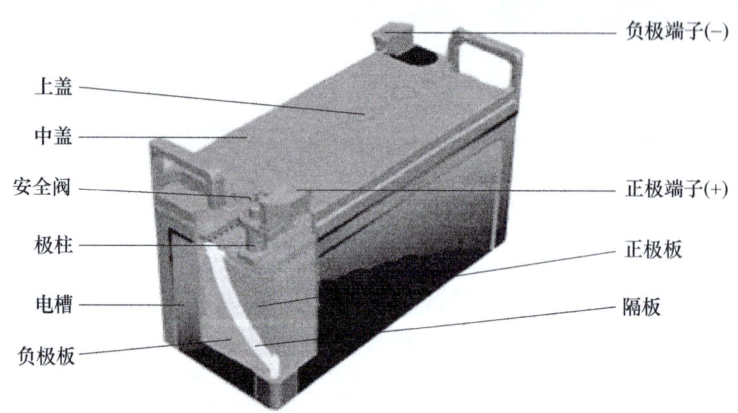

图 5-9　蓄电池外壳

制造外壳的材料一般有硬橡胶、聚丙烯塑料两种。采用硬橡胶制成的外壳具有耐酸、耐热、耐寒、耐振、绝缘性能好且具有一定的机械强度等优点，但壳体壁较厚，一般为10mm；采用聚丙烯塑料制成的外壳不仅耐酸、耐热、耐振，而且强度高韧性好、质量小，壳体壁较薄，一般为3.5mm，外形美观透明，塑料壳体易于热封合，生产效率高，已成为一种发展趋势。

单格电池的加液孔盖都设有一个通气小孔，用于在蓄电池充电时及时排出因电解水而产生的氢气和氧气，以防止气体集聚而使其内部压力升高，造成胀裂容器甚至产生爆炸事故。

此外，还可以在孔盖上安装氧过滤器，还可以减少水蒸气的溢出，减少水的损耗。

5. 安全阀

安全阀是阀控蓄电池的一个关键部件，安全阀质量的好坏直接影响蓄电池的使用寿命、均匀性和安全性。根据有关标准和阀控电池的使用情况，安全阀应满足如下技术条件：

1）单向开阀。

2）单向密封，可防止空气进入蓄电池内部。

3）同一组蓄电池各安全阀之间的开闭压力之差不应超过平均值的 20%。

4）使用寿命不应低于 15 年。

5）滤酸，可防止酸和酸雾从安全阀排气口排出。

6）隔爆，蓄电池外部遇明火时蓄电池内部不应引爆。

7）抗振，在运输和使用期间，安全阀不会因振动和多次开闭而松动失效。

8）耐酸。

9）耐高、低温。

6. 其他

蓄电池除上述主要部件外，还有接线端子、连接条等零部件。

5.2.2 铅酸蓄电池的工作原理

铅酸蓄电池的电化学反应原理：充电时，将电能转化为化学能在电池内储存起来；放电时，将化学能转化为电能供给外系统。

蓄电池中发生的化学反应是可逆的。铅酸蓄电池正极板上的活性物质是二氧化铅（PbO_2），负极板上是海绵状的纯铅（Pb），电解液是硫酸水溶液（H_2SO_4）。根据双硫化理论，接通用电设备时，蓄电池可以放出电流，而放电后以相反的方向通过电流，可以使极板上的活性物质恢复到原来的状态。在正常、合理的使用条件下，蓄电池能反复进行充、放电循环，发挥供电和储电的特殊功能，因而又称为二次电池或再生电池。国产蓄电池一般的充放电循环期为 250 ~ 500 次。

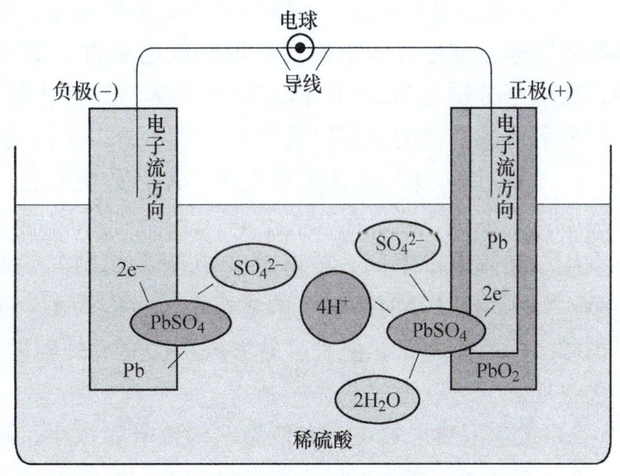

图 5-10 蓄电池充、放电工作过程

蓄电池充、放电工作过程如图 5-10 所示。

5.2.3 铅酸蓄电池的性能及主要应用

1. 铅酸蓄电池的主要特点

（1）铅酸蓄电池的优点

1）价格低廉。原材料容易得到而且价格便宜，技术成熟，生产方便，产品一致性好。

2）比功率高。铅酸蓄电池电动势高，大电流放电性能优良，可以满足车辆起动和加速的功率要求。

3）浮充寿命长。其在25℃下浮充状态使用可达20年。

4）使用安全。铅酸蓄电池易于识别电池荷电状态，可在较宽的温度内使用，而且电性能稳定可靠。

5）再生率高。

（2）铅酸蓄电池的缺点

1）比能量低。

2）循环寿命短。

3）自放电，过充电时有大量气体产生。

4）供电不稳定。供电强弱随温度而变化，冬天只能释放一半的电量。

5）使用寿命短，因具有记忆效应，在蓄电池存有残余电量时进行充电。

6）污染严重。

2. 铅酸蓄电池的主要性能指标

（1）安全性能　安全性能指标不合格的蓄电池是不可接受的，其中影响最大的是爆炸和漏液。爆炸和漏液的发生主要与蓄电池的内压、结构、工艺设计（如安全阀失效）及不正确操作有关。

（2）额定容量　额定容量是蓄电池制造的时候，规定蓄电池在一定的放电条件下应该放出的最低限度的电量，其单位为A·h。使用条件不同，蓄电池能够放出的容量也不同。

1）蓄电池放电电流。一般所说的就是放电率，针对蓄电池放电电流的大小分别有时间率和电流率。放电时间率指在一定的放电条件下放电到终止电压的时间长短。依据IEC标准，放电率分别为20小时率、10小时率、5小时率、3小时率、2小时率、1小时率、0.5小时率等。蓄电池的额定容量用C来表示，以不同的放电率得到的蓄电池的容量也不同。

2）放电终止电压。①放电电流不同，放电终止电压不相同。随着放电的进行，蓄电池的端电压会逐步下降。在25℃条件下放电到能够再次反复充电使用的最低电压称为放电终止电压。②放电率不同，放电终止电压不相同。一般以10小时率放电的终止电压多数为1.8V/单格，以2小时率方电的终止电压一般为1.75V/单格。低于这个电压时，虽然可以放出稍微多一点的电量，但是容易形成再次充电的容量下降，所以除非特殊情况，不要放电到终止电压。

3）放电温度。蓄电池在低温时的放电容量小，高温时的放电容量大。

4）蓄电池的实际容量。蓄电池的实际容量反应蓄电池实际存储电量的多少，单位用安时表示（A·h）表示。

（3）内阻　蓄电池的内阻指电流流过蓄电池内部时所受的阻力。铅酸蓄电池的内阻很小，需要用专门的仪器才可以测得比较准确的结果。一般所指的蓄电池内阻是充电态内阻，即蓄电池充满电时的内阻。与之对应的是放电态内阻，放电态内阻不太稳定。蓄电池的内阻越大，蓄电池自身消耗掉的能量越多，其使用效率越低。随着蓄电池使用次数的增多，由于电解液的消耗及蓄电池内部化学物质活性的降低，蓄电池的内阻会有不同程度的增大，质量越差的蓄电池内阻增大得越快。

蓄电池内部阻抗会因放电量增加而增大，尤其是在放电终止时阻抗最大，主要因为放电

的进行使得极板内产生不良导体硫酸铅以及电解液密度下降，故放电后务必马上充电。

铅酸蓄电池的内阻与镍氢蓄电池及锂离子蓄电池相比较小，蓄电池容量下降2/3后，仍能提供较大的电流，而电源电压基本稳定，波动较小。

（4）循环寿命　循环寿命指蓄电池可经历的重复充、放电次数。蓄电池的循环寿命和容量成反比关系，循环寿命还与充放电条件密切相关，一般充电电流越大（充电速度越快），循环寿命越短；放电电流越大，蓄电池的循环寿命越短；放电深度越深，蓄电池的循环寿命越短。

影响铅酸蓄电池循环寿命的有极板的内在因素，如活性物质的组成、晶型、孔隙率、极板尺寸、板栅材料和结构等；也有一系列外在因素，如放电电流密度、电解液浓度和温度、放电深度、维护状况和储存时间等。

1）放电深度。放电深度即使用过程中放电到何种程度时停止，100%放电深度指放出全部容量。铅酸蓄电池的循环寿命受放电深度的影响很大，放电深度越深，其循环寿命越短。

2）过充电程度。过充电时有大量气体析出，这使正极板活性物质遭受气体的冲击而脱落，正极栅合金也会遭受严重的阳极氧化而腐蚀，所以蓄电池过充电会使蓄电池的使用寿命缩短。

3）温度的影响。铅酸蓄电池的循环寿命随温度升高而延长。

4）硫酸浓度的影响。硫酸浓度的增大，虽对正极板容量有利，但蓄电池的自放电增加时，极栅的腐蚀加速，促使二氧化铅松散脱落，随着蓄电池中硫酸浓度的增大，其循环寿命将缩短。

5）放电电流密度的影响。随着放电电流密度的增大，蓄电池的循环寿命将缩短，因为在大电流密度和高硫酸浓度条件下，正极板上二氧化铅易松散脱落。

（5）荷电保持能力　蓄电池荷电保持能力指在开路状态下，蓄电池储存的电量在一定环境条件下的保持能力。自放电主要是由蓄电池材料、制作工艺、储存条件等多方面的因素决定的。通常温度越高，自放电率越大。造成蓄电池自放电的主要原因是电解液不纯净或单体蓄电池内电解液中硫酸的浓度不均匀，特别是电解液中的硫酸下沉而出现上、下浓度差时，就会使极板产生电位差而引起自放电。

（6）高率放电性能　高率放电性能即大电流放电能力，主要和蓄电池的材料及制作工艺有关。

（7）蓄电池的额定电压　国家标准规定的蓄电池电压值为额定电压，用V表示。铅酸蓄电池每格电压值为2V，蓄电池的电动势和硫酸浓度成正比，并受温度影响。

（8）电解液　电解液是由高纯度硫酸和纯水组成的无色透明的稀硫酸，它和阴、阳极板起化学反应，把化学能转化成电能，同时在蓄电池内部起导电作用。

3. 铅酸电池的应用

铅酸蓄电池原材料来源丰富、价格低廉且性能优良，是目前工业、通信、交通、电力系统最为广泛使用的二次电池。目前主要应用领域有：

1）汽车和摩托车行业。主要为发动机的起动点火和车载电子设备的使用提供电能等。

2）工业电力系统。用于输变电站、为动力机组提供合闸电流，为公共设施提供备用电源以及通信用电源。

3）电动汽车和电动自行车行业。取代汽油和柴油，作为电动汽车、电动自行车的行驶动力电源。

4）新能源用铅酸蓄电池。绿色能源（如风能和太阳能）发电时，先给铅酸蓄电池充电，通过逆变器将铅酸蓄电池的直流电变换为交流电，然后对外供电。

此外，铅酸蓄电池还广泛应用于矿井、飞机、坦克、潜艇、工厂的搬运叉车等领域，作为这些行业设备的照明用电、应急电能，甚至作为动力电源。

5.3 镍氢电池

镍氢电池具有高比能量、高功率、适合大电流放电、可循环充放电、无污染等优点，被誉为“绿色电池”。与锂离子蓄电池相比，镍氢电池具有大功率技术成熟、安全及可靠性好、循环利用率高、成本低等优势。镍氢电池在工业用电池领域，特别是在大功率工业用动力蓄电池领域正逐步占据市场主导地位。

5.3.1 镍氢电池概述

镍氢电池是20世纪90年代发展起来的一种新型绿色电池，因具有能量高、使用寿命长、无污染等特点而成为世界各国竞相发展的高科技产品之一。

镍氢（Ni-MH）电池与镍镉（Ni-Cd）电池有许多相同的特性，但由于无镉，所以不存在金属污染问题，被称为“绿色电池”。

镍氢电池的电量储备比镍镉电池多30%，比镍镉电池重量轻、使用寿命长，并且对环境无污染，镍氢电池的缺点是价格比镍镉电池要贵许多，性能比锂蓄电池差。

镍氢电池主要由电极材料、电解液、金属材料及隔膜组成，正、负极及电解液材料的差异使电池有不同的性能，其中正极材料决定了电池的容量，负极材料决定了大电流或高温工作时，电池充放电的稳定性。其负电极为经吸氢处理后的储氢合金，正电极为氢氧化镍，电解液为碱性电解液。

目前，镍氢电池产品主要有圆柱形、扣式和方形三类。不论哪种结构的电池，均由外壳、正极片、负极片以及正极极耳（导电带）、密封圈、放气阀帽（正极）、隔膜等组成。

5.3.2 镍氢电池的工作原理

镍氢电池是一种碱性电池。镍氢电池和同体积的镍镉电池相比，容量增加一倍，充放电循环寿命也较长，并且无记忆效应。镍氢电池正极板的活性物质为NiOOH（放电时）和$Ni(OH)_2$（充电时），负极板的活性物质为H_2（放电时）和H_2O（充电时），电解液采用30%的氢氧化钾溶液，如图5-11所示，充、放电时负极反应为

$$M+H_2O+e^- \longrightarrow MH_x+OH^-$$

正极反应为

$$Ni(OH)_2+OH^- \longrightarrow NiOOH+H_2O+e^-$$

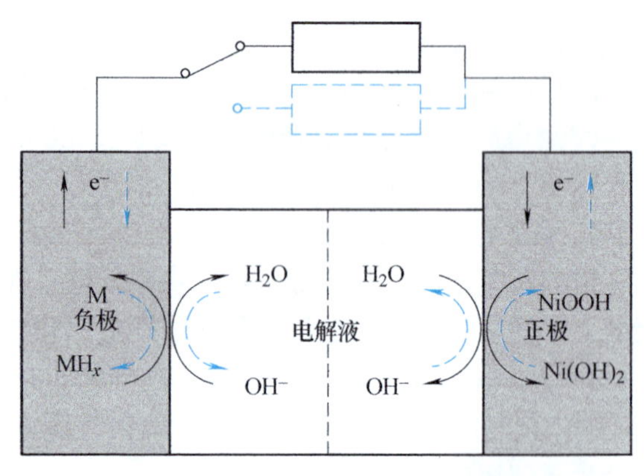

图5-11 镍氢蓄电池的反应原理

总反应为

$$M+Ni(OH)_2 \longrightarrow MH_x+NiOOH$$

镍氢电池的电解液多采用 KOH 水溶液，并加入少量的 LiOH。隔膜采用多孔维尼纶无纺布或尼龙无纺布等。为了防止充电过程后期电池内压过高，电池中装有防爆装置。当镍氢电池过充电时，金属壳内的气体压力将逐渐上升。当该压力达到一定数值后，顶盖上的限压安全排气孔打开，可以避免电池因气体过大而爆炸。

5.3.3 镍氢电池的性能及应用

1. 镍氢电池的优点

1）功率性能好。镍氢电池内部使用了大量的金属材料，导电性能良好，可以适应大功率放电，目前比功率达到 1500W/kg 以上。

2）低温性能好。采用无机电解液体系，低温性能相对比锂系列电池好。

3）循环寿命长。

4）无污染。

5）耐过充、过放。

6）应用比较成熟。目前商业化的混合电动汽车如丰田的 Prius、本田的 Insight 混合电动汽车使用的均为镍氢电池。

7）管理系统相对简单。电池耐过充电和过放电能力比较强，不必监测每只单体电池的电压。电池在充电过程中可以通过和消耗气体（氧气）的副反应来实现自均衡，不必采用特别的均衡电路。

8）具有较高的回收价值。

2. 镍氢电池的缺点

1）电池的热效应。镍氢电池在电动汽车应用中遇到的主要问题为热问题。主要原因有两个：一是镍氢电池本身的充电反应是一个放热反应，充电过程中产生的热量达到 949J/(A·h)；二是充电效率低，镍氢电池即使在空态下，充电效率也达不到 100%，充电量超过 80%后，副反应速度很快增加，产热速度迅速上升，严重时会带来热失控问题。充电电流越大，充电效率越低，产生的热量越多。

2）蓄电池比能量较低。比能量一般为 50~70W·h/kg，虽然是铅酸电池的 2~3 倍，但与锂系列电池相比较，相差较大。

3）标称电压低。标称电压为 1.2V，若用来组合成数百伏的车用动力电源系统，就需要更多的电池串联，对蓄电池的一致性、可靠性要求更高。

4）高温充电性能差。高温下充电效率降低，反应效率的降低推动蓄电池温度的进一步升高，最终可能会出现热失控而出现安全问题。

5）自放电大。在常用的铅酸、镍氢、锂系列动力蓄电池中，镍氢电池的自放电是比较大的。一般充满电在常温下搁置 28 天时自放电达到 10%~30%。

6）材料成本高。镍氢电池中使用了大量较贵重的金属如镍、钴等，电池原材料成本比较高。

3. 镍氢电池的主要特性

镍氢电池的主要特性包括充电特性、放电特性、循环寿命特性、存储特性和安全特性。

(1) 充电特性　镍氢电池的充电特性（图 5-12）受充电电流、充电时间、充电温度及其他因素的影响。增大充电电流和降低充电温度会导致蓄电池充电电压上升。充电效率会随充电电流、充电时间和充电温度变化而变化。一般采用不大于 1C 的恒定电流充电，充电时环境温度一般为 0~40℃，在 10~30℃充电能获得较高的充电效率。如果经常在高温环境中对蓄电池充电，会导致蓄电池性能降低。另外，反复的过充电也会降低蓄电池的性能。对于快速充电，充电控制系统是必不可少的。

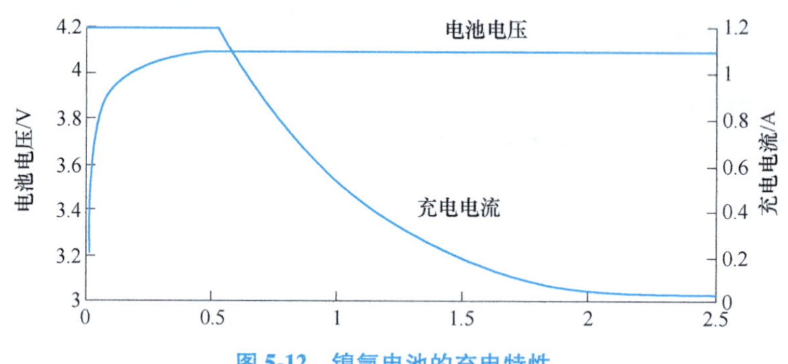

图 5-12　镍氢电池的充电特性

(2) 放电特性　镍氢电池的放电性能随放电电流、温度和其他因素的改变而变化，如图 5-13 所示。蓄电池的放电特性受电流/环境温度等因素的影响，电流越大，温度越低，蓄电池放电电压和放电效率都会降低，蓄电池的最大连续放电电流为 3C。蓄电池的放电截止电压一般设定为 0.9~1.1V/单格，如果截止电压设定得太高，则蓄电池容量不能被充分利用，反之，则容易引起蓄电池过放。

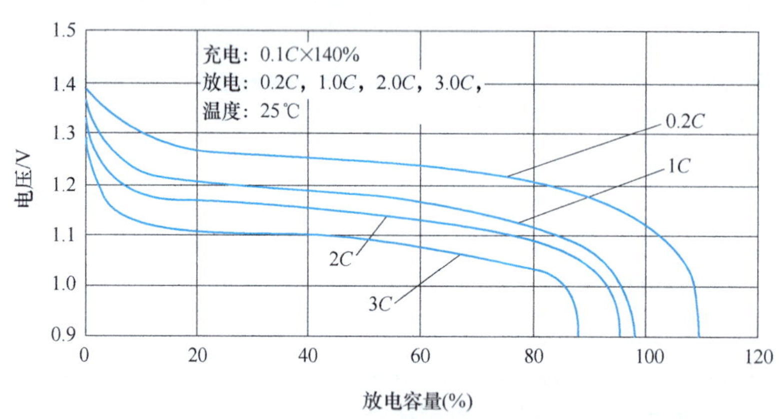

图 5-13　镍氢电池的放电容量与放电电流的关系

(3) 循环寿命特性　镍氢电池的循环寿命受充放电深度、温度和使用方法的影响，如图 5-14 所示。当按照 IEC 标准充、放电时，充、放电循环可以超过 500 次。不同的充电方式，如快速充电以及实际工作的充电方式都会影响到电池的实际循环寿命。

(4) 存储特性　蓄电池的存放特性包括自放电特性和长期存放特性。

自放电特性指蓄电池充足电开路存放时容量损失的现象。自放电特性主要受环境温度的影响，温度越高，蓄电池存放后容量损失越大。

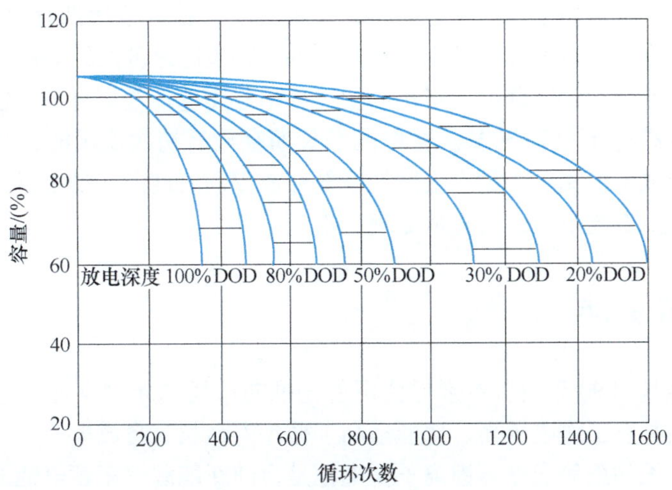

图 5-14 镍氢电池的循环寿命特性

蓄电池长时间（如一年）存放后，初次使用时容量可能会比存放前的容量小，但经过几次充放循环后，能恢复到存放前的容量。

（5）安全特性 如果蓄电池因为不正当的使用，如过充、短路或者反充，造成内部压力升高，一个可恢复的安全阀将会打开，降低内部压力，从而防止蓄电池爆炸。

4. 镍氢电池的使用注意事项

（1）充电注意事项

1）充电环境温度。环境温度会影响充、放电效率。当蓄电池在 10~30℃ 的环境下充电时，具有最佳的充电效果。若在 0℃ 以下充电，蓄电池中消气反应的速度将会减慢，造成内压过高使安全阀打开，有可能引起电解液泄漏使蓄电池性能和使用寿命降低。若在 40℃ 以上充电，则充电效率会大大降低，过高的充电温度也会引起蓄电池漏液和性能降低。

蓄电池中的电解液是强碱溶液，对皮肤和衣物都有腐蚀。当皮肤和衣物不慎沾染到电解液时，应立即用清水冲洗。

2）禁止反极充电。当蓄电池反极充电时，内部会产生大量气体使内压急剧上升，有可能使安全阀来不及动作而造成蓄电池破裂甚至爆炸。

3）快速充电。快速充电的电流不能超过 1C，快速充电时，一定要选用有自动截止或转换功能的充电器，若不对快速充电加以控制，蓄电池会因大电流过充电产生过热、漏液，甚至爆炸。

4）涓流充电。涓流充电的电流一般为 1/30C~1/20C。时间限定一般不超过 20h。

（2）放电注意事项

1）镍氢蓄电池可以在-20~60℃ 的环境中放电，适宜的放电温度为 0~40℃。

2）蓄电池最适宜的放电电流为 0.1~1C，最大连续放电电流一般不超过 3C，过高的放电电流会降低蓄电池的放电效率，也会引起蓄电池发热。

3）蓄电池不允许过放电，过放电会引起蓄电池漏液，缩短蓄电池的使用寿命，严重时还会导致蓄电池破裂或爆炸。

（3）镍氢蓄电池的存放 研究表明，镍氢蓄电池充电态储存比放电态储存更能保持蓄电池的性能，因此，存放蓄电池时最好先将蓄电池充电。蓄电池短期存放不超过3个月时，可以将蓄电池存放在-20~+45℃，相对湿度为45%~85%且无腐蚀的场所，过高的温度易导致蓄电池漏液，使蓄电池性能降低，过高的湿度易引起蓄电池金属件的腐蚀。蓄电池长期存放的环境温度最好维持在-10~30℃。蓄电池经长期存放后初次使用时，容量可能会比存放前低，经过几次充放电使用后，蓄电池就能恢复存放以前的性能。如果蓄电池存放期超过半年，建议每半年至少对蓄电池进行充放处理一次。

5.4 锂离子蓄电池

锂离子蓄电池是1990年由日本索尼公司首先推向市场的新型高能蓄电池。锂离子蓄电池相比其他蓄电池具有工作电压高、比能量高、循环寿命长、自放电小、无记忆效应、工作温度范围宽、绿色无污染等优点。锂离子蓄电池是目前新能源汽车蓄电池的主流蓄电池。

5.4.1 锂离子蓄电池的结构

锂离子蓄电池一般使用锂合金金属氧化物为正极材料、石墨为负极材料，使用非水电解质。锂离子蓄电池根据正极材料的不同，分为磷酸铁锂蓄电池、锰酸锂蓄电池、钴酸锂蓄电池以及三元材料锂离子蓄电池等。三元材料锂离子蓄电池以其能量密度高、安全性好等优点在电动汽车上得到了广泛应用。

锂离子蓄电池由正极材料、负极材料、电解液、隔膜和导电材料等组成，如图5-15所示。其中正、负极材料的选择和质量直接决定锂离子蓄电池的性能与价格。负极材料一般选用碳材料，目前已比较成熟；正极材料的开发已经成为制约锂离子蓄电池性能提高、价格降低的重要因素。

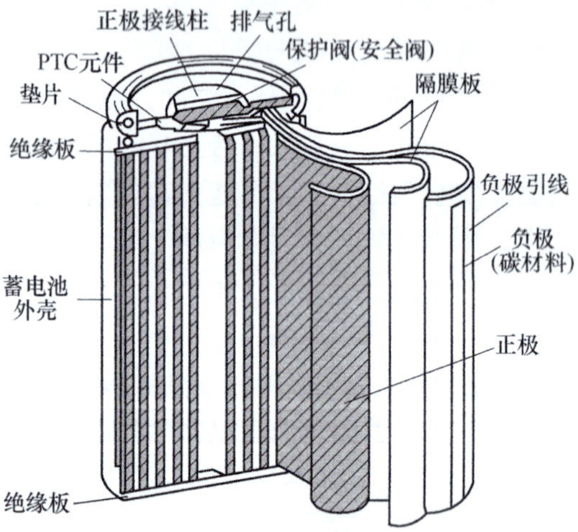

图5-15 锂离子蓄电池的结构

1. 正极材料

锂蓄电池正极材料一般都是锂的氧化物，应用比较多的有钴酸锂，镍酸锂，锰酸锂，磷酸铁锂和钒的氧化物等。

2. 负极材料

活性物质为石墨，或近似石墨结构的碳，导电集流体使用厚度为7~15μm的电解铜箔。

3. 隔膜

隔膜的主要作用是使蓄电池的正、负极分隔开来，防止两极接触而短路，此外还具有能使电解质离子通过的功能。锂离子蓄电池隔膜具有大量曲折贯通的微孔，能够保证电解质离子自由通过形成充、放电回路；而在蓄电池过度充电或者温度升高时，隔膜通过闭孔功能将蓄电池的正极和负极分开以防止其直接接触而短路，达到阻隔电流传导，防止蓄电池过热甚至爆炸的作用。

5 UNIT

4. 电解液

电解液在锂蓄电池正、负极之间起到传导电子的作用，是锂离子蓄电池获得高电压、高比能等优点的保证。电解液一般由高纯度的有机溶剂、电解质锂盐、必要的添加剂等原料，在一定条件下、按一定比例配制而成。

锂蓄电池主要使用的电解质有高氯酸锂、六氟磷酸锂等。用高氯酸锂制成的蓄电池低温效果不好，有爆炸的危险，在日本和美国已被禁止使用。用含氟锂盐制成的蓄电池性能好、无爆炸危险、适用性强，特别是用六氟磷酸锂制成的蓄电池，除具有上述优点外，其废弃处理工作相对简单。

5. 蓄电池外壳

蓄电池外壳材料分为钢壳（方形很少使用）、铝壳、镀镍铁壳（圆柱形电池使用）、铝塑膜（软包装）等，电池的盖帽可作为电池的正、负极引出端。

5.4.2 锂离子电池的分类

1）根据电池所用电解质的状态不同，可分为液体锂离子蓄电池、聚合物锂离子蓄电池和全固态锂离子蓄电池。

2）根据温度不同，可分为高温锂离子蓄电池和常温锂离子蓄电池。

3）根据外形，一般可分为圆柱形和方形两种，如图 5-16 所示。聚合物锂离子蓄电池除制成圆柱形和方形外，还可根据需要制成任意形状。

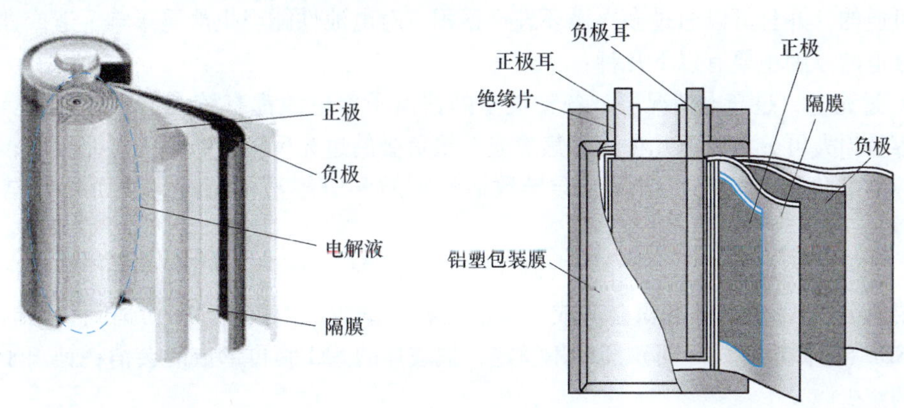

图 5-16 聚合物锂离子蓄电池

5.4.3 锂离子蓄电池的原理

1. 锂离子蓄电池的工作原理

锂离子蓄电池的工作原理如图 5-17 所示。在蓄电池充电时，Li^+从正极脱出，经过电解质嵌入负极。蓄电池放电时，Li^+从负极脱出，经过电解质嵌入正极。

蓄电池的充放电过程实际上是 Li^+在两电极之间来回嵌入和脱出的过程，故锂离子蓄电池也称为“摇椅式电池”。由于锂离子蓄电池在正、负极中有相对固定的空间和位置，因此，锂离子蓄电池充、放电反应的可逆性很好。在充放电过程中，锂离子的反应方程式如下：

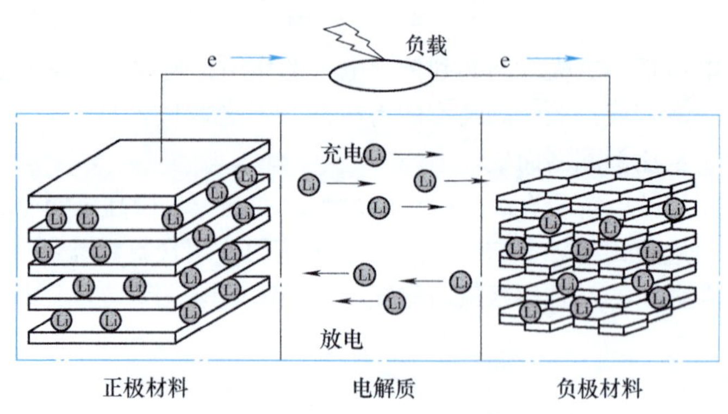

图 5-17 锂离子蓄电池的工作原理

正极：$LiMO_2 \longleftrightarrow Li_{(1-x)}MO_2 + xLi^+ + xe^-$

负极：$nC + xLi^+ + xe^- \longleftrightarrow Li_xC_n$

总反应：$LiMO_2 + nC \longleftrightarrow Li_{(1-x)}MO_2 + Li_xC_n$

2. 锂离子电池的失效机理

锂离子蓄电池中每刻都有副反应存在，也有活性物质不可逆的消耗，如电解液分解、活性物质溶解、金属锂沉积等。实际蓄电池系统的每次循环中，任何能够产生或消耗锂离子或电子的副反应，都可能导致电池容量平衡的改变。一旦电池的容量平衡发生改变，这种改变就是不可逆的，并且可以通过多次循环进行累积，对电池性能产生严重影响。造成锂离子电池容量衰退的原因主要有以下几种：

（1）过充电　过充电情况下，各种类型的锂离子蓄电池都有较大的容量衰减。过充电引起的容量损失可分为以下几种：①焦炭或石墨负极的过充反应；②正极过充反应；③过充时电解液的氧化反应。这些副反应会导致活性物质和电解液的消耗，从而导致电池容量下降。

（2）正极材料的溶解　以尖晶石 $LiMn_2O_4$ 为例，Mn 的溶解是引起 $LiMn_2O_4$ 可逆容量衰减的主要原因。Mn 的溶解沉积会造成正极活性物质减少。溶解的 Mn 游离到负极时，会造成负极 SEI（固体电解质界面）膜的不稳定，被破坏的 SEI 膜再形成时会消耗锂离子，造成锂离子的减少。

（3）正极材料的相变化　一般认为，锂离子的正常脱嵌反应总是伴随着宿主结构摩尔体积的变化，引起结构的膨胀与收缩，导致氧八面体偏离球对称性并成为变形的八面体构型。这种现象叫作 Jahn-Teller 效应（或 J-T 扭曲）。在 $LiMn_2O_4$ 蓄电池中，J-T 效应所导致的尖晶石结构不可逆转变，也是容量衰减的主要原因之一。J-T 效应多发生在过放电阶段。在起始材料中加入过量的锂，掺杂 Ni、Co、Al 等阳离子或者 S 等阴离子可以有效地抑制 J-T 效应。

（4）电解液的分解　锂离子蓄电池中常用的电解液主要包括由各种有机碳酸酯（如 PC、EC、DMC、DEC 等）混合组成的溶剂，以及由锂盐（如 $LiPF_6$、$LiClO_4$、$LiAsF_6$ 等）组成的电解质。在充电的条件下，电解液对含碳电极具有不稳定性，故会发生还原反应。电解液还原消耗了电解质及其溶剂，对电池容量及循环寿命产生不良影响。

（5）自放电　锂离子电池的自放电导致的容量损失大部分是可逆的，只有一小部分是

不可逆的。造成不可逆自放电的原因主要有：锂离子的损失（形成不可溶的 Li_2CO_3 等物质），电解液氧化产物堵塞电极微孔造成内阻增大等。

（6）SEI 膜的形成　因 SEI 膜的形成而损失的锂离子将导致两极间容量平衡的改变，在最初的几次循环中就会使蓄电池的容量下降。另外，SEI 膜的形成使得部分石墨粒子和整个电极发生隔离而失去活性，也会造成容量的损失。

（7）集流体　锂离子蓄电池中的集流体材料常用铜和铝，两者都容易发生腐蚀，集流体的腐蚀会导致电内阻增加，从而造成容量损失。

5.4.4　锂离子蓄电池的性能及应用

1. 锂离子蓄电池的优点

1）单体电池工作电压高达 3.7V，是镍电池的 3 倍，铅酸蓄电池的 2 倍。

2）质量比能量高达 150W·h/kg，是镍氢电池的 2 倍，铅酸蓄电池的 4 倍，因此质量是相同能量铅酸蓄电池的 1/4。

3）体积比能量高达 400W·h/L，因此体积是相同能量铅酸蓄电池的$\frac{1}{3}$~$\frac{1}{2}$。

4）循环寿命长，循环次数可达 1000~2000 次。

5）自放电率低，每月不到 10%。

6）无记忆效应，充电前不必像镍镉电池一样完全放电，可以随时随地进行充电。蓄电池深度充放电，对蓄电池的循环寿命影响不大，放电深度可达 95%。

2. 锂离子蓄电池的缺点

1）成本高。正极材料 $LiCoO_2$ 的价格高，按单位瓦时的价格来计算，已经低于镍氢电池，与镍镉电池持平，但高于铅酸蓄电池。

2）必须有特殊的保护电路，以防止过充。

3. 锂离子蓄电池的应用

（1）日产聆风　聆风是日产汽车公司推出的纯电力驱动零排放汽车，它由层叠式紧凑型锂离子蓄电池（图 5-19）驱动，电池组容量为 24kW·h，最大输出功率为 90kW。

图 5-18　日产聆风用锂离子蓄电池

在完全充电的情况下，可以实现 160km 的续驶里程。另外，聆风提供了多种充电方式，在家中给聆风充电，需要 8h 可将车完全充满电；在快速充电站充电，只需 30min 即可充 80% 的电量。

（2）现代 Blue On　现代汽车公司的 Blue On 电动汽车（见图 5-19）已经应用了高能聚合物锂离子蓄电池，容量达到 16.4kW·h。聚合物锂离子蓄电池是从液态锂离子蓄电池基础上发展而来的新一代高比能蓄电池。聚合物锂离子蓄电池在与液态锂离子蓄电池相同容量情况下，具有体积小、重量轻、工作范围广、使用寿命长等优点，更重要的是其电解质为固态或凝固状，不会出现液态蓄电池电解液泄漏造成的危险。

（3）奔驰 S400 Hybrid　奔驰 S400 Hybrid 的蓄电池共由 35 个电池单元组成，可以提供

图 5-19　现代的 Blue On 电动汽车

19kW 的输出功率，容量为 6.5A·h，体积不大，可以直接放置在发动机舱里，如图 5-20 所示。

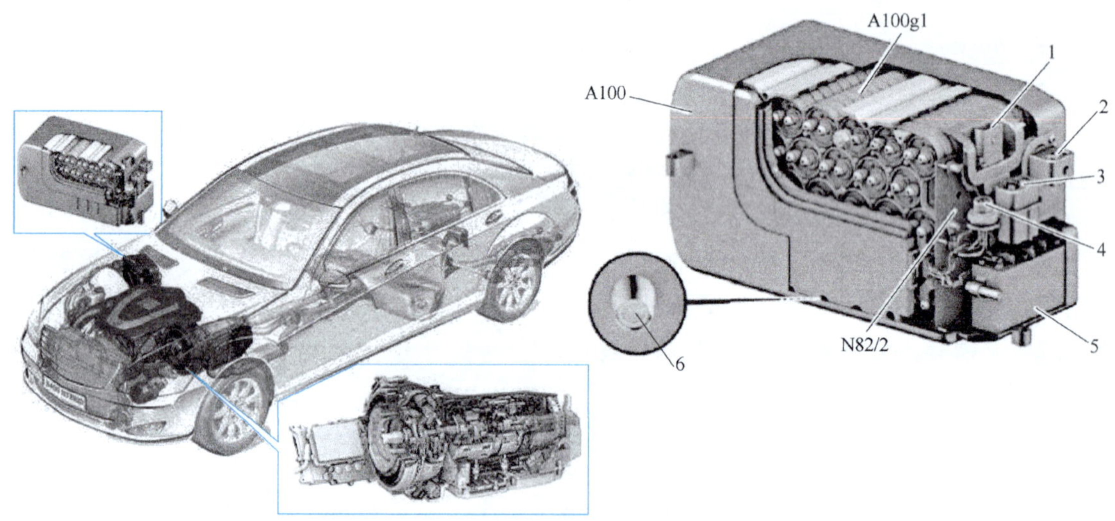

图 5-20　奔驰 S400 Hybrid 电动汽车及其蓄电池

1—电池管理系统控制单元 12V 插头连接器　2—制冷剂线连接　3—高压插头连接器（电力设备，电动制冷压缩机）
4—高压插头连接器　5—保护开关　6—放出接头带膜片和爆破片
A100—高压电池模块　A100g1—高压电池　N82/2—电池管理系统（BMS）控制单元

5.5　电池管理系统

电池管理系统（Battery Management System，BMS）如图 5-21 所示。电动汽车电池管理系统用来对蓄电池组进行安全监控及有效管理，提高蓄电池使用效率。对于电动汽车而言，通过该系统对电池组充、放电的有效控制，可以达到增加续驶里程、延长使用寿命、降低运行成本的目

图 5-21　电池管理系统实物图

的，并保证动力电池组应用的安全性和可靠性。动力电池管理系统已经成为电动汽车必不可少的核心部件之一。

5.5.1 电池管理系统的基本结构和原理

现阶段电池管理系统除完成数据测量和电池状态估算外，还通过数据总线直接参与车辆状态的控制。图 5-22 所示为主从式电池管理系统的拓扑结构。

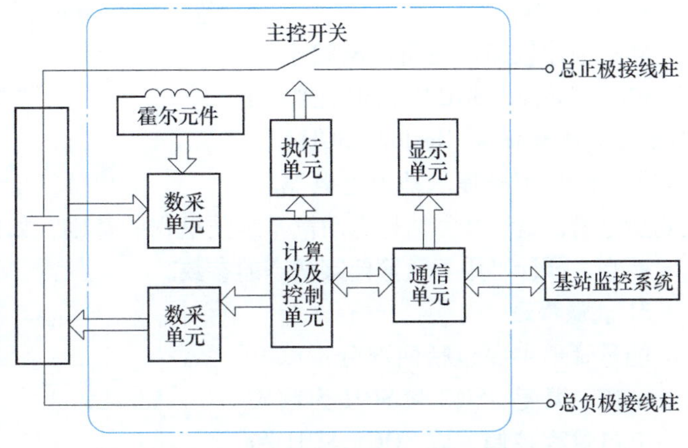

图 5-22 主从式电池管理系统的拓扑结构

电池管理系统的工作原理可归纳为数据采集电路采集电池状态信息（电压、电流、温度等）数据后，通过 CAN 总线将数据传送给电控单元进行数据处理和分析，然后电池管理系统根据分析结果对系统内的相关功能模块发出控制指令（如控制风机开关等），并向外界传递参数信息，同时电池管理系统通过 CAN 总线与组合仪表及充电机等进行通信，实现参数显示、充电监控等功能。

5.5.2 电池管理系统的主要功能

电池管理系统的功能主要包括数据采集、状态估计、能量管理、安全管理、热管理、均衡控制、数据通信等，如图 5-23 所示。

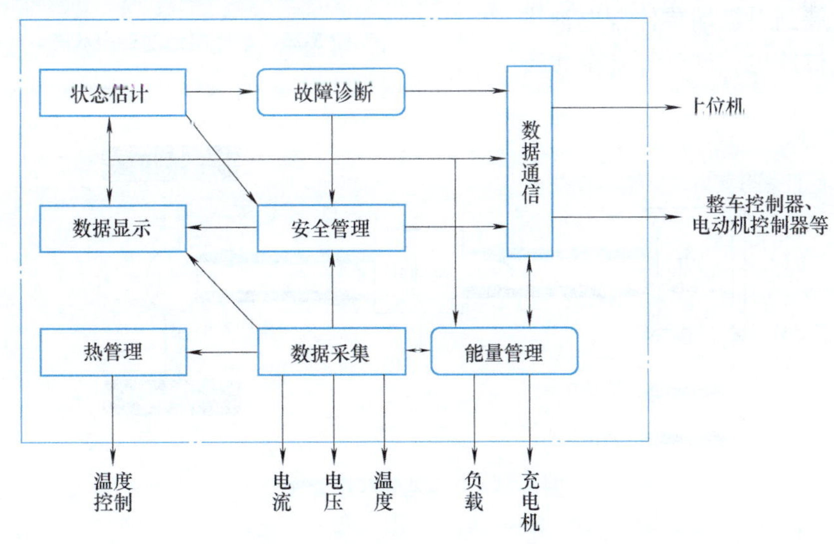

图 5-23 电池管理系统的功能示意图

1. 数据采集

电池管理系统的所有算法都是以采集的动力蓄电池数据作为输入，采样速率、精度和前置滤波特性是影响电池系统性能的重要指标，如图 5-24 所示。电动汽车电池管理系统的采样速率一般要求大于 200Hz（500ms）。

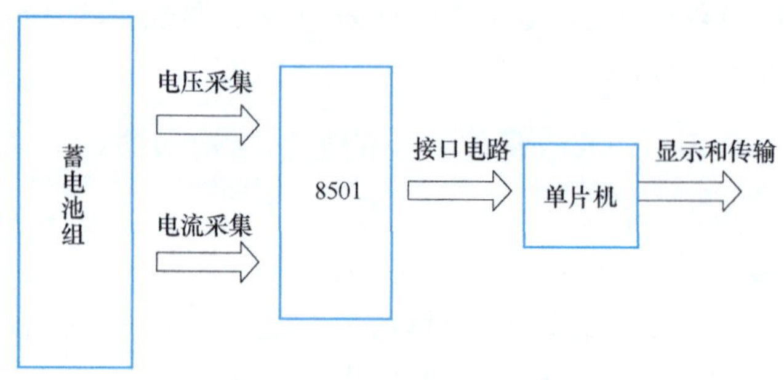

图 5-24 电池管理系统的数据采集

2. 状态估计

状态估计包括电池组荷电状态（State of Charge，SOC）和电池组健康状态（State of Health，SOH）两方面。SOC 用来提示动力蓄电池组剩余电量，是计算和估计电动汽车续驶里程的基础，如图 5-25 所示。SOH 用来提示电池技术状态，预计可用寿命等健康状态的参数。

3. 能量管理

能量管理主要包括两部分：以电流、电压、温度、SOC 和 SOH 为输入进行充电过程控制，以 SOC、SOH 和温度等参数为条件进行放电功率控制，如图 5-26 所示。

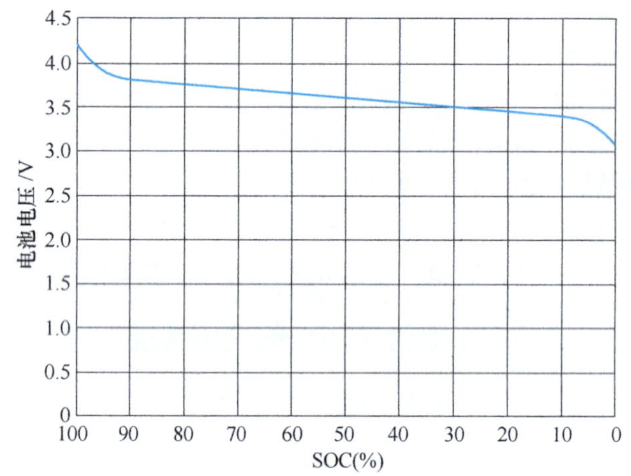

图 5-25 单体电池的荷电状态

4. 安全管理

电池管理系统监视蓄电池电压、电流、温度是否超过正常范围，防止蓄电池组过充、过放。在对蓄电池组进行整组监控的同时，多数电池管理系统已经发展到对极端单体蓄电池进行过充电、过放电、过热等安全状态管理。

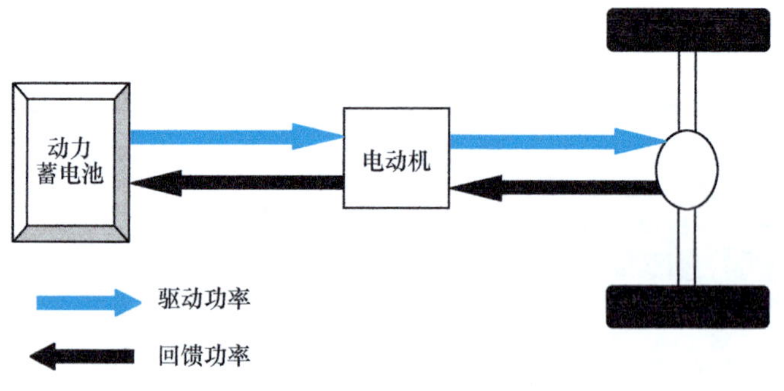

图 5-26 蓄电池的能量管理

5. 热管理

在蓄电池工作温度超高时进行冷却，低于适宜工作温度下限时进行蓄电池加热，使蓄电池处于适宜的工作温度范围内，并在蓄电池工作中保持电池单体间温度均衡。对于大功率放电和高温条件下使用的蓄电池，蓄电池的热管理尤为必要，如图 5-27 所示。

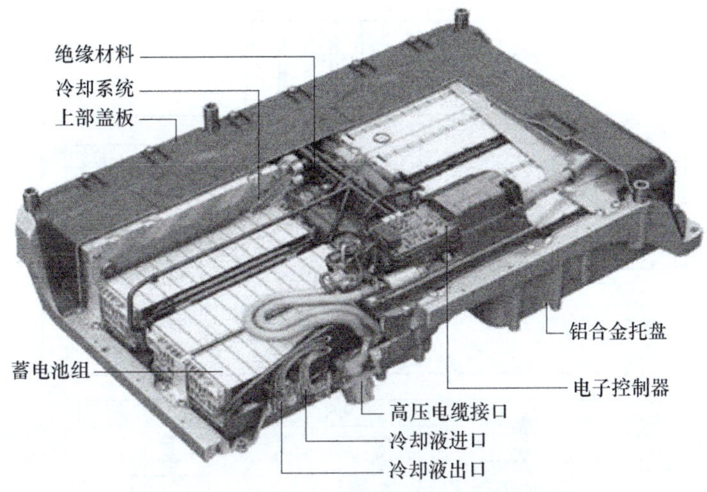

图 5-27 蓄电池的热管理

6. 均衡控制

由于蓄电池的一致性差异导致蓄电池组的工作状态是由最差单体蓄电池决定的。在蓄电池组各个蓄电池之间设置均衡电路、实施均衡控制是为了使各个单体电池充放电的工作情况尽量一致，提高整体蓄电池组的工作性能，如图 5-28 所示。

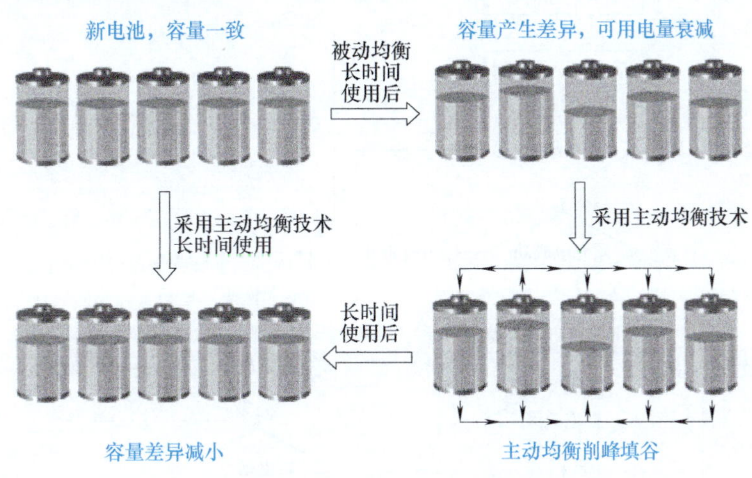

图 5-28 蓄电池容量均衡管理

7. 数据通信

通过电池管理系统实现蓄电池参数和信息与车载设备或非车载设备的通信，为充、放电控制和整车控制提供数据依据是电池管理系统的重要功能之一。根据应用需要，数据交换可采用不同的通信接口，如模拟信号、PWM 信号、CAN 总线或串行接口，如图 5-29 所示。

8. 人机接口

根据设计的需要设置显示信息以及控制按键、旋钮等。

电池管理系统的主要工作原理可简单归纳为，数据采集电路采集蓄电池状态信息数据后，由电控单元（ECU）进行数据处理和分析，然后电池管理系统根据分析结果对系统内

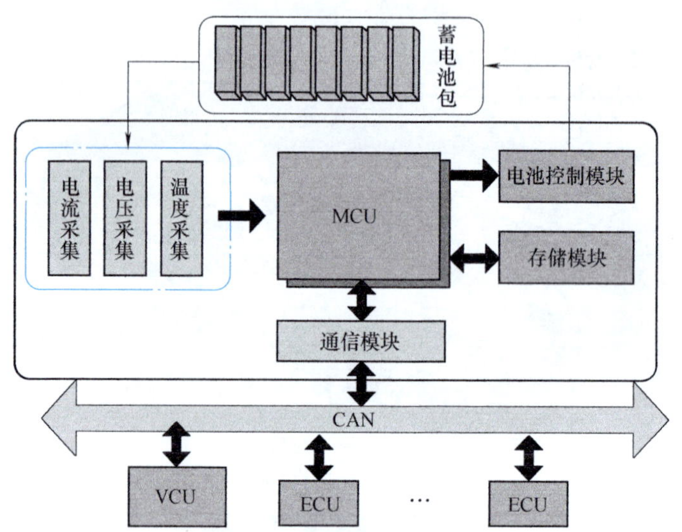

图 5-29　蓄电池的通信示意图

的相关功能模块发出控制指令，并向外界传递参数信息。人机交换流程图如图 5-30 所示。

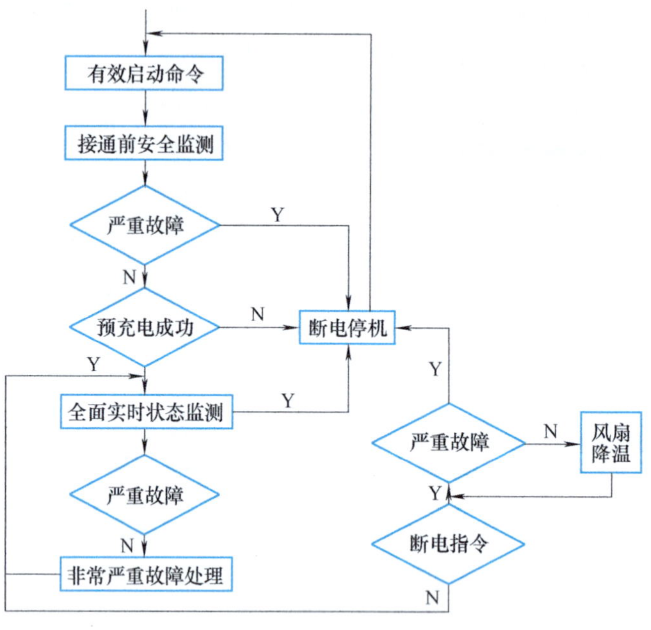

图 5-30　人机交换流程图

5.6　充电系统

5.6.1　充电方法

1. 恒压充电

在充电过程中，充电电压始终保持不变，称为恒定电压充电，简称恒压充电或等压充

电。电信装置、不间断电源（UPS）等的蓄电池的浮充电和涓流充电都采用恒压充电。起动用蓄电池在车辆运行时也处于近似的恒压充电的情况。该方法的优点是随着蓄电池的荷电状态的变化，自动调整充电电流，如果规定的电压恒定值适宜，就既能保证蓄电池的完全充电，又能尽量减少析气和失水。恒压充电原理图如图 5-31 所示。

2. 恒流充电

在充电过程中，充电电流始终保持不变，称为恒定电流充电，简称恒流充电或等流充电。蓄电池的初充电，运行中的蓄电池的容量检查，运行中的牵引蓄电池的充电以及蓄电池极板的化成充电，多采用恒流或分阶段恒流充电。此方法的优点是可以根据蓄电池的容量确定充电电流值，直接计算充电量并确定充电完成的时间。恒流充电原理图如图 5-32 所示。

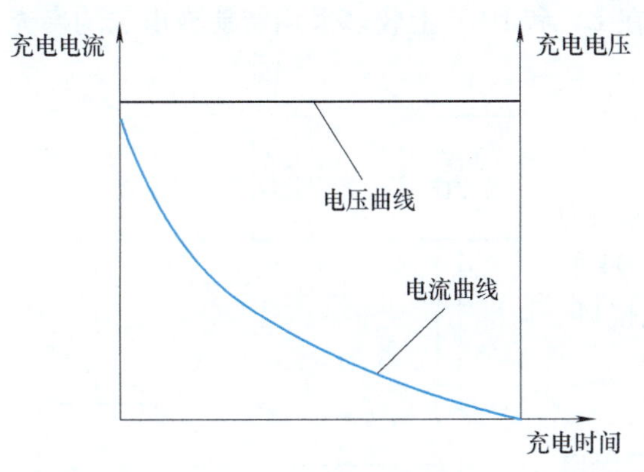

图 5-31　恒压充电原理图　　图 5-32　恒流充电原理图

3. 脉冲充电

脉冲充电是先用脉冲电流对蓄电池进行充电，然后让电池停充一段时间，如此循环。充电脉冲使蓄电池充满电量，而间歇期使蓄电池经化学反应产生的氧气和氢气有时间重新化合而被吸收掉，使浓差极化和欧姆极化自然地得到消除，从而减轻了蓄电池的内压，使下一轮的恒流充电能够更加顺利地进行，使蓄电池可以吸收更多的电量；间歇脉冲使蓄电池有较充分的反应时间，减少析气量，提高了蓄电池的充电电流接受率，脉冲充电电流波形如图 5-33 所示。

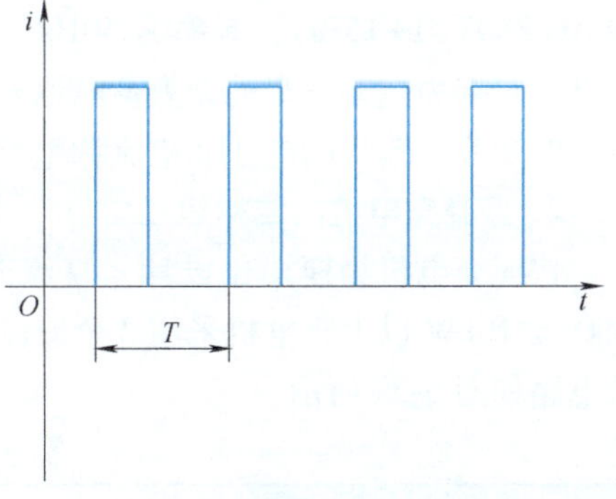

图 5-33　脉冲充电电流波形

4. 快速充电

对于蓄电池进行快速充电既不能用恒流大电流充电，也不能用较高的恒压充电，否则会使蓄电池温度快速升高，损伤电极并浪费电能。快速充电是使电流用脉冲的方式输送给蓄电池，并随着充电时间延续，蓄电池有一个瞬间的大电流放电，使电极去极化。

5. 智能充电

智能充电电应用 dU/dt 技术，跟踪检测蓄电池端电压在单位时间内的变化量，动态跟踪蓄电池可以接受的充电电流（特别是在蓄电池充电的后期），保持充电电流始终处于蓄电池可接受的充电电流曲线附近，使蓄电池几乎在无气体析出的条件下进行充电。

6. 均衡充电

均衡充电实际上是以小电流（约 20h 率的电流）进行 1~3h 的过充电过程，一般均衡充电不能频繁进行。

7. 初充电

对于锌蓄电池和动力蓄电池组，在投入使用前，应按照使用说明书的规定进行小电流长时间的初充电。

在 EV 和 HEV 上，可根据动力蓄电池组的情况和发动机-发电机的发电情况，选择不同的充电方法，并且可以兼用不同的充电方法。在 EV 和 HEV 上较多采用智能充电、均衡充电和初充电 3 种方法。

5.6.2 直流充电

直流充电系统用于从公共电网获取电能并为动力蓄电池进行充电，通常称为快充系统，如图 5-34 所示。其中包括直流充电桩、直流充电枪、快充接口、高压配电盒等。

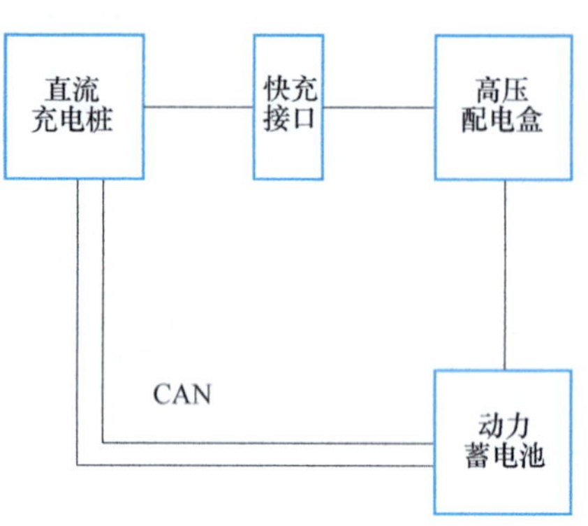

图 5-34　快速充电系统

1. 直流充电桩

直流充电桩是固定安装在电动汽车外，与交流电网连接，可以为非车载电动汽车动力蓄电池提供直流电源的供电装置。直流充电桩的输入电压采用三相四线 AC 380V(1±15%)，频率为 50Hz，输出为可调直流电，直接为电动汽车的动力蓄电池充电。由于直流充电桩采用三相四线制供电，可以提供足够的功率，输出的电压和电流调整范围大，满足实现快充的要求。

2. 直流充电桩的结构组成

快充充电机为模块化设计，直流充电桩的组成见表 5-1。单个充电模块的输出功率为 10kW，10kW 以上充电机采用 2 个或以上的充电模块并联工作，满足整机输出功率需求。整流电路如图 5-35 所示。

表 5-1　直流充电桩的组成

直流充电桩的结构组成	整流电路
	调整控制及保护电路
	功率因数校正网络
	辅助电路
	充电机控制管理单元（CPU）
	人机接口单元
	远程通信单元
	电能计量单元

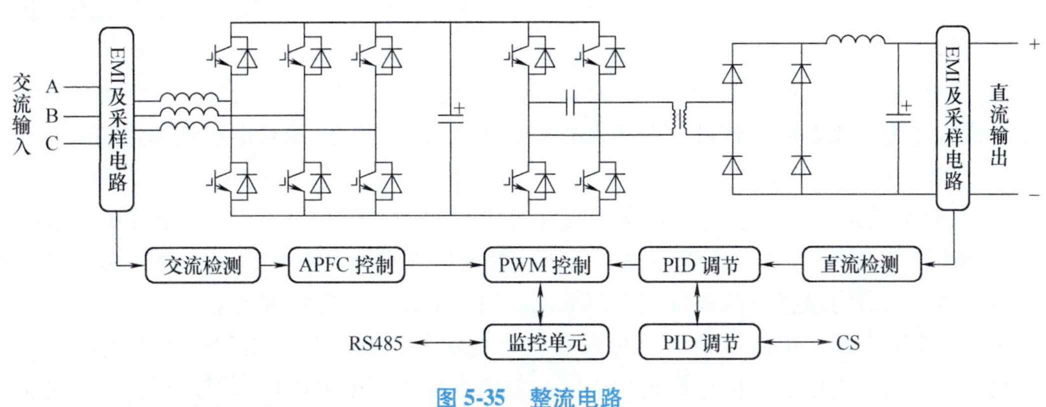

图 5-35　整流电路

1）整流电路是由交流整流滤波、直流（DC）-直流（DC）变换器等元器件组成的，其作用是从单相或三相交流电网取得交流电，并将其转换为符合要求的直流电。

2）调整电路的作用是对输出电压进行检测和采样，并与基准值进行比较，从而控制高频开关功率管的开关时间比例，达到调节输出电压的目的。

3）功率因数校正网络的功能是通过控制过程，使输入电流波形跟踪正弦基波电流，且相位与输入电压相同，以保持输出电压稳定和功率因数接近于 1.0。

4）辅助电路包括手动调整、稳压电源、保护信号、事故报警以及通信接口电路等。

5）控制管理单元（CPU）为充电机的顶层控制系统。在充电机充电操作时，控制管理单元接收人工输入或其他设备的控制指令，控制驱动脉动生成系统的起动与停止，从而控制充电机的起动与停机，并可将充电机的运行数据进行显示或传输给上层监控计算机，如图 5-36 所示。

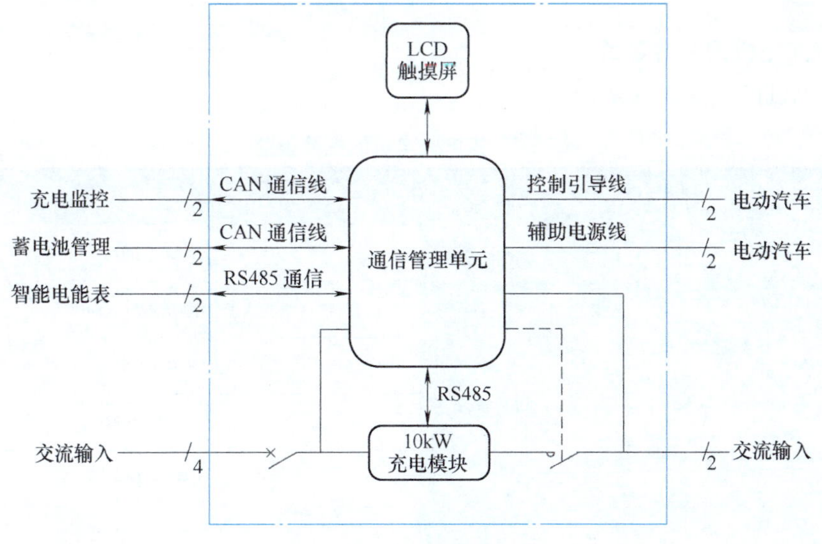

图 5-36　控制管理单元

6）充电机人机接口由按键和人机界面彩屏组成，具有计算机远程监控及蓄电池充电控制等功能。

7）快充充电机远程通信接口单元的作用是与电网调度通信网络接口，充电机通信协议与电网通信协议统一，实现充电机的远程监控及无人值守站数据的统一上传。

8）电能计量装置应根据电能计量点的位置及充电设备的额定电流选取。电动汽车非车载充电机宜选用直流电能表计量，安装在非车载充电机直流输出端和电动汽车之间。

3. 直流充电桩工作原理

三相 380V 交流电源经过整流滤波变成直流输入电压，供给 IGBT 桥。单片机通过驱动电路使功率开关 IGBT 工作，把直流输入电压转换成脉宽调制的交流电压，然后由高频变压器变压隔离，最后通过整流滤波得到直流输出，进而对动力蓄电池充电。

通过可控的电流、电压反馈回路可改变充电电流和充电电压，通过检测蓄电池的端电压、充电电流以提供信息给单片机进行决策。放电电路在充电电压较高时工作，以提高蓄电池的接受能力；辅助电路提供器件工作电源；保护电路（过电流、过电压、过温）可以保证系统安全、可靠工作；单片机显示电量、时间等数据，如图 5-37 所示。

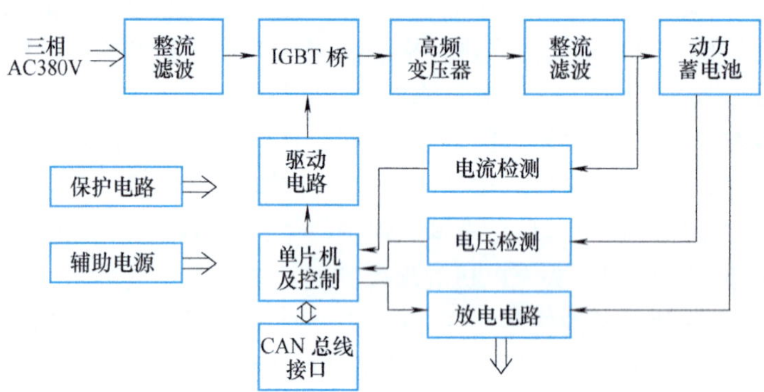

图 5-37　直流充电桩工作原理图

4. 直流充电桩的主要参数

直流充电桩的主要参数见表 5-2。

表 5-2　直流充电桩的主要参数

内　容	技术指标
额定输出电压	DC 750V（200~750V）
额定输出电流	DC 100A/250A/400A
输出稳压精度	≤±0. 5%
输出稳流精度	≤±1%
功率因数	≥0. 99（含 APFC）
效率	≥93%（半载以上）

5. 直流充电接口

充电桩接口如图 5-38 所示，其接口含义见表 5-3。

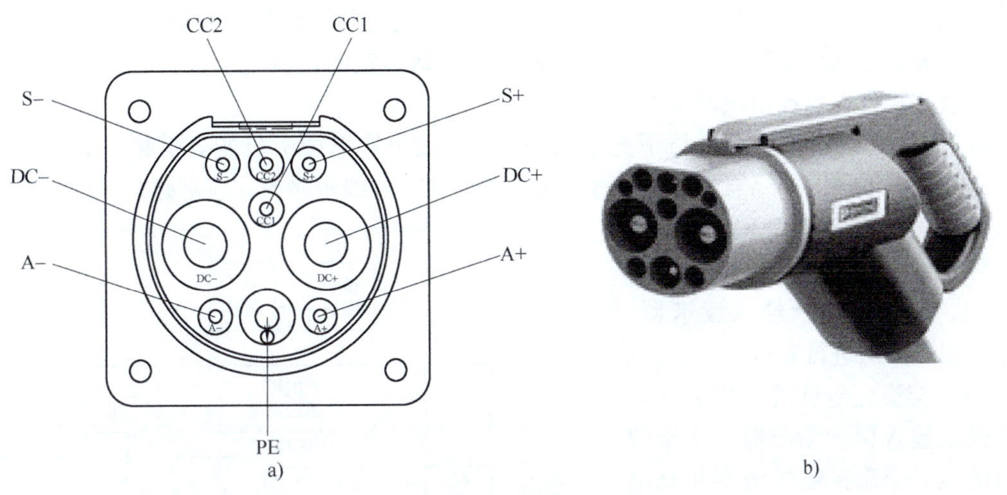

图 5-38 充电桩接口

表 5-3 充电桩接口含义

触点编号	功能定义	触点编号	功能定义
CC1	充电连接确认	DC−	直流电源负
CC2	充电连接确认	DC+	直流电源正
S+	充电通信_CAN L	A−	低压辅助电源负极
S−	充电通信_CAN N	A+	低压辅助电源正极
PE	保护接地		

5.6.3 交流充电

电动汽车常规慢充充电是用较小交流电流对整车进行充电的交流慢充方式。电动汽车根据使用情况在使用结束后或动力蓄电池荷电状态（SOC）低于设定值时应立即充电，可用外部交流电源（交流充电桩）给电动汽车自带动力蓄电池充电机提供电能。交流慢充充电电流比较小，充电时间相对较长，一般充电时间为 5～8h，有的甚至长达 10～20h。慢充充电示意图如图 5-39 所示。

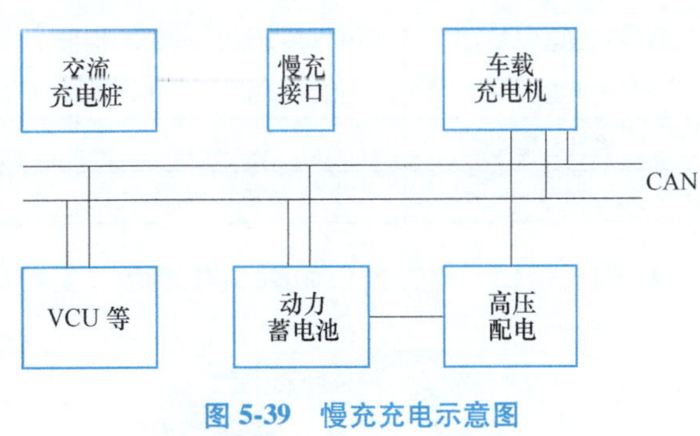

图 5-39 慢充充电示意图

1. 交流充电桩

交流充电桩是一种利用专用充电接口为具有车载充电机的电动汽车提供交流电能，并提供友好的人机操作界面，具有相应的控制、计费和通信等功能的电动汽车专用交流供电装置。

慢充充电方式对电网没有特殊要求，只要能够满足照明要求的供电质量就能够使用。小型充电站是电动汽车的一种最重要的充电方式，慢充充电桩可设置在街边、超市、办公楼、停车场等处。电动汽车驾驶人只需将车停靠在充电站指定的位置上，接上导线即可开始充电。计费方式可以是投币或刷卡。

在充电过程中，禁止强行拔下充电插头，强行拔下充电插头可能会引起充电插口处打火，造成安全事故。如果发生安全事故，如异常响声、导线短路等，应砸碎充电桩红色蘑菇头按钮玻璃挡板，并按下红色蘑菇头，停止设备电源。如果想随时终止充电，应将充电卡插入读卡器，按正常操作方法进行充电。

（1）交流充电桩的工作原理 主回路由输入保护断路器、交流智能电能表、交流控制接触器和充电接口连接器组成。二次回路由控制继电器、急停按钮、运行状态指示灯、充电桩智能控制器和人机交互设备（显示、输入与刷卡）组成，如图 5-40 所示。

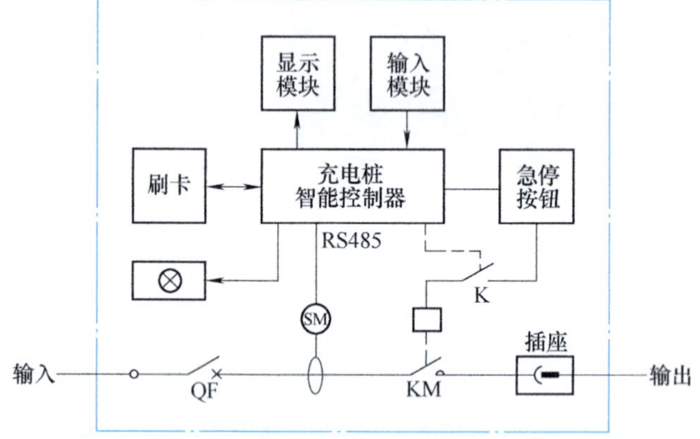

图 5-40 交流充电桩的工作原理

（2）交流充电桩的主要参数 交流充电桩的主要参数见表 5-4。

表 5-4 交流充电桩的主要参数

项目	参数	项目	参数
充电连接器	IEC/GB	安装	落地安装挂墙安装
人机界面	LCD/LED/VFD 键盘	通信	RS485/2G/3G
计费装置	RFID/IC 卡	环境温度	-20～50℃
供电	220V（1±10%）50Hz±1Hz	环境湿度	5%～95%
输出电压	单相 AC 220V（1±10%）	海拔	≤2000m
输出电流	≤32A	平均无故障工作时间	≥8760h
IP	IP55		

2. 慢充接口 慢充接口如图 5-41 所示，其接口含义见表 5-5。

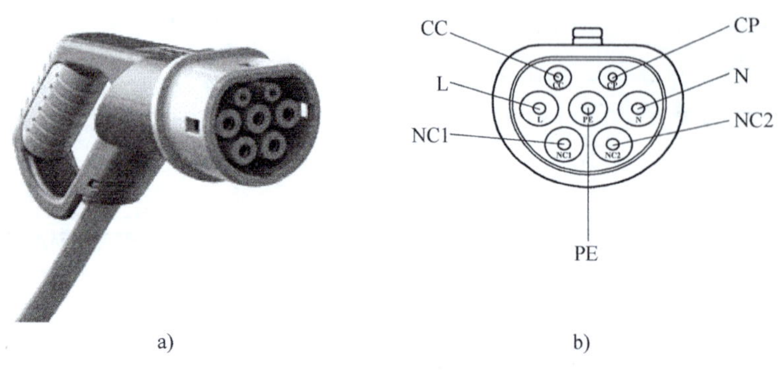

a) b)

图 5-41 慢充接口

表 5-5　慢充接口含义

触点编号	功能定义	触点编号	功能定义
PE	保护接地	CC	控制确认线
NC1	空脚	CP	充电连接线
NC2	空脚	N	交流电源（中性线）
L	交流电源（相线）		

3. 车载充电机

车载充电机是固定安装在电动汽车上的充电机（图 5-42），具有为电动汽车动力蓄电池安全、自动充满电的能力。充电机依据电池管理系统（BMS）提供的数据，能动态调节充电电流或电压参数，执行相应的动作，完成充电过程。

（1）车载充电机的内部结构　车载充电机内部可分为 3 部分，即主电路、控制电路、线束及标准件，如图 5-43 所示。

图 5-42　车载充电机

图 5-43　车载充电机内部示意图

1）主电路。前端将交流电转换为恒定电压的直流电，主要是全桥电路+PFC 电路。后端为 DC-DC 变换器，将前端转出的直流高压电变换为合适的电压及电流供给动力蓄电池。

2）控制电路。其作用是控制 MOS 管的开、关，与 BMS 之间进行通信，监测充电机状态，与充电桩握手等。

3）线束及标准件。用于主电路及控制电路的连接，固定元器件及电路板。

（2）车载充电机的特点　车载充电机特点如下：

1）使用方便，维护简单，单独对 BMS 进行供电，由 BMS 控制智能充电，无需人工值守。

2）保护功能齐全，适用范围广，具有过电压、欠电压、过电流、过热、输出短路、反接等保护功能。

3）整机保护温度为 75℃，当机内温度高于 75℃时，充电机输出电流变小，高于 85℃时，充电机停止输出。

（3）车载充电机的主要参数　车载充电机的主要参数见表 5-6。

表 5-6 车载充电机的主要参数

项目		参数
输入参数	输入相数	单相
	输入电压/V	AC 220（1±20%）
	输入电流/A	≤16（在额定输入条件下）
	频率/Hz	45~65
	起动冲击电流/A	≤10
	软起动时间/s	3~5
输出参数	输出功率（额定）/W	3360
	输出电压（额定）/V	DC 440
	输出电流/A	0~7.5
	稳压精度	≤±0.6%
	负载调整率	≤±0.6%
	输出电压纹波（峰值）	<1%

（4）车载充电机输入控制电路 车载充电机输入控制电路如图 5-44 所示。

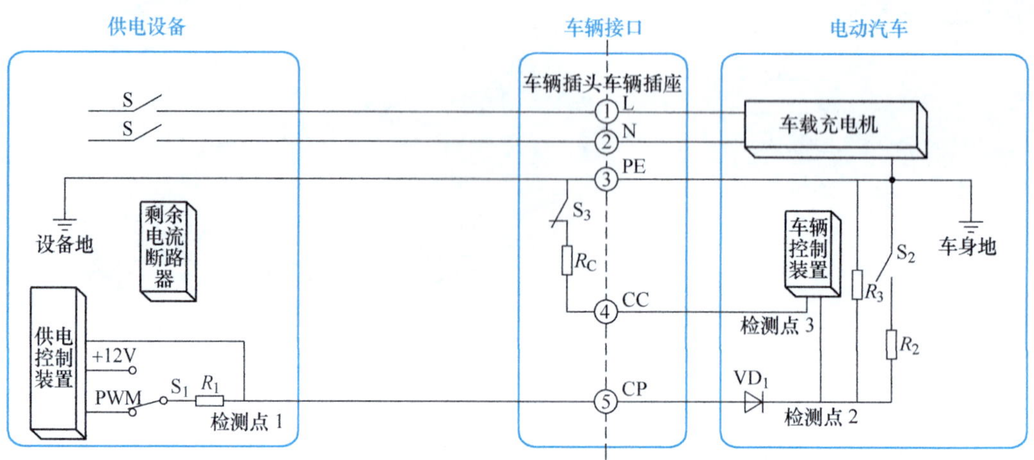

图 5-44 车载充电机输入控制电路

第6章 电动机及其驱动系统

6.1 概述

电动汽车通过电动机驱动系统将电能转化为机械能，并通过传动装置或直接将能量传递到车轮，从而使车辆按照驾驶人意愿行驶。电动机驱动系统是电动汽车的关键系统之一，其在电动汽车上的具体作用是在驾驶人操纵控制下，将动力蓄电池组的电能转化为车轮的动能，并在车辆制动时把车辆的动能再生为电能反馈到动力蓄电池中。

6.1.1 电动机

用于电动汽车的驱动电动机与常规的工业电动机不同。电动汽车用驱动电动机通常要求频繁起动、停车、加速、减速，低速或爬坡时要求高转矩，高速行驶时要求低转矩，并要求变速范围大。图 6-1 所示为工业电动机和电动汽车电动机。

图 6-1 工业电动机和电动汽车电动机

电动汽车用驱动电动机比较独特，其在负载、技术性能和工作环境等方面有着特殊的要求：

1）电动汽车用驱动电动机需要有 4~5 倍的过载以满足短时加速或爬坡的要求，工业电动机只要求有 2 倍的过载就可以了。

2）电动汽车用驱动电动机的最高转速要求达到在公路上巡航时基本速度的 4~5 倍，工业电动机只需要达到恒功率时基本速度的 2 倍即可。

3）电动汽车用驱动电动机需要根据车型和驾驶人的驾驶习惯设计，工业电动机只需根据典型的工作模式设计。

4）电动汽车用驱动电动机要求有高功率密度（一般要求达到 1kW/kg 以上）和较好的效率图（在较宽的转速范围和转矩范围内都有较高的效率），从而能够减轻车重，延长续驶里程；工业电动机通常对功率密度、效率和成本进行综合考虑，在额定工作点附近对效率进行优化。

5）电动汽车驱动电动机要求工作可控性高、稳态精度高、动态性能好，工业电动机只有某一种特定的性能要求。

6）电动汽车用驱动电动机，工作在空间小、高温、坏天气及频繁振动等恶劣环境下；工业电动机通常在某一个固定位置工作。

电动汽车驱动系统对于电动机有以下要求：

1）高电压。在允许的范围内，尽可能采用高电压，这样可以减小电动机的尺寸和导线截面积，特别是可以降低功率变换器的成本。

2）重量轻。电动机应尽量采用铝合金外壳，以减轻电动机的重量，还要设法降低电动机控制器和冷却系统的重量。

3）较大的起动转矩和较大的调速范围。使电动汽车有较好的起动性能和加速性能，从而获得起动、加速、行驶、减速、制动所需的功率与转矩。

4）高效率，低损耗。应在车辆减速时，实现再生制动能量回收。再生制动回收能量可达到总能量的 10%~15%。

5）电气系统和控制系统的安全性必须符合国家或国际有关车辆电气控制安全性能的标准和规定，装备有高压保护设备。

6）高可靠性。耐温和耐潮性能强，运行时噪声低，能够在较恶劣的环境下长时间工作，结构简单，适合大批量生产，使用、维修方便。

电动汽车驱动电动机的主要性能参数如下：

1）额定电压：在额定工况运行时，电动机定子绕组应输入的线电压值。

2）额定电流：在额定电压下，电动机轴上输出的机械功率为额定功率时，电动机定子绕组通过的线电流值。

3）额定转速：在额定电压输入下，以额定功率输出时对应的电动机转速。

4）额定功率：在额定条件下，电动机轴上输出的机械功率。

5）峰值功率：在规定的时间内，电动机允许输出的最大功率。

6）最高工作转速：相应于电动汽车最高设计车速的电动机转速。

7）最高转速：在无负载条件下，电动机的允许最高转速。

8）额定转矩：电动机在额定功率和额定转速下的输出转矩。

9）峰值转矩：电动机在规定的持续时间内允许输出的最大转矩。

10）堵转转矩：电动机转子在所有角位堵住时所产生的转矩最小测得值。

11）机械效率：电动机在额定条件下运行时，额定功率与电源输入到电动机定子绕组上的功率百分比。

12）电动机及控制器整体效率：电动机转轴输出功率与控制器输入功率的百分比。

13）温升：电动机在运行时允许升高的最高温度。

6.1.2 驱动系统

电动机驱动系统作为电动汽车的关键子系统，为了满足汽车的动力性、经济性、排放性，应具有以下特点：

1）以电磁转矩为控制目标，通过加速踏板和制动踏板的开度来实现电磁转矩的目标值，要求转矩响应迅速、波动小。

2）电动汽车要求驱动电动机有较宽的调速范围，电动机能在四象限内工作。

3）为保证加速时间，要求电动机低速时有大的转矩输出和较大的过载倍数。为保证汽车能达到最高车速，要求电动机高速区处有一定的功率输出。

4）驱动系统高效，电磁兼容性好，易于维护。

5）良好的可靠性、耐温、耐潮湿，可以在恶劣的环境条件下长时间运转，结构简单，适合批量生产。

目前常用的驱动系统主要有两类：直流电动机驱动系统和交流电动机驱动系统。直流电动机驱动系统即由直流电源给电动机供电的驱动系统，交流电动机驱动系统即由交流电源给电动机供电的驱动系统。

电动汽车采用不同的电力驱动系统可构成不同的结构形式。常见电动汽车驱动系统的布置方案如图 6-2 所示，各驱动系统布置形式的特点见表 6-1。

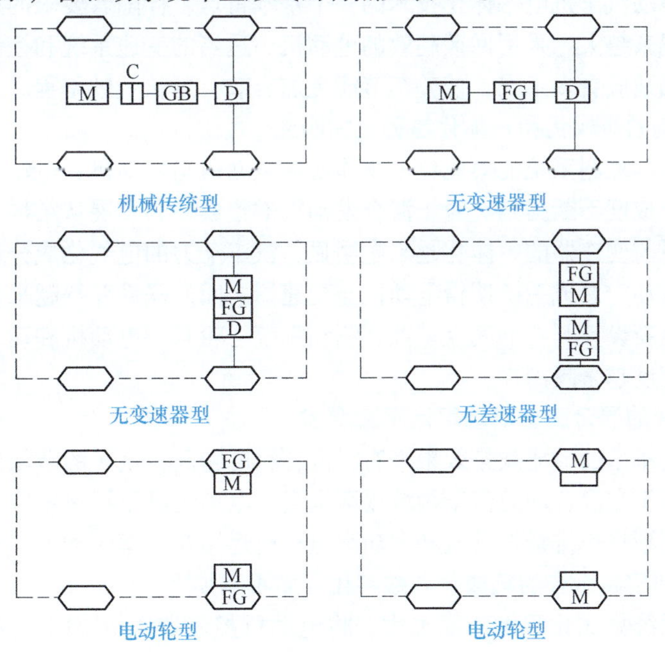

图 6-2 常见电动汽车驱动系统的布置方案

M—电动机　C—离合器　GB—变速器　FG—固定速比减速器　D—差速器

表 6-1 各驱动系统布置形式的特点

布置方案	机械传统型	无变速器型	无差速器型	电动轮型
电动机轴与驱动轴轴线关系	垂直	平行	同轴	电动轮装在车轮的轮毂中
驱动形式	电动机前置-驱动桥前置或后置	前置模式 后置模式	前置模式 后置模式	前轮驱动、后轮驱动、四轮驱动
传动效率	低	较高	小	很小
几何空间	大	较小	小	很小
电动机种类	普通电动机	普通电动机	特殊电动机	普通电动机
通用性	好	良好	良好	—
互换性	好	良好	良好	—

6.1.3 电动机及驱动系统的发展趋势

1. 电动机的功率密度不断提高

电动机作为一个重要的动力输出源，其自身的性能直接影响电动汽车的整体性能。一方面，汽车所需求的电动机输出和回收功率不断提高，以满足不同工况、不同车型的需求；另一方面，这种新型机电一体的传动系统尺寸受车内空间的限制，这就要求车用电动机向高性能和小尺寸方向发展。不断提高电动机本身的功率密度，用相对小巧的电动机发挥出大的功率成为各汽车及电动机厂商的发展方向。

2. 电动机回馈制动的高效区不断拓宽

回馈制动是电动汽车机电一体化技术的一个基本特点。伴随着要求的提升，相应回馈制动范围的需求也越来越大。采用回馈高效的电动机、适当的变速系统和控制策略，可以使回馈制动的允许范围适应更多工况，使整车节能更加有效，延长行驶里程。

3. 电驱动系统的集成化和一体化趋势更加明显

车用电动机及其控制系统的集成化主要体现在电动机与发动机、电动机与变速器、电动机与底盘系统的集成度不断提高。对于混合发动机的集成，其发展从结构集成到控制集成和系统集成，电动机与变速器的一体化越来越明显，汽车动力的电气化成分越来越高，不同耦合深度的机电耦合动力总成系统使得电动机与变速器之间的联系变得越来越紧密。在高性能电动汽车领域，全新设计开发的底盘系统、制动系统、轮系将电动机和动力传动装置进行一体化集成，融合程度越来越深。

4. 电驱动系统的混合度与电功率比不断增加

从各种混合度车型的节能减排效果来看，混合程度越高，汽车的节能能力越强。电功率占整车功率的比例正在混合动力汽车领域逐渐提高，电动机已不再单单作为发动机的附属设备。各车厂正在逐渐将小排量发动机和大功率电动机运用在汽车驱动上。

5. 车用电驱动控制系统的集成化和数字化程度不断加大

车用电控制系统集成化程度不断加大，将电动机控制器、DC-DC 变换器，以及发动机控制器、变速器控制器、整车控制器等进行不同方式的集成正在成为发展趋势。

随着高速高性能微处理器使得电驱动控制系统进入一个全数字化时代，在高性能高速的数字控制芯片的基础上，高性能的控制算法、复杂的控制理论得以实现。同时，面向用户的

可视化编程，通过代码转化和下载直接进入微处理器，不断地提高编程效率和可调试性。

6.2 直流电动机

直流电动机指能将直流电能转换成机械能的旋转电动机，其电动机定子提供磁场，直流电源向转子的绕组提供电流，换向器使转子电流与磁场产生的转矩保持方向不变。根据是否配置有常用的电刷-换向器可以将直流电动机分为两类，即有刷直流电动机和无刷直流电动机。无刷直流电动机既保持了传统直流电动机良好的调速性能又具有无滑动接触和换向火花、可靠性高、使用寿命长及噪声低等优点，因而在航空航天、数控机床、机器人、电动汽车、计算机外围设备和家用电器等方面都获得了广泛应用。

电动汽车用直流电动机与一般工业用的电动机相比，具有以下特点：

1）电枢轴长，以便安装用于速度检测的脉冲发生器。

2）转子直径小、轴长，以适应高速旋转。

3）电枢槽多，以便于散热。

4）对于有刷电动机，检查口大，以便于换向片、电刷等的定期检查和维护。

5）电刷的预压紧力高，以防止电刷的误动作。

电动汽车用直流电动机的选用和其他通用的电动机相比，需要考虑抗振动性、对环境的适应性、低损耗性、抗负载波动性、小型轻量化和免维护性。除此之外，电动汽车用直流电动机大多在较低的电压下驱动，同时是大电流电路，因此需要注意连接线的接触电阻。

6.2.1 有刷直流电动机的基本结构与工作原理

有刷直流电动机的结构由定子和转子两大部分组成。直流电机运行时静止不动的部分称为定子，定子的主要作用是产生磁场，它由机座、主磁极、换向极、端盖、轴承和电刷装置等组成。运行时转动的部分称为转子，其主要作用是产生电磁转矩和感应电动势，是直流电机进行能量转换的枢纽，通常又称为电枢，由转轴、电枢铁心、电枢绕组、换向器和风扇等组成。有刷直流电动机结构如图 6-3 所示。

有刷直流电动机的简化模型如图 6-4 所示。若把电刷 A、B 接到直流电源上，电刷 A 接电源的正极，电刷 B 接电源的负极，此时存电枢线圈中将有电流流过。在图 6-4a 所示的情况下，位于 N 极下的导体 ab 受力方向为从右向左，而位于 S 极下的导体 cd 受力方向为从左向右。该电磁力与转子半径之积即为电磁转矩，该转矩的方向为逆时针。当电磁转矩大于阻转矩时，线圈按逆时针方向旋转。当电枢旋转到图 6-4b 的位置时，原位于 S 极下的导体 cd 转到 N 极下，其受力方向变为从右向左；原位于 N 极下的导体 ab 转到 S 极下，其受力方向变为从左向右。该转矩的方向仍为逆时针方向，线圈在此转矩作用下继续按逆时针方向旋转。这样虽然导体中流通的电流为交变的，但 N 极下的导体受力方向和 S 极下导体所受力的方向并未发生变化，电动机在此方向不变的转矩作用下转动。电刷的作用是把直流电变成线圈中的交变的电流。

6.2.2 直流电动机的驱动系统

在电动汽车用电动机中，小功率电动机采用的是永磁电动机，大功率电动机大多采用的是串励、并励以及复励电动机等有励磁绕组的电动机。

直流电动机可以作为电动机也可以作为发电机使用，使用直流电动机驱动系统的电动汽车在起动、加速和恒速运行时，电动机处在电动状态，实现电能到机械能的转换，驱动车辆前进。当电动汽车减速时，要求直流电动机处在发电制动状态，即处于再生制动状态，给作为电源的蓄电池充电，实现机械能到电能的转换。

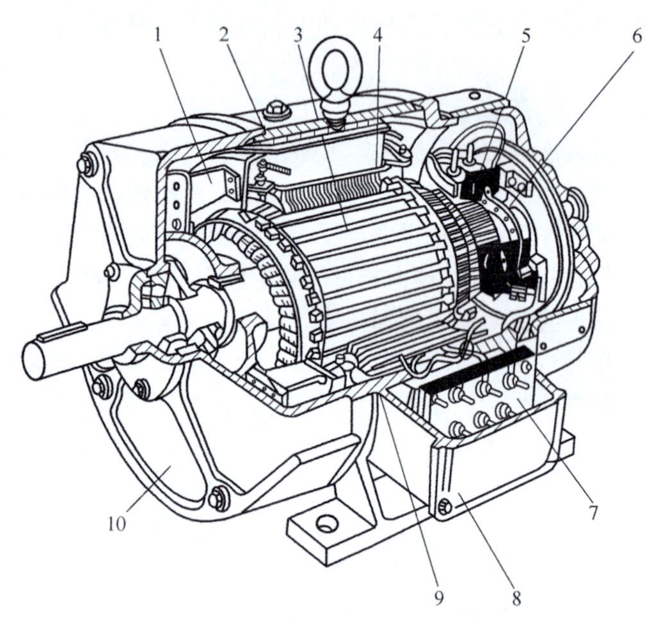

图 6-3　有刷直流电动机结构

1—风扇　2—机座　3—电枢　4—主磁极　5—刷架　6—换向器　7—接线板　8—出线盒　9—换向器　10—端盖

6.2.3　直流电动机的控制

直流电动机的转速控制可以通过两种方法实现，即电枢控制和励磁控制。

当直流电动机电枢电压减小时，电枢电流减小，电动机转矩降低，由此引起电动机转速降低。反之，当电枢电压增加时，电动机转矩增加，由此会引起电动机转速增加。

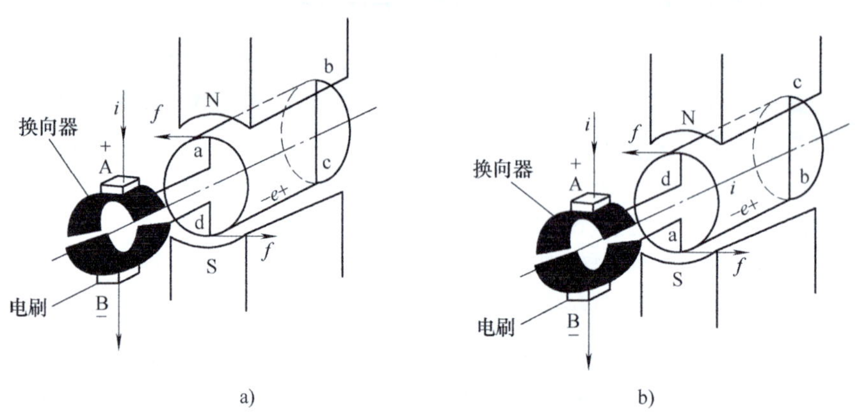

图 6-4　有刷直流电动机工作原理

当电枢电压值恒定，直流电动机的励磁电压减弱时，电动机的感应电动势就会降低。由于电枢电阻很小，电枢电流增大的程度比磁场减弱的程度要大，因此，电动机转矩增加，电动机转速随之增大。由于电枢的最大允许电流是常数，当电枢保持电压不变时，无论转速多大，感应电动势都是恒定的。因此，电动机所允许的最大功率恒定，允许的最大转矩随电动机转速的变化而逆向变化。

为使电动汽车的直流电动机有较宽的转速控制范围，电枢控制必须和励磁控制相结合。当电动机转速在零与基速之间时，励磁电流保持在额定值，采用电枢控制。当电动机转速超

过基速时，电枢电压保持在额定值，采用励磁控制。采用电枢绕组控制与励磁绕组控制相结合所允许的最大转矩与最大功率如图 6-5 所示。他励直流电动机在电动机和再生制动两种工作模式时的转矩-转速特性曲线如图 6-6 所示。

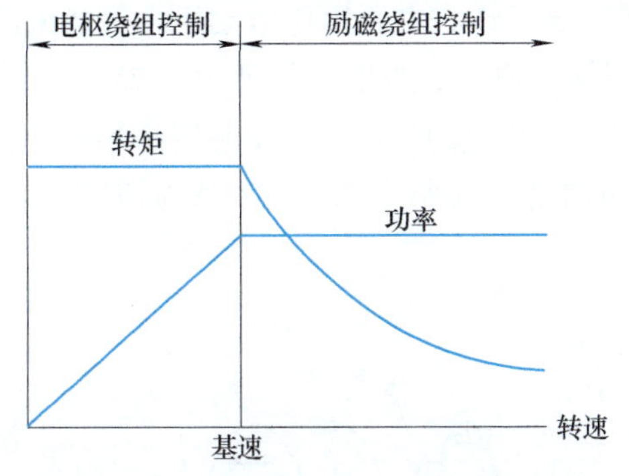

图 6-5　直流电动机的电枢绕组与励磁绕组的混合控制

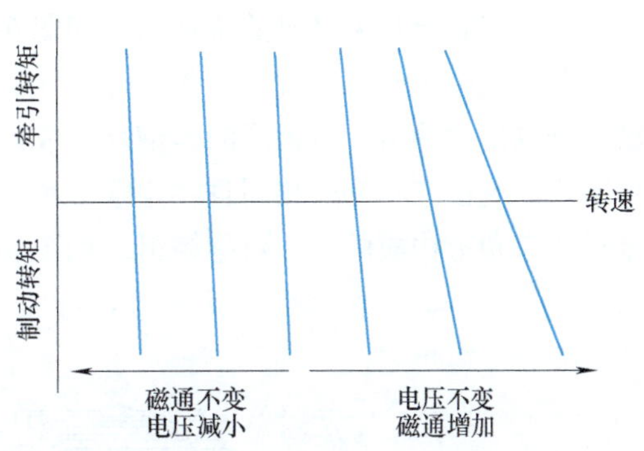

图 6-6　他励直流电动机的特性驱动曲线

6.3　交流三相异步电动机

交流三相异步电动机是靠同时接入三相交流电源（相位差 120°）供电的一类电动机，由于三相异步电动机的转子与定子旋转磁场以相同的方向、不同的转速旋转，存在转差率，所以称为三相异步电动机。

交流三相异步电动机的功率容量覆盖面很宽广（从零点几瓦到几千瓦）。它可以采用空气冷却或液体冷却方式，冷却自由度高，对环境的适应性好，并且能够实现再生制动。和永磁电动机相比，三相异步电动机在效率方面会略逊一些，但其成本低且可靠性高，逆变器即便是损坏而产生短路也不会产生反向电动势，所以不会出现急速制动的可能性。因此，它在大型高速的电动汽车中得到广泛应用。

交流三相异步电动机和直流电动机相比具有以下优点：

1）效率较高。这对于车载能量有限的电动汽车非常重要。

2）结构简单、体积小、质量小。

3）工作可靠，使用寿命长。交流三相异步电动机无电刷和换向器，不存在换向火花问题，因而工作可靠性较高，使用寿命较长。

4）免维护。由于不存在换向火花问题，无电刷磨损问题，因而在使用过程中无需维护。

5）电动机本身的成本低。交流三相异步电动机的结构简单，而且技术成熟、使用广泛、大批量生产，因此，其成本低于其他类型的电动机。

交流三相异步电动机具有以下缺点：

1）调速性能相对较差。由于转子的转速与定子旋转磁场的旋转速度存在转差率，因而调速性能较差。

2）功率因数较低。交流三相异步电动机工作时，其功率因数小于 1。

3）配用的控制器成本较高。交流异步电动机的控制相对较为复杂，配用的控制器成本较高。

6.3.1 交流三相异步电动机的基本结构

交流三相异步电动机的基本结构如图 6-7 所示。定子铁心主要用作电动机主磁通磁路的一部分和放置定子三相绕组。为了降低铁心中的损耗，铁心一般采用厚度为 0.25mm、表面涂有绝缘层并冲有一定槽形的硅钢片叠成。电动机定子绕组的作用是产生旋转磁场和吸收电功率。它是由三个完全相同且在定子表面对称分布的绕组（每个为一相）根据需要连接成星形或三角形构成的三相对称绕组，如图 6-8 所示。

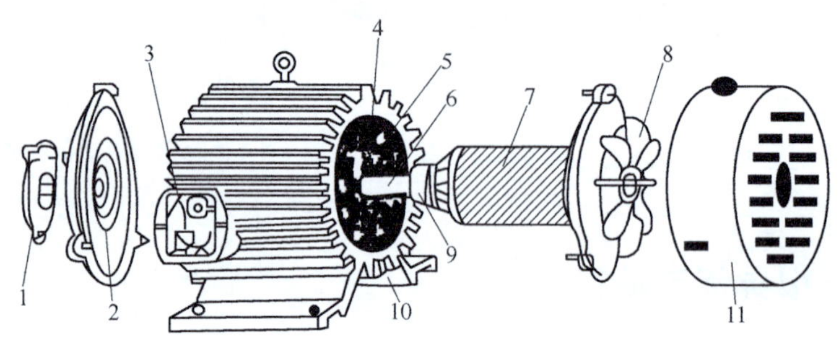

图 6-7 交流三相异步电动机的基本结构

1—轴承盖 2—端盖 3—接线盒 4—定子铁心 5—定子绕组 6—转轴 7—转子 8—风扇 9—轴承 10—机座 11—罩壳

三相异步电机的转子主要由转子铁心和转子绕组两部分组成。转子绕组的作用是感应电动势和电流，并与定子磁场作用产生转矩输出机械功率。转子绕组有笼型和绕线型两种。

①笼型转子绕组。笼型转子绕组在转子铁心的每一槽内插入一根铜条，并在铁心两端各用一铜环（称为端环）把导条连接起来，形成一个闭合的多相对称绕组，如图 6-9a 所示。也可用铸铝的方法，把转子导条、端环和风叶用铝液一次浇铸而成，如图 6-9b 所示，这种转子也称铸铝转子。

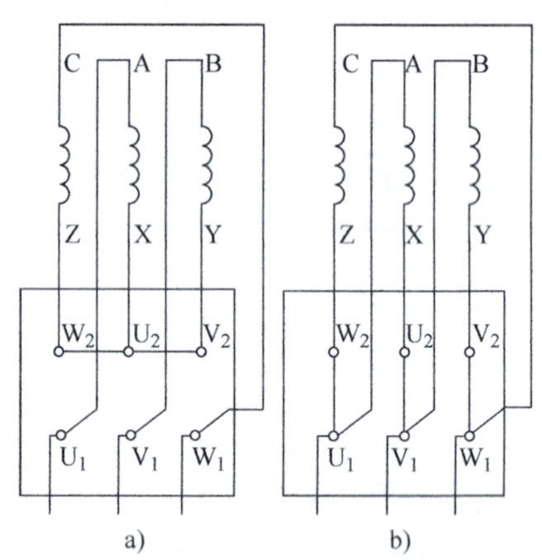

图 6-8 三相定子绕组的接法

a）星形联结 b）三角形联结

②绕线型转子绕组。绕线型转子绕组是一个与定子绕组相似的三相对称绕组，一般接成星形，3 个出线端分别接到转轴上的 3 个与转轴绝缘的集电环上，再通过安装在定子端盖上的电刷装置与外电路相连，如图 6-10 所示。

6.3.2 交流三相异步电动机的工作原理

交流三相异步电动机是根据电磁感应原理而工作的。当定子绕组中通过三相对称交流电，则在定子与转子间产生旋转磁场，该旋转磁场切割转子绕组，在转子回路中产生感应电动势和电流，转子在旋转磁场的作用下旋转。

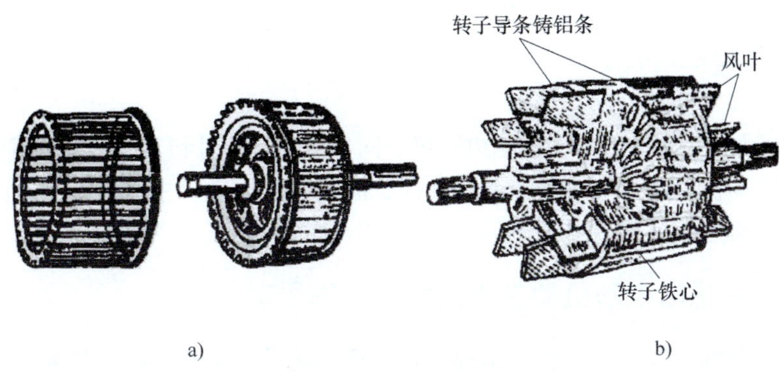

图 6-9 鼠笼式转子

a）嵌铜条转子 b）铸铝转子

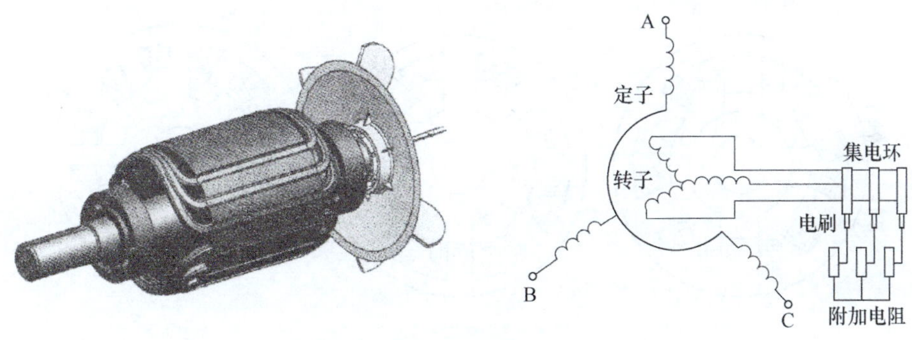

图 6-10 绕线型转子

6.3.3 交流三相异步电动机的控制策略

1. 稳态模型控制方法

常用的稳态模型控制方案有开环恒压频比控制和闭环转差频率控制。恒压频比控制是基于变压变频基本控制方式且不带速度反馈的开环控制方式。由于在额定频率以下，若电压一定而只降低频率，那么气隙磁通就会过大，造成磁路饱和，严重时会烧毁电动机。为了保持气隙磁通不变，采用感应电动势与频率之比为常数的方式进行控制。闭环转差频率控制是一种直接控制转矩的控制方式。电动机稳定运行时，在转差率很小的变化范围内，只要维持电动机磁链不变，电动机转矩就近似与转差角频率成正比，因此控制转差角频率即可控制电动机转矩。

2. 动态模型控制方法

当前最成熟的动态数学模型控制方法有矢量控制和直接转矩控制两种。矢量控制根据电动机的动态数学模型，利用矢量变换方法，将异步电动机模拟成直流电动机，从而获得良好的动态调速性能。直接转矩控制摒弃了解耦思想，直接控制电动机转矩，不需要复杂的变换与计算，把电动机和逆变器看成一个整体，采用空间电压矢量分析方法在定子坐标系下分析交流电动机的数学模型，计算定子磁通和转矩，通过 PWM 逆变器的开关状态直接控制转矩。

6.4 开关磁阻电动机

磁阻电动机大致可以分为开关磁阻电动机、同步磁阻电动机和其他类型磁阻电动机 3 类。

开关磁阻电动机的转子和定子上都有凸极，同步磁阻电动机中只有转子有凸极，定子的结构和异步电动机定子一样。

6.4.1 开关磁阻电动机的基本结构与工作原理

开关磁阻电动机一般为凸极铁心结构，其定子、转子均由普通硅钢片叠压而成。转子上既无绕组也无永久磁体，一般装有位置检测器。定子上绕有集中绕组，径向相对的两个绕组串联构成一相绕组。根据相数和定子、转子极数的配比，开关磁阻电动机可以设计成不同的结构，如图 6-11 所示。

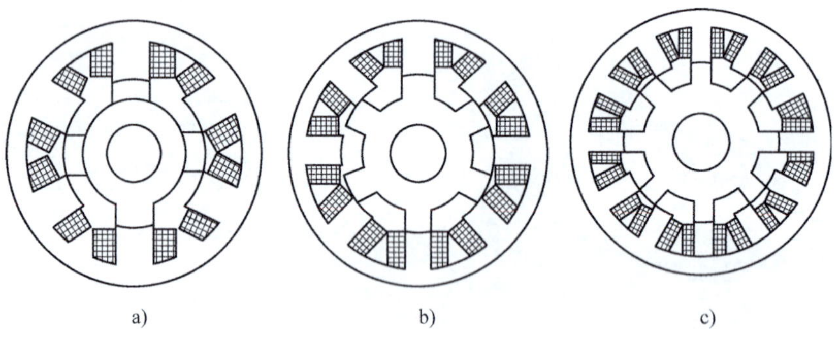

图 6-11 开关磁阻电动机的基本结构

a）6/4 极 b）8/6 极 c）12/8 极

图 6-12 所示为四相 8/6 极开关磁阻电动机工作原理，图中仅画出其中一相绕组（A 相）的连接情况。由于定子、转子均为凸极结构，故每相绕组的电感 L 随转子的位置改变而改变，当定子、转子极正对时，电感达到最大值。当定子、转子极完全错开时，电感达到最小值。开关磁阻电动机的运行遵循磁阻最小原理，当 B 相绕组施加电流时，由于磁通总是选择磁阻最小的路径闭合，为减小磁路的磁阻，转子将顺时针旋转，直到转子极 2 与定子极 B 的轴线重合，此时磁阻最小（电感最大）。当切断绕组 B 的电流，给绕组 A 施加电流时，磁阻转矩使得转子极 1 与定子极 A 相对。由于转矩方向一般指向最近一对定子、转子极相对的位置，根据转子位置传感器反馈的位置信号，电枢绕组按 B-A-D-C 的顺序导通，转子便会沿顺时针方向连续旋转。

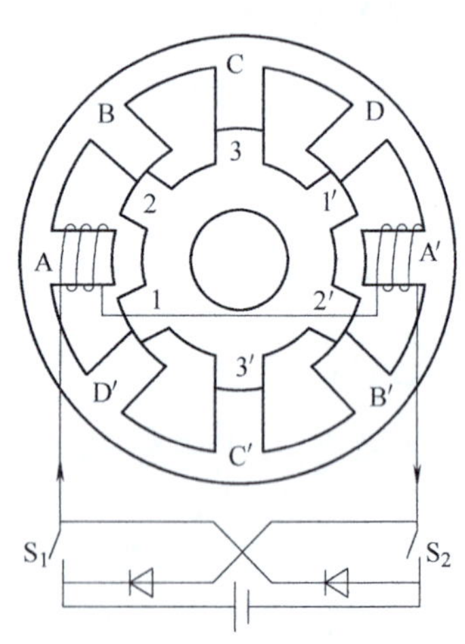

图 6-12 四相 8/6 极开关磁阻电动机工作原理

6.4.2 开关磁阻电动机的驱动系统

开关磁阻电动机驱动系统是高性能机电一体化系统，主要由开关磁阻电动机、功率变换

器、传感器和控制器四部分组成，如图 6-13 所示。其中开关磁阻电动机为驱动系统的主要组成部分，实现电能向机械能的转化。功率变换器是连接电源和电动机的开关器件，用以提供开关电动机所需电能，功率变换器的结构形式一般与供电电压、电动机相数以及主开关器件种类有关。传感器主要用来反馈位置及电流信号，并传送给控制器。控制器是系统的中枢，起决策和指挥作用，主要是针对传感器提供的转子位置、速度和电流反馈信息以及外部输入的指令，实时加以分析处理，进而采取相应的控制决策，控制功率变换器中主开关器件的工作状态，实现对开关磁阻电动机运行状态的控制。

与当前广泛使用的异步电动机变频调速系统相比，开关磁阻电动机及其驱动系统在成本、效率、功率密度、调速性能、可靠性和散热性能等方面具有一定的优势。开关磁阻电动机驱动系统的特点主要有：结构简单、适应性强，功率变换器结构简单、容错能力强，可控性及调速性能好，起动转矩大且调速范围宽，效率高且功耗小。

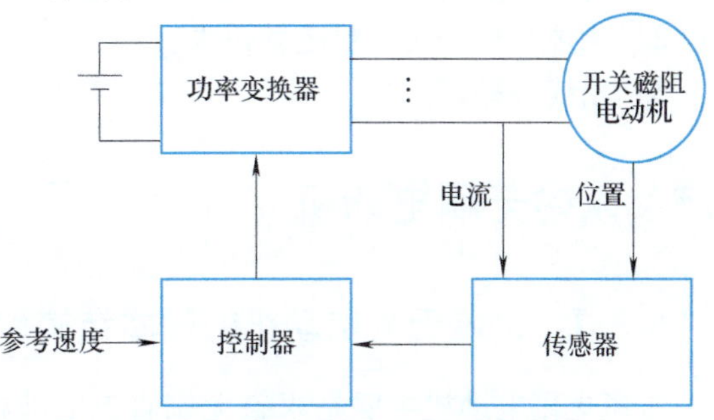

图 6-13　开关磁阻电动机驱动系统

开关磁阻电动机驱动系统在电动汽车领域应用的主要优势如下：

1）通过适当的控制策略和系统设计，开关磁阻电动机能满足电动汽车四象限运行的要求，并能在高速运行区域内保持较强的制动能力。

2）开关磁阻电动机驱动系统有良好的散热性能，功率密度大，减小了电动机体积和质量，节省了电动汽车的有效空间。

3）开关磁阻电动机在很宽的功率和转速范围内都能保持高效率，能有效提高电动汽车一次充电的连续行驶里程。

4）开关磁阻电动机可以达到良好控制特性，而且容易智能化，从而能通过编程和替换电路元器件满足不同类型电动汽车的运行要求。

5）开关磁阻电动机驱动系统无需或很少需要维护，适用于高温、恶劣环境，具有良好的适应性能。

6.4.3　开关磁阻电动机的控制

开关磁阻电动机的控制要求独特，因此传统的控制方法如 PID 控制（比例积分微分控制）不再适用，人们为电动汽车驱动的开关磁阻电动机新开发了一种模糊滑模控制方法，这种方法综合利用了模糊逻辑控制和滑模控制。

6.4.4　开关磁阻电动机的特点

1. 开关磁阻电动机的优势

开关磁阻电动机调速系统具有卓越的系统性能，主要表现在：

1）电动机结构简单、成本低。

2）功率电路简单可靠。

3）系统可靠性高。

4）起动转矩大且起动电流小。

5）适用于频繁起停及正、反向转换运行的场合。

6）可控参数多且调速性能好。

7）效率高损耗小。

2. 开关磁阻电动机的不足

开关磁阻电动机的主要缺点是：

1）有转矩脉动。

2）噪声与振动比一般电动机大。

3）出线头较多。

6.5 永磁无刷电动机

6.5.1 永磁无刷电动机的基本结构和工作原理

永磁无刷电动机主要是永磁无刷直流电动机，它是在传统直流电动机基础上发展起来的。其电磁结构和传统直流电动机一样，只是无刷直流电机的电枢绕组放在定子上，转子则是采用永磁材料制成的永磁体。永磁无刷直流电动机以电子换向器取代了机械电刷和换向器，消除了电的滑动接触机构。

永磁无刷直流电动机主要由电动机本体、位置传感器和电子开关电路等组成，如图 6-14 所示。

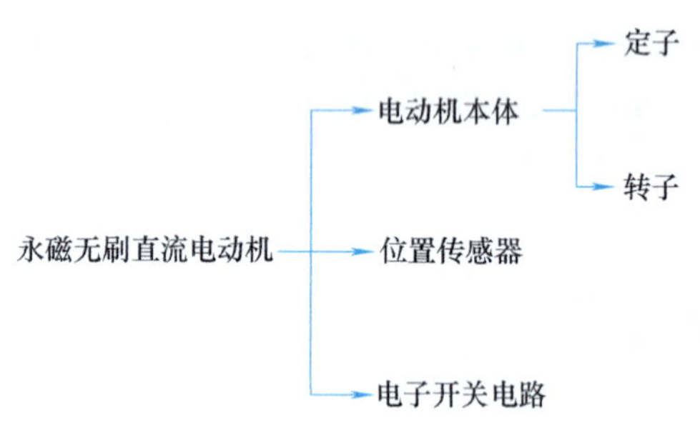

图 6-14　永磁无刷直流电动机的组成

永磁无刷直流电动机的电动机本体由定子组件和转子组件两部分组成。定子组件主要由导磁的定子铁心和导电的电枢绕组组成。电枢（定子）绕组可以采用星形联结，也可以采用三角形（或称封闭形）联结。当绕组为星形联结时，其逆变器可以采用桥式电路，也可以采用半桥电路。当绕组为三角形连接时，逆变器只能采用桥式电路。

转子是永磁无刷直流电动机产生励磁磁场的部件，由永磁体、导磁体和支撑零部件组成，如图 6-15 所示。常用的结构形式有 3 种：转子铁心外圆粘贴瓦片形永磁体，转子铁心中嵌入矩形板状永磁体以及转子铁心外套整体黏结永磁体环。为得到平顶部分足够宽的梯形波感应电动势，转子常采用表面式、嵌入式结构，转子磁钢呈瓦片形，并采用径向充磁方式。内置式转子很难产生梯形波感应电动势，无刷直流电动机中一般不采用。

为消除电刷和机械换向器，在无刷直流电动机中将电动机反装，即将永磁体磁极放在转子上，电枢绕组为定子绕组。为使定子绕组中电流方向能随其线圈边所处的磁场极性交替变化，需将定子绕组与逆变器连接，并安装转子位置检测器检测转子磁极的空间位置，根据转子空间位置控制逆变器中功率开关器件的通断，从而控制电枢绕组的导通情况。位置检测器和逆变器起到“电子换向器”的作用。

以两相导通星形三相六状态永磁无刷直流电动机为例说明其工作原理，其电路如图 6-16

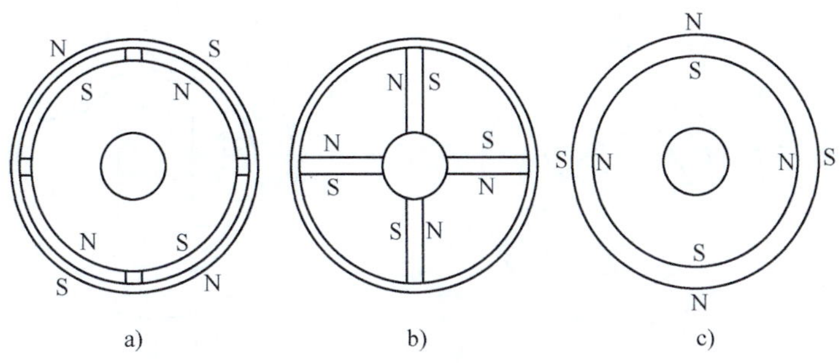

图 6-15　永磁无刷直流电动机的转子形式

a）瓦片形径向磁化　b）矩形切向磁化　c）环形径向磁化

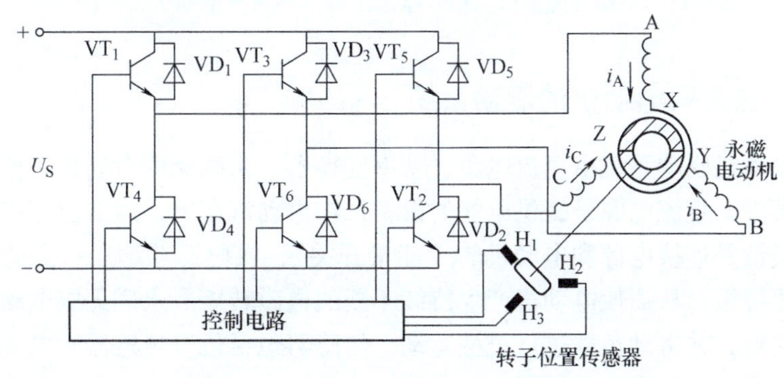

图 6-16　永磁无刷直流电动机原理电路

所示。

当转子永磁体转到图 6-17a 所示位置时，转子位置传感器发出磁极位置信号，经过控制电路逻辑变换后驱动逆变器，使功率开关管 VT_1、VT_6 导通，电流 A 进 B 出，绕组 AB 通电，电枢电流在空间形成磁动势，如图 6-17a 所示。此时定子、转子磁场相互作用拖动转子顺时针方向转动，电路为电源 U_s 正极→开关管 VT_1→A 相绕组→B 相绕组→开关管 VT_6→电源 U_s 负极。

当转子转过 60°电角度，到达图 6-27b 所示位置时，位置传感器输出的信号，经过逻辑变换后使开关管 VT_6 截止，VT_2 导通，此时开关管 VT_1 仍导通，绕组 AC 通电，电流 A 进 C 出，电枢电流在空间合成磁场如图 6-17b 所示，定子、转子磁场相互作用使转子继续顺时针转动。此时电路为电源 U_s 正极→开关管 VT_1→A 相绕组→C 相绕组→开关管 VT_2→电源 U_s 负极。

依此类推，每当转子沿顺时针方向转过 60°电角度时，导通功率开关管进行一次换相，电动机在 360°电角度内有 6 个磁状态，每一状态都是两相导通，每相绕组中流过电流的时间相当于转子旋转 120°电角度，每个功率开关管的导通角为 120°电角度。在 360°电角度内，功率开关管的导通顺序依次为 VT_1VT_6→VT_1VT_2→VT_2VT_3→VT_3VT_4→VT_4VT_5→VT_5VT_6。

定子绕组在控制电路的控制下，各相依次馈电，实现了各相绕组电流的换相。

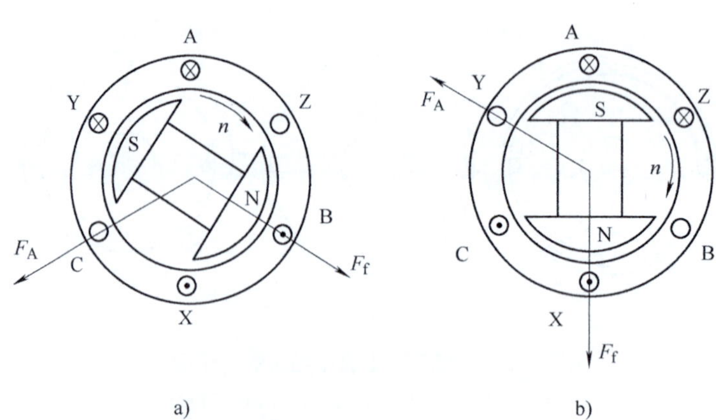

图 6-17　两相导通星形三相六状态永磁无刷直流电动机工作原理

6.5.2　永磁无刷电动机的驱动系统

永磁无刷电动机驱动系统由直流电源、功率变换器、永磁无刷电动机、传感器和控制器等部件组成。其中，直流电源是提供电能的设备，在电动汽车上，通常由相应的蓄电池模块提供。功率变换器是连接电源和电动机的“能量开关”，将电源功率以一定的逻辑关系分配给电动机的各相绕组，从而使电动机产生持续不断的电磁转矩。永磁无刷电动机可以实现电能到机械能的转换，并带动负载进行机械运动。传感器包括位置传感器和电流等电信号传感器，其中位置传感器检测电动机转子磁极的位置信号，电流等电信号传感器检测电动机电枢电流等相关电信号。控制器通过采集检测到的传感器信号，进行逻辑处理，产生相应的开关信号和其他指令，而开关信号则指使功率变换器按一定顺序导通。

6.6　其他新型电动机

6.6.1　双定子及双转子电动机

双转子永磁电动机的基本结构如图 6-18 所示。图 6-18a 所示电动机将无定子槽绕组结构与双永磁转子结构相结合，相对于传统的单转子无齿槽电动机，大大减小了绕组端部长度，提高了定子绕组利用率，减小了电枢绕组铜损。图 6-18b 所示电动机将有槽绕组结构与双永磁转子结构相结合，可以进一步减小气隙宽度。

双转子电动机虽然具有两个转子，但是其内、外转子由端部固定在一起，这样电动机具有唯一的转速输出。由于结构紧凑，双转子永磁电动机与单转子永磁电动机相比，可以充分利用电动机内部空间，提高电动机转矩密度和功率密度。但是双转子永磁电动机的定子绕组全部放置于电动机内部，散热存在问题；定子绕组占据了电动机内部大部分空间，内转子半径受到限制，进而影响其转矩输出；外转子永磁体的用量会随半径增大而增大，从而一定程度上增加了电动机的成本。

6.6.2　双励磁永磁无刷电动机

双励磁永磁无刷电动机通常指由电励磁和永磁体相互作用而共同产生磁场的无刷电动

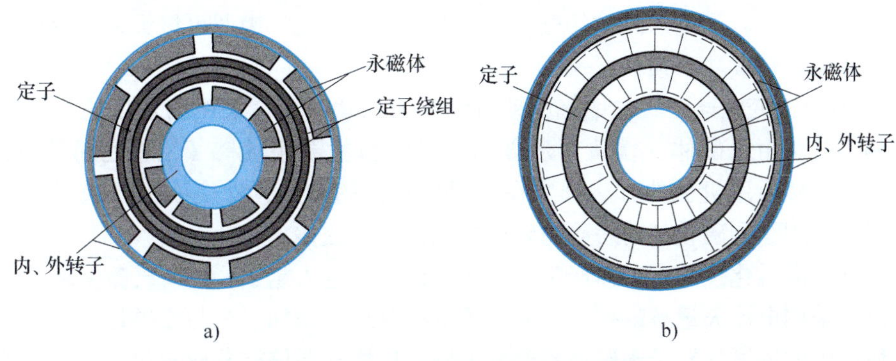

图 6-18　双转子永磁电动机的基本结构

a）无齿槽结构双转子永磁电动机　b）有齿槽结构双转子永磁电动机

机。因为电励磁具有灵活的可调性，因此这种双励磁永磁无刷电动机既具有普通永磁无刷电动机的优点，又克服了普通永磁无刷电动机所具有的磁场调节的复杂性和局限性。图 6-19 所示为双定子爪极型双励磁永磁无刷电动机结构。

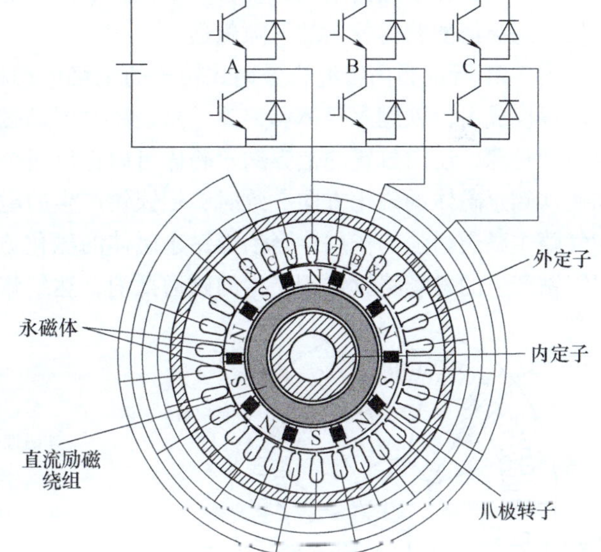

图 6-19　双定子爪极型双励磁永磁无刷电动机结构

这类新型的双励磁永磁无刷电动机具有以下特点：

1）电励磁和永磁体可位于转子或定子，从而构成转子型或定子型双励磁永磁无刷电动机。

2）电励磁可以与永磁体构成物理意义上的串联、并联或串并联结构，从而达到灵活调节磁通的目的。

3）通过改变直流励磁绕组的电流幅值和方向，可以实现气隙磁通密度增强或者减小。

4）通过直流励磁绕组电流进行增磁，电动机可以提供非常大的转矩。这个特点对电动汽车起动是非常必要的，而且可提供短暂的功率给电动汽车过载和爬坡。

5）通过直流绕组电流进行弱磁，电动机可以提供宽速度范围的恒功率运行区。这个特点对电动汽车的高速巡航是非常必要的。

6）通过在线调节气隙磁通密度，电动机可以维持发电模式或再生模式下的大范围速度期间的恒电压输出。这个特点对电池充电是非常必要的。

7）通过在线调节气隙磁通密度，电动机可以实现效率最优控制。

6.6.3　新型记忆电动机

记忆电动机又称为磁通可控永磁电动机。记忆电动机的结构既能做成变磁通形式，又能做成变极数形式。在这两种电动机结构中，通过在短时间内流过电动机定子电枢绕组中的充、去磁脉冲电流，转子上永磁体的磁化状态能有效地改变，因此可极大地减少传统永磁电动机励磁时所需的持续功率损耗。

图 6-20 所示为变磁通形式的记忆电动机的剖面示意图。它采用的是传统的内插式永磁电动机结构。转子由永磁体、软铁（永磁体两侧）和非磁性材料（软铁之间的三角部分）做成夹层结构，然后用机械的方法固定在一根非磁性的轴上，外表面用导磁圆筒固定。其中，永磁材料采用了剩磁较高而矫顽力较低的铝镍钴永磁体。

转子上被切向磁化过的永磁体产生的磁通经过气隙进入定子，此时气隙主磁通最强。当需要弱磁时，采用电流矢量解耦控制，在定子电枢绕组上施加一个与原磁化方向相反的脉冲电流后，所产生的磁通使转子永磁体被部分去磁，每块永磁体被分成磁化方向不同的两个区域，此时穿过气隙的永磁主磁通就减小了。这个记忆电动机最大的优点是可以在很宽的调速范围内运行，而没有过多的励磁损耗，同时不牺牲电动机的其他特性。切向式转子磁路结构相对于径向式转子磁路结构来说，一个极距下的永磁气隙主磁通由相邻两个磁极永磁体并联提供，每极都能获得较大的气隙磁通。

图 6-21 所示为内置混合磁钢式转子的记忆电动机。它是将普通内插式永磁电动机的永磁体置换成由钕铁硼永磁体和铝镍钴永磁体共同励磁，其中径向放置的钕铁硼永磁体作为主要的励磁源，切向放置的铝镍钴永磁体可以正反两个方向磁化。当铝镍钴永磁体的磁化方向和钕铁硼永磁体的磁化方向一致时，铝镍钴产生的磁场起到将钕铁硼产生的磁通推向定子而使气隙主磁通增强的作用；当铝镍钴永磁体的磁化方向和钕铁硼永磁体的磁化方向相反时，铝镍钴产生的磁场将钕铁硼产生的磁通抵消，达到减小气隙磁通的效果。

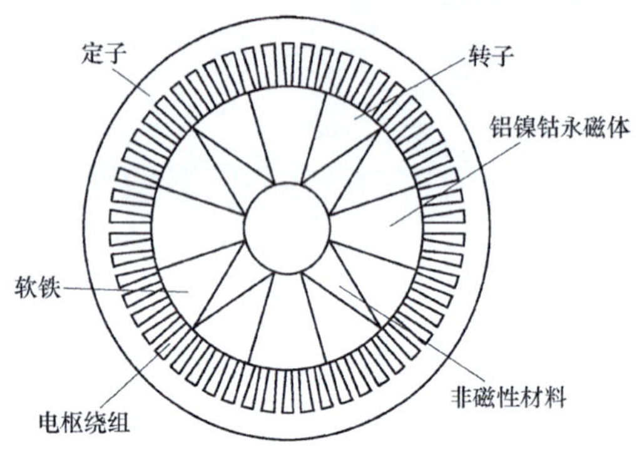

图 6-20　交流励磁记忆电动机

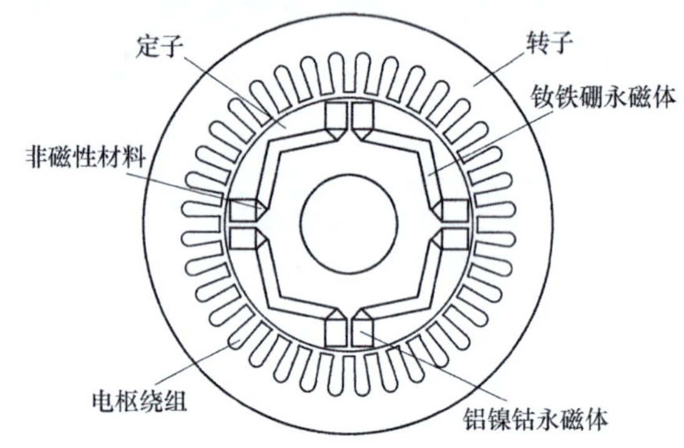

图 6-21　混合磁钢交流励磁记忆电动机

上面两个记忆电动机存在一个共同点，即作为励磁源的永磁体位于转子上，而由于不存在单独的励磁线圈，使得改变它们磁化程度的励磁电流是通过交流电枢绕组来实现的，这种类型的记忆电动机被归类为交流励磁记忆电动机。

还有一种类型的记忆电动机为直流励磁记忆电动机。直流励磁记忆电动机的结构衍生于传统的双凸极永磁电动机，采用了五相外转子、双层内定子以及多齿槽凸极结构，如图 6-22 所示。五相绕组的使用不仅增加了转矩的平稳性，也提高了电动机的容错能力，同时相数的增多意味着能够提供更好的起动性能和更高的功率密度，这些都是现代电动汽车技术所要求的。外转子的利用减少了永磁体材料和励磁绕组材料的用量，形成更紧凑的电动机结构，而且使其可以直接用作电动汽车的外转子轮毂电动机，从而减少中间齿轮等传动环节，有效提

高整体系统的效率。

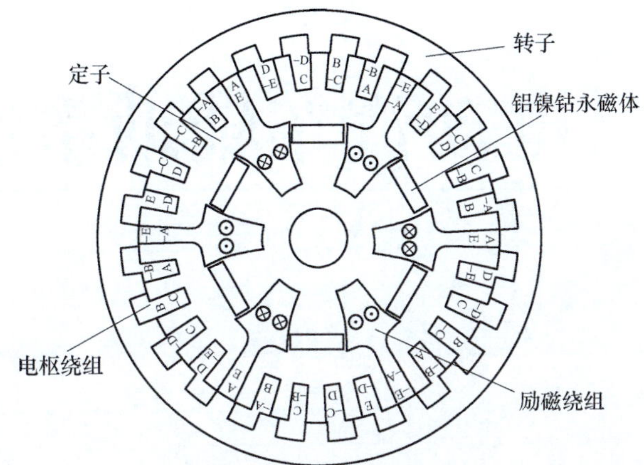

图 6-22　直流励磁记忆电动机

第7章 电动汽车辅助系统

7.1 概述

电动汽车除动力蓄电池组、发电机、电动机等动力系统以及变速器、传动轴、悬架等传动系统之外，还有许多辅助系统以提高电动汽车的操控性、安全性和舒适性，其中包括辅助DC-DC变换器、电动制动系统、电动转向系统、电动冷却系统、电动空调系统等。

电动汽车与传统燃油汽车最大的区别在于动力装置的不同，采用动力蓄电池组或发电机组、电动机，动力系统的结构，所以电动汽车的辅助系统相对于传统汽车必须做出相应的改进，但这种变化也为电动汽车辅助系统的电动化提供了便利。

电动汽车辅助系统需要电动化的原因总结如下：

1）取消发动机的需要。

2）结构合理的需要。

3）提高性能的需要。

4）节能的需要。

与传统汽车相比，电动汽车的结构使得辅助系统的电动化更加简单，性能也有所提升。另外，对于越来越严格的环保限制，辅助系统的电动化可以满足更高的环保要求。

电动汽车的辅助系统有些是电动汽车独有的，如再生制动系统，在减速制动时将车辆的部分动能转化为电能，转化的电能储存在储存装置中，如各种电池、超级电容和超高速飞轮，最终增加电动汽车的续驶里程。而一些辅助系统如空调系统、转向系统、导航系统等是电动汽车和传统汽车所共有的，但即使是共有的装置，许多应用在电动汽车上的辅助系统也有自己的特点。

7.1.1 辅助DC-DC变换器

电动汽车中电源转换可分为DC-DC（直流-直流）变换器和DC-AC（直流-交流）变换器（逆变器）两类，在电动汽车中主要应用的是DC-DC变换器，有升压、降压、双向3种形式，是实现电气系统电能变换、传输和电气拖动的重要电气设备，主要用于：

1）不同电源之间的特性匹配。

2）驱动直流电动机。

3）给低电压蓄电池充电。

7.1.2 电动制动系统

电动汽车电动制动系统包括电动助力制动和电动制动两种形式，其中电动制动便是基于近年来对车辆线控系统（x-by-wire）的研究而产生的，电子机械制动器（Electro Mechanical Brake，EMB）便是其中的一种形式。简单来说，电子机械制动器是把原来由液压或者压缩空气驱动的部分改为由电动机来驱动，借以提高响应速度、增加制动效能等，同时也大大简化了结构，降低了装配和维护的难度。EMB 以电能作为能量来源，由电动机驱动制动衬块，由导线传递能量，数据线传递信号，是一种全新的制动系统设计理念，其简单的结构、高效的性能极大地提高了汽车的制动安全性。相对于传统制动系统，EMB 制动系统具有以下优点：

1）EMB 制动系统取消了液压或气压管路、真空助力器等零部件，使制动系统结构简单、重量轻、体积小，节省了发动机舱内空间，便于布置其他部件，同时减小了整车质量。

2）EMB 制动系统在无需增加任何附件（如液压或气压调节装置）的情况下，便可综合实现 ABS、TCS、ESP（电子稳定程序）及 EBD 等主动安全控制功能，消除了液压或气压制动系统增加附件而导致回路泄漏的隐患。

3）EMB 制动系统采用电子制动踏板代替了传统的机械式制动踏板及真空助力装置等，实现了对驾驶人制动意图的智能识别，而且可根据需要提供良好的踏板感觉。

4）由于采用电动机而非人力作为制动动力源，EMB 制动系统提高了制动效能，同时缩短了制动响应时间。

5）传动效率高，安全可靠，节能。

6）无需制动液，降低了对环境的污染。

7.1.3 电动转向系统

电动汽车中电动转向系统有电子转向系统（又称线控转向系统，Electric Steering System/Steering by wire，ESS）、电动助力转向（Electric Power Steering，EPS）系统等方式。

以电动助力转向（EPS）系统为例，其优势在于：

1）更加节能。EPS 系统由于没有液压装置，属于典型的“按需供能型”系统，即只有转向时系统才工作，而车辆没运行或者直线行驶时不消耗能量，这样将消耗相对较少的能量。因而与传统液压助力转向系统相比，在各种行驶状况下可节能 80%~90%。

2）助力效果更好。EPS 系统可以针对车辆行驶的各种工况，通过优化助力特性曲线，使助力更加精确，效果更加理想。另外，还可以采用阻尼控制方法减小由路面不平产生的对转向系统的干扰，保障汽车低速行驶时的转向轻便性，提高汽车高速行驶时的转向稳定性，进而提高汽车的主动安全性。

3）重量大大减轻。与液压助力转向（HPS）系统相比，EPS 系统的结构更加简单，零件数目也大大减少，因而使重量大大减轻，同时还使布置更加方便，并且降低了工作时的噪声。

4）生产和开发周期更短。EPS 系统的前期研发时间较长，但是设计完成后，就可以通过修改相应的程序，快速实现与特定车型的匹配，因而大大缩短了针对不同车型的研发时间。

5）可实现转向系统的主动回正。在一定的车速下，若驾驶人转动转向盘一个角度后松开，车辆本身具有使车辆回到直线行驶方向的能力，这是由其固有结构所决定的。EPS 系统可以对该回正过程进行主动控制，利用软件在最大限度内调整设计参数以使车辆获得最佳的回正特性。而在传统的液压控制系统中，汽车设计完成后，其回正特性不能再改变，否则必须改造底盘的机械结构，实现起来有较大困难。

6）环保性好。因为取消了液压系统，不存在液压油对环境的污染问题。

7.1.4 电动冷却系统

冷却散热是车辆辅助系统的核心功能之一，是动力传动装置正常工作的重要保证。电动汽车通风冷却系统的功能要求与普通机械传动车辆基本相同。但是，由于结构差异导致了热源及其散热方式的不同。因此，必须考虑热源的特点，采取相应的冷却方式来满足其使用要求。电动汽车的主要热源有动力蓄电池、控制器、电动机等。

无论是传统的铅酸蓄电池，还是性能先进的镍氢、锂离子动力蓄电池，温度对蓄电池整体性能都有非常显著的影响。首先，充放电过程的电化学反应都是在特定的温度范围内才能够发生的，这意味着蓄电池运行的环境温度范围是特定的。温度会影响蓄电池的充放电效率、蓄电池的容量和功率、蓄电池的可靠性和安全性、蓄电池的使用寿命和循环次数。

在高温等复杂条件下，对动力蓄电池散热性能有更高要求，必须采用液体或气体作为冷却介质。冷却系统主要分为主动式冷却系统和被动式冷却系统。以液体冷却系统为例，主动式冷却系统中使用汽车自身制冷装置，蓄电池热量通过液体与液体交换的形式送出；被动式冷却系统中，采用液体与外界空气进行热交换的方式将蓄电池热量送出。

燃料电池的工作一般为 60~100℃，须设有专门的冷却装置，由于冷却液的温差小，所需散热器的体积大。美国研制的燃料电池电动汽车用的散热器体积是相同功率内燃机用散热器体积的 1.5 倍。燃料电池的冷却介质为去离子水，这是由燃料电池本身决定的。

影响电动机体积和重量的最大因素之一就是它们的热负荷问题。采取有效的冷却措施会大大缩减其体积和重量。尽管风冷电动机结构简单，成本低，但与液冷电动机相比效率低，且体积和重量都大。而液冷需加额外的泵来提供冷却液，这将增加功耗，使结构复杂，但其工作效率高，冷却效果好，体积小。目前电动汽车上使用的电动机冷却方式有自然冷却、风冷和液体冷却（包括水冷和油冷）。考虑电动机高比功率、高速度的需求，液体冷却成为主要的选择。

电动汽车控制装置包括驱动电动机控制器、辅助 DC-DC 变换器以及用于驱动辅助系统电动机的小功率 DC-AC 变换器等。控制装置一般允许最高温度为 60~70℃，而最佳工作环境温度为 40~50℃，所以，必须采取专门的冷却装置对控制装置的温度进行有效的控制。

7.1.5 电动空调系统

传统汽车与电动汽车空调系统的区别在于电动汽车没有发动机的余热可以利用或者不能完全利用发动机的余热，需采用热泵型空调系统或辅助加热器。电动空调压缩机可以采用电动机直接驱动，但对压缩机高转速性和密封性的要求较高。电动空调系统目前采用的方案主要包括电动热泵式空调系统、电动压缩机制冷与电加热器混合调节空调系统。

相比传统空调系统，电动空调系统在环境保护、整车布置以及车厢舒适性等各项指标上均处于优势，主要优点如下：

1）电动空调系统可以采用全封闭的 R134a（目前主要用作汽车空调用制冷剂）系统及制冷剂回收技术，整体的高度密封性可以减小正常运行以及修理维护时制冷剂的泄漏损失，从而减少对环境的污染。

2）电动空调的压缩机靠电动机驱动，因此可以通过精确的控制以及在常见热负荷工况下的高效率运行来降低空调系统的能耗，从而提高整车的经济性。电动压缩机相对于传统机械式压缩机效率较高，也可以减少能量消耗，见表 7-1。

表 7-1　传统机械式压缩机与电动式压缩机的效率比较

机　型	传输效率	容积效率	其　他	总　和
机械式压缩机	0.95	0.4	0.75	0.29
电动式压缩机	0.65	0.9	0.75	0.44

3）采用电动机驱动，噪声较低，可靠性高，使用寿命长，故障率低。

4）对于一体式电动压缩机，取消了发动机与压缩机之间的传动带，没有了张紧件的质量，相对于传统结构减小了整车质量。

5）可以在上车之前预先遥控起动电动空调，对车厢内的空气进行预先调节，相比传统空调可增加乘客的舒适性。

7.2　DC-DC 变换器

燃油汽车和电动汽车的辅助子系统的主要区别在于，燃油汽车的辅助蓄电池由与发动机相连的交流发电机来充电，而电动汽车的辅助蓄电池则由主电源通过 DC-DC 变换器来充电。电动汽车或混合动力电动汽车中用来推动电动机转动的能量来自于动力蓄电池，动力蓄电池为数块蓄电池串联，电压较高，所以又称为高压电源。

DC-DC 变换器的主要功能是把高压（如 400V）直流电降压为燃油汽车中发电机的直流电压（如 14V 或 28V），400V 蓄电池在汽车行驶中会降到电动机不能工作的电压（例如电压 280V），DC-DC（直流-直流）变换器保证在 280~400V 变化电压区间内输出稳定的 14V 电压。另外，当主蓄电池完全放完电汽车已经不能行驶时，DC-DC 变换器仍能从蓄电池中吸取能量向电动汽车的基本辅助子系统提供稳定的 14V 电压。

电动汽车用 DC-DC 变换器可分为升压型和降压型、全桥型和半桥型、非绝缘型和绝缘型。非绝缘型是电路两侧通过电子元件相连通，绝缘型是电路两侧采用变压器隔离，采用磁能交换。绝缘型 DC-DC 变换器的换能部件是变压器。变压器由一次侧（输入侧、动力蓄电池侧）和二次侧（输出侧、铅酸蓄电池侧）两种线圈构成。线圈匝数比与电压比成比例。利用变压器改变电压时，变压器需通过交流电压。动力蓄电池是直流电压，DC-DC 变换器通过控制芯片控制功率半导体导通、截止将动力蓄电池的直流电压转换成交流电压。利用变压器转换交流电压，再利用功率半导体将交流电压转换成 14V 的直流电压。利用功率半导体转换交流和直流时，负载电容器可以抑制电压波形的噪声，使输出电压平滑。这两种 DC-DC 变换器的工作效率都很高，一般为 85%~95%，并且适于商用。非绝缘型结构简单、成本低，而绝缘型则能将主电源的高等级电压与辅助蓄电池的低等级电压隔离开来，更加安全可靠。

在电动汽车中，人们常把空调器、收音机、喇叭、车灯系统、电动车窗、刮水器、动力转向系统、液压制动、气动制动、空调加热器等统一称为辅助系统，它们多为 14V 或 28V。对于传统汽油发动机，当发动机转速低时，如果空调、音响及车灯等同时使用，即使发动机仍在运行，有些条件下也会出现电力不足现象。使用动力蓄电池和 DC-DC 变换器之后，可以不必考虑发动机的转速而为铅酸蓄电池充电。

7.2.1 低压系统

汽油机汽车电器通常采用 12V 供电，所以 DC-DC 变换器降压输出 14V，对于 24V 电器系统的柴油机汽车要降压为 28V。

7.2.2 次高压系统

为了节约能量，对于那些功率大的设备（如电动机控制器、动力转向系统、液压制动或气动制动、空调除霜器等）要采用较高的电压供电。因此有数个 DC-DC 变换器，它们降压后分别输出除了常规的 14V、28V 之外，还要采用 48V 甚至 120V 的次高压。这使得电动汽车的辅助蓄电池系统比燃油汽车的原车系统更为复杂。

电动汽车辅助子系统的能量消耗比燃油汽车大得多。各种辅助子系统的功耗见表 7-2。从表中可以看出，空调器是电动汽车辅助子系统中功耗最大的子系统，它的功耗占所有辅助子系统功耗的 60%~75%。为了减少空调器的损耗，通常采用 120V 的电压等级供电。此外，为了避免辅助蓄电池的电能在短时间内耗尽，大功率的子系统（如空调器、动力转向系统、液压制动或气动制动和除霜器等）应当只有在接触器闭合时才能工作，这样可以直接从主电源中获取所需的动力。

表 7-2 电动汽车辅助子系统的功耗

辅助子系统	工作状态	功耗/W	辅助子系统	工作状态	功耗/W
空调器	连续	2000~4000	仪表	连续	30
收音机	连续	20	停车灯、转向灯及车内灯	断续	50
接触器	连续	20	动力转向系统	连续	400
驱动控制	连续	150	液压制动或气动制动	连续	1500
能量管理系统	连续	150	电动车窗	断续	80
车头灯和外尾灯	连续	120	车窗除霜器	连续	250
喇叭	断续	10	刮水器	连续	40

DC-DC 变换器的优化容量表示蓄电池的充电和放电过程能够相互平衡，而且辅助蓄电池一直保持满充状态。例如，如果选择更大的容量，则充电过程就比放电过程占优势，就会导致 DC-DC 变换器尺寸过大或者出现辅助蓄电池过充的现象；如果选择小一点的容量，则蓄电池的放电过程就比充电过程占优势，这将会导致辅助蓄电池在紧急情况下使用时失去满充状态。除空调器、动力转向、液压制动或气压制动和除霜器之外，其他子系统的能耗大约为 700W，所以选择 DC-DC 变换器的容量至少为 1kW。图 7-1 所示为电动汽车用 DC-DC 变

换器。

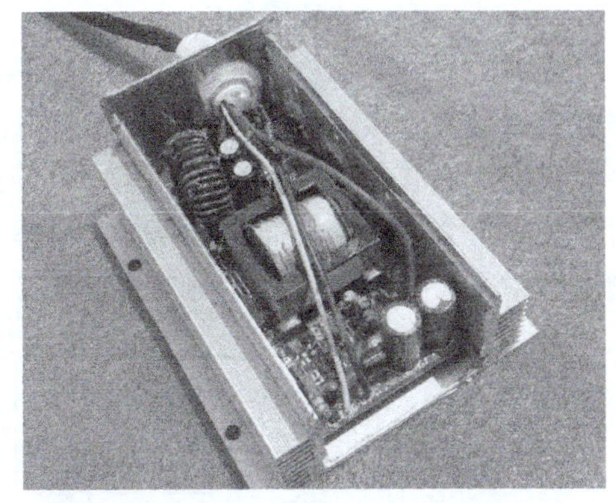

图 7-1　电动汽车用 DC-DC 变换器

决定 DC-DC 变换器性能的主要因素是变压器的大小、形状以及支持的开关频率等。通过提高开关频率，可减小变压器和整流电路的尺寸。因为频率提高，所以功率半导体单位时间的开关次数增加。

变压器的铁心材料采用铁氧体材料“PC95”。“PC95”的原料为 Fe（铁）、Mn（锰）、Zn（锌）。实际中，Fe 的混合比例不同，主要是为降低在有些温度下出现的铁损增大、效率降低的现象。最新的铁心可在很大的温度范围内减小铁损。铁损以磁滞损耗为主，还包括涡流损耗。

7.2.3　单、双向 DC-DC 变换器

实现降压的 DC-DC 变换器的主电路结构有很多，其中 Buck 型 DC-DC 变换器结构简单，变换效率高，是首选的 DC-DC 变换电路拓扑结构之一。

DC-DC 变换器一般由控制芯片、电感线圈、二极管、晶体管和电容器构成。基本 Buck 型 DC-DC 变换电路如图 7-2 所示，其中 U_{in}是输入电压，U_o 是 Buck 电路的输出电压，C 是输入电容，S 是主功率开关管，VD 是主功率二极管，L 是储能电感。

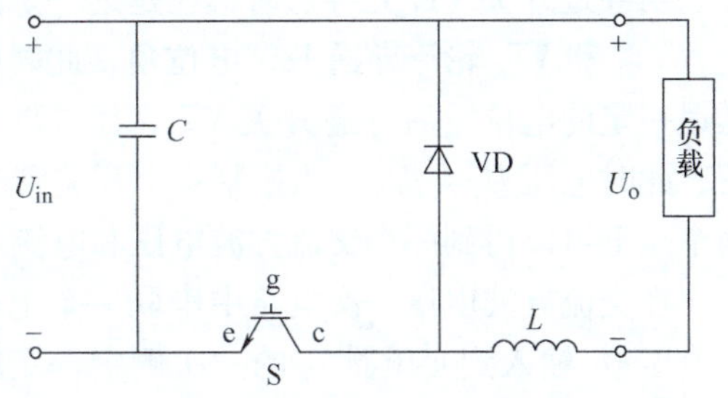

图 7-2　基本 Buck 型 DC-DC 变换电路

基本 Buck 电路的工作过程如下：当开关管 S 导通时，电流经负载、电感线圈 L 流过 S 并线性增加，电能以磁能形式存储在电感线圈 L 中，同时给负载供电，电容 C、负载、L、S 构成回路，此时由于二极管 VD 的阳极接负，VD 处于截止状态。当 S 由导通转为截止时，存储在电感中的能量释放出来，通过 VD 续流维持向负载供电，L、VD 和负载构成回路。若周期性地控制开关管 S 的导通与截止，即可实现能量由 U_{in}向 U_o 的降压传递。为达到上述降压传递，开关管 S 与二极管 VD 必须轮流导通与截止，二者之间频繁地进行换流。

在燃料电池电动汽车（FCEV）上燃料电池只是由燃料产生电能，而不能储存电能，因此采用单向 DC-DC 变换器。FCEV 采用的电源有各自的特性，燃料电池只提供直流电，电压和电流随输出电流的变化而变化。燃料电池不可能接受外电源的充电，电流的方向只是单向流动。FCEV 采用的辅助电源（蓄电池和超级电容器）在充电和放电时，也是以直流电的形式流动，但电流的方向是可逆性流动。

FCEV 上各种电源的电压和电流受工况变化的影响呈不稳定状态。为了满足驱动电动机对电压和电流的要求及对多电源电力系统的控制，在电源与驱动电动机之间，用计算机控制实现对 FCEV 的多电源的综合控制，保证 FCEV 的正常运行。FCEV 的燃料电池需要设置单向 DC-DC 变换器，蓄电池和超级电容器需要设置双向 DC-DC 变换器。

1. 单向 DC-DC 变换器

燃料电池发动机输出的电压一般为 240～450V，燃料电池的输出电压随着燃料电池的输出电流的增大而减小。另外，由于燃料电池不能充电，因此，配置单向全桥 DC-DC 变换器，将燃料电池的波动电流转换为稳定、可控的直流电源。全桥 DC-DC 变换器输入端用 4 个导通开关和 4 个整流二极管共同组成大功率的直流电转换器（IGBT），中部为高频变压器 T_r，输出端用 4 个整流二极管共同组成整流器。绝缘型全桥 DC-DC 变换器的电路如图 7-3 所示。

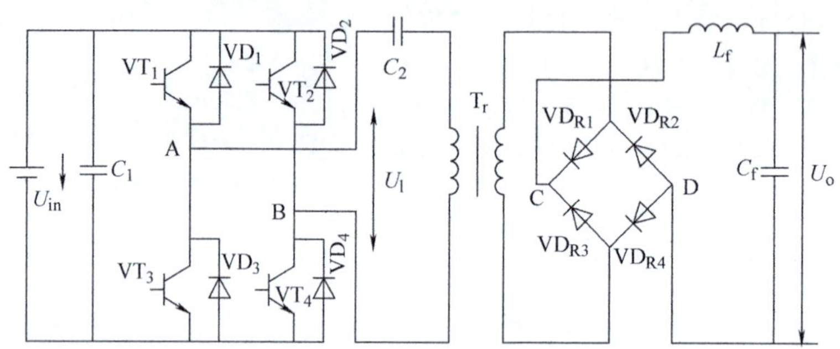

图 7-3　绝缘型全桥 DC-DC 变换器的电路

当导通开关 VT_1 先导通时，在延迟一定的电位角后再导通开关 VT_4，而 VT_2 和 VT_3 被截止，VT_1 和 VT_4 轮流导通 180°电位角，此时电压 $U_1=U_{in}$。然后转换为开关 VT_2 先导通，在延迟一定的电位角后导通开关 VT_3，而 VT_1 和 VT_4 被截止，VT_2 和 VT_3 轮流导通 180°电位角，此时电压 $U_1=-U_{in}$。当控制 4 个开关管轮流导通时，将产生交变电压和电流，在 A、B 两个点上可以得到一个交流方波电压和电流。

在交流方波电压一次电路中串联一个电容 C_2，以防止变压器的磁偏心，然后将交流方波电压 U_1 输入到变压器 T_r 的一次侧中，变压器通过调节占空比来调节输出电压 U_o，控制和保持二次侧输出电压 U_o 的稳定。二次侧后面与一个四管整流器相连接，通过整流后在 C、D 两个点上可以得到一个直流电压。C、D 电路中加入由电感 L_f 和电容 C_f 组成的滤波器，将直流方波电压中的高频分量滤除，得到一个平直的直流电压。

只要改变导通时间，就可以调节输出电压 U_o 的值。选择智能控制的大功率全桥 DC-DC 变换器，可以有良好的自我保护能力和较长的使用寿命。

DC-DC 变换器的外特性如图 7-4 所示。单向 DC-DC 变换器的控制框图如图 7-5 所示。根据 FCEV 的动力性能设计要求，确定 DC-DC 变换器输出电压的给定值。当燃料电池电流逐渐增大时，电压基本保持平稳，通过对输出电压的闭环控制，实现 DC-DC 变换器的恒压输出（图 7-4 中的 *AB* 段）。当燃料电池电流继续增大、电压快速下降时，通过对输出功率的控制实现 DC-DC 变换器的恒功率输出（图 7-4 中的 *BC* 段）。由于燃料电池的电压达到下限值要受到所反应的温度、压力和环境等的影响，图 7-4 中 *BC* 段的功率不能事先给定，而是用此时通过燃料电池的输出电压和电流来测定，并实时对 DC-DC 变换器的

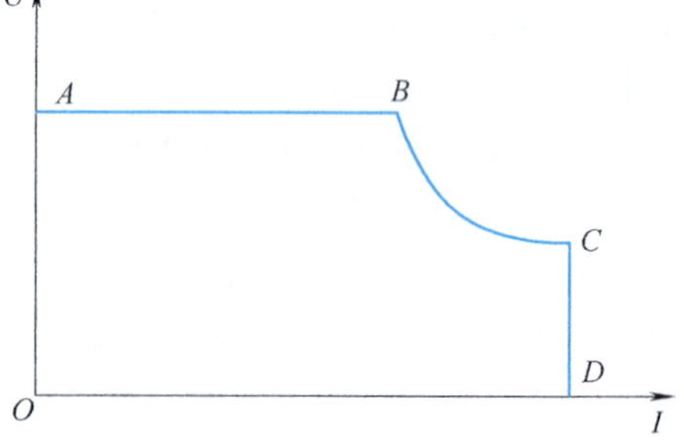

图 7-4　DC-DC 变换器的外特性

输出功率进行调节，这是保证燃料电池不会发生过放电的关键措施。当 DC-DC 变换器达到最大输出电流时，电压迅速下降（图 7-4 中的 *CD* 段）为恒电流段，其电流值决定 DC-DC 变换器的最大输出电流。

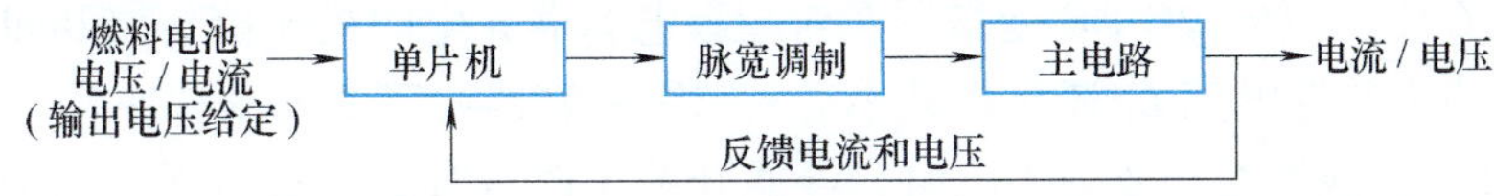

图 7-5　单向 DC-DC 变换器的控制框图

控制芯片可控制功率半导体的导通、截止。调制方式有 PFM（脉冲频率调制）和 PWM（脉冲宽度调制）两种方式。采用 PFM 方式时，开关的脉冲宽度一定，通过改变脉冲输出的时间，使输出电压达到稳定。采用 PWM 方式时，开关的脉冲频率一定，通过改变脉冲输出宽度，使输出电压达到稳定。通常情况下，采用 PFM 和 PWM 这两种不同调制方式的 DC-DC 变换器的性能不同点见表 7-3。

表 7-3　两种不同调制方式转换器的性能比较

项　目	PFM	PWM
电路规模（IC 内部）	简单	复杂
消耗电流	较少	较多
纹波电压	较大	较小
瞬态响应	较差（反应较慢）	较好（反应较快）

1）PFM 方式。工作在节电模式下的变换器在轻负载电流条件下使用 PFM 模式，这种工作模式使转换器可以在宽广的电流输出范围内均保持极高的效率。

2）PWM 方式。在选用较低频率的情况下，小负载时，效率较高，输出电压的纹波较大。在选用较高频率的情况下，小负载时，效率很低，输出电压的纹波较小。因此，在小负载或待机时间较长的情况下，选用低的频率，转换电路的效率较高，但若考虑输出电压的纹波问题，选用高的频率，纹波电压会较小。DC-DC 变换器通过开关动作进行升压或降压，特别是晶体管或场效应晶体管处于快速开关时，会产生尖峰噪声，以及电磁干扰。

2. 双向 DC-DC 变换器

在以蓄电池和超级电容器组成的混合电源上，一般蓄电池以稳态充、放电的形式工作，而超级电容器在电动车辆起动时，能够以大电流的放电形式工作，在接受外电源或制动反馈的电能时又能以大电流的充电形式工作。蓄电池和超级电容器的电流为双向流动，因此，在蓄电池和超级电容器与电力总线之间设置双向、升降压（Buck-Boost）型 DC-DC 变换器，双向控制和调配所输入和输出的电流。非绝缘型双向 DC-DC 变换器电路如图 7-6 所示。

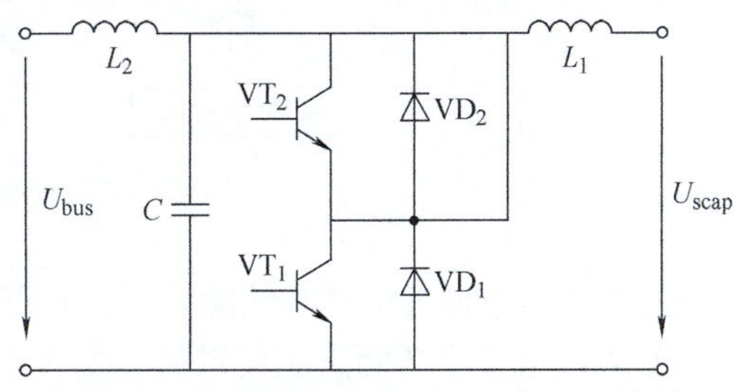

图 7-6　非绝缘型双向 DC-DC 变换器电路

在升降压双向 DC-DC 变换器的输入端用 2 个导通开关和 2 个整流二极管分别组成 2 个大功率的直流电变换器（IGBT），在输入端装有电感器 L_2 和电容器 C，在输出端装有电感器

L_1。双向 DC-DC 变换器处于充电工况时，导通开关 VT_1 切断，导通开关 VT_2 导通，充电机或制动反馈的电流经由动力总线向蓄电池或超级电容器充电。在通过电感 L_1 时，部分电流暂时存留在电感 L_1 中，当导通开关 VT_2 断开后，电感 L_1 中存留的电流通过整流二极管 VD_2 转存在电容器 C 中。双向 DC-DC 变换器在对超级电容器充电时处于降压（Buck）状态。在超级电容器电路上装置电感 L_1 还可以减小进入超级电容器线路的电流脉冲。

双向 DC-DC 变换器处于放电工况时，导通开关 VT_1 导通，导通开关 VT_2 切断。蓄电池或超级电容器放电，电容器 C 中储存的电荷同时放电，电流方向是由超级电容器向动力总线方向流动，DC-DC 变换器对外放电处于升压（Boost）状态。在总线电路上装置电感 L_1 可以减小进入总线的电流脉冲。

7.3 电动制动系统

7.3.1 电动制动系统的结构与工作原理

电子机械制动器（EMB）制动系统又称为电动制动系统。它有六大基本组成部分，分别为安装在 4 个车轮的独立车轮制动模块、制动踏板模拟器、中央控制单元、轮速和车速等各种传感器、电源系统。

1. 车轮制动模块

车轮制动模块由 EMB 执行器及其控制器等组成。其中，EMB 执行器有两种方案：一种是集成了力矩传感器；第二种是没有集成力矩传感器。EMB 执行器作为制动系统的制动执行机构，也是其核心部件，用来产生对制动盘的夹紧力，其性能直接影响制动的效果，其组成如图 7-7 所示。它一般有 3 个基本组成部分：电动机、传动装置和制动钳。EMB 执行器中的电动机经减速装置减速增矩，再由运动转换装置将旋转运动转换为直线运动，驱动制动钳对制动盘进行制动，电动机的运动由 EMB 控制器控制，并由执行器驱动。

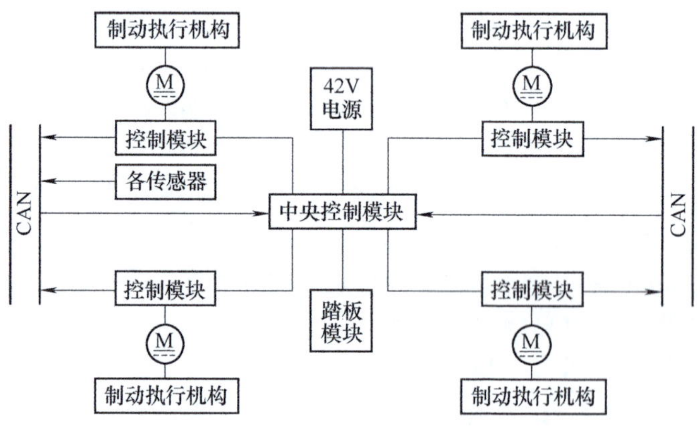

图 7-7 EMB 执行器的组成

对 EMB 执行器的结构和性能有以下几点要求：

1）电动机要小巧而又能提供足够大的力矩。

2）传动装置能减速增矩，还要将旋转运动转换为直线运动。

3）整个机构要工作迅速，反应灵敏。

4）能自动补偿制动间隙，并能实现驻车制动。

5）有良好的散热性。

6）整个执行器结构紧凑，体积小，重量轻，便于安装。

7）有足够的强度和使用寿命，以保证安全可靠。

2. 电子控制器

电子控制器的功能包括：接收制动踏板发出的信号，控制制动；接收驻车制动信号，控制驻车制动；接收车轮传感器信号，识别车轮是否抱死、打滑等，控制车轮制动力，实现防抱死和驱动防滑。由于未来车辆的各种控制系统（如卫星定位/导航系统、自动变速系统、无级转向系统、悬架系统等的控制系统）与制动系统高度集成，所以控制器还得兼顾对这些系统的控制。

3. 制动踏板模拟器

在电动制动系统中，已经不需要制动液，而是由电动机来产生制动力矩，但是由于长期使用传统的制动器会形成一定的驾驶习惯，因此需要一个踏板模拟器来模拟传统制动器的驾驶感受。踏板模拟器必须满足的条件是能辨识出驾驶人踩制动踏板的程度，从而产生近似大小的制动力矩；把路面状况反馈给驾驶人，便于操纵；模拟传统制动踏板的特性以适应驾驶人所养成的驾驶习惯。

与传统的液压制动系统相比，在电动制动系统中，电源代替了液压源，机电作动器代替了液压作动装置。在EMB制动系统中，常规制动系统中的液压系统（主缸、真空增压装置、液压管路等）都被电子机械系统替代，而液压盘和鼓式制动器的调节器被电动机驱动装置（制动执行器）替代，制动力由电动机产生，大小受电子控制器的控制。EMB制动系统的电控单元根据电子踏板模块传感器的位移和速度信号，并且结合车速等其他传感器信号，向车轮制动模块的电动机发出信号控制其电流和转子转角，进而产生所需要的制动力，以达到制动的目的。由于没有备用的机械或液压系统，EMB制动系统的可靠性变得非常重要，要求系统有备用的电源（在主电源失效时工作）和冗余的通信。

EMB制动系统的控制器采用高可靠度的总线协议，控制系统冗余设计。为了减小空间，可以把电子元件安装在EMB调节器内。

7.3.2 电动真空助力制动系统

汽车制动系统一般采用真空助力或气压助力，真空泵产生的真空度越大，制动助力性能越好，驾驶人踩踏板越省力。所以，在对真空助力制动系统电动真空泵的设计或选择上，应尽可能使真空度满足制动性能的要求。

计算结果表明，当电动真空泵的最小真空度为37.5kPa时，可为制动系统提供满足设计要求的制动助力。图7-8所示为电动真空助力制动系统的基本构成。真空助力器安装在制动踏板和制动主缸之间，由踏板通过推杆直接操纵。助力器和踏板产生的力叠加在一起作用在制动主缸推杆上，以提高制动主缸的输出压力。真空助力器由带有橡胶膜片的活塞分为前室和后室（大气阀打开时可与大气相通），通常常压室的真空度为60~80kPa（即真空泵可以提供的真空度大小）。真空助力器能提供助力的大小取决于其常压室和变压室气压差值的大小。当变压室的压力达到外界大气压时，真空助力器即可提供最大的制动助力。真空泵产生的真空度的大小和速度关系到真空助力器的工作状态，真空泵的容量大小关系到助力器的性能，进而影响到制动系统在各种工况下是否能正常工作。

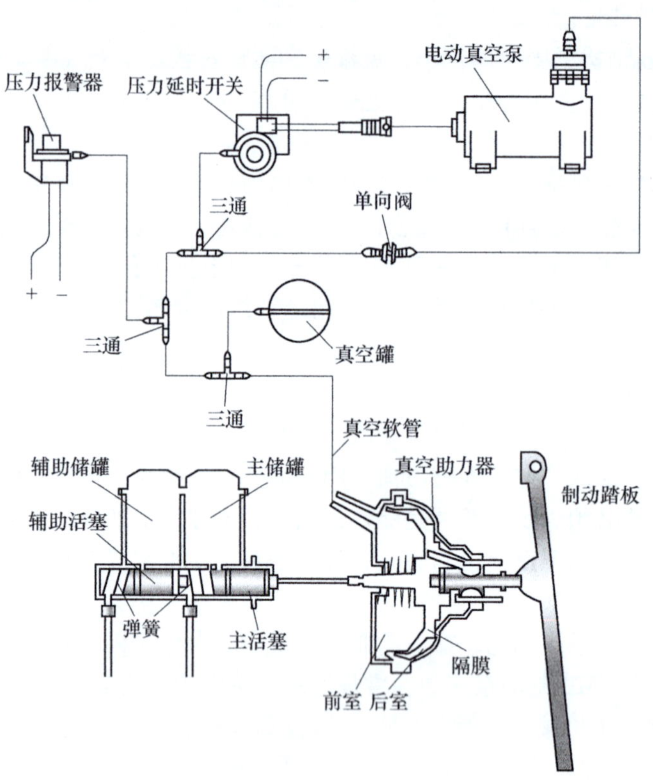

图 7-8　电动真空助力制动系统的基本构成

电动真空助力制动系统的控制过程如下：

1）接通汽车 12V 电源，压力延时开关闭合，真空泵工作大约 30s 后开关断开，这时真空罐内的真空度约为 80kPa。

2）当真空罐内的真空度降到 55kPa 时，压力延时开关再次闭合。

3）当真空罐内的真空度降到约 34kPa 时，压力报警器发出信号。

若真空泵控制开关有很明显的短时间开启和关闭，说明发生了泄漏。按照这个控制策略，设计了间歇性真空发生系统。该间歇性真空发生系统的基本工作原理为当驾驶人起动汽车时，12V 电源接通，压力延时开关与压力报警器开始压力自检，若真空罐内的真空度小于 55kPa，压力膜片将会挤压触点，从而接通电源，真空泵开始工作。当真空度增加至 55kPa 时，压力延时开关断开，然后通过延时继电器使得真空泵继续工作大约 30s 后停止。每次驾驶人有制动动作时，压力延时开关均会自检，从而判断电动真空泵是否应该工作。若真空罐内的真空度低于 34kPa，真空助力器不能提供有效的真空助力，这时压力报警器将会发出信号，提醒驾驶人注意行车速度。

电动真空泵也可以采用电控单元控制，只要将压力开关换成绝对压力传感器，电动真空泵由控制单元控制继电器即可。国内的一些纯电动汽车上采用了由真空助力器真空度传感器、整车控制器 ECU、电动真空泵工作继电器、真空泵电动机组成的一个闭环真空度控制

系统，确保制动时真空助力器正常工作。

7.3.3 再生制动系统

再生制动是电动汽车独有的，在减速制动（制动或者下坡）时将车辆的部分动能转化为电能，转化的电能储存在储存装置中，如各种蓄电池、超级电容器和高速飞轮，最终增加电动汽车的续驶里程。若储能器已经被完全充满，再生制动就无法实现，所需的制动力只能由常规的液压制动系统来提供。现在几乎所有的电动汽车都安装了再生液压制动系统，从而可以实现节约制动能、回收部分制动动能，并为驾驶人提供常规制动性能。图 7-9 所示为电动汽车能量转换图。

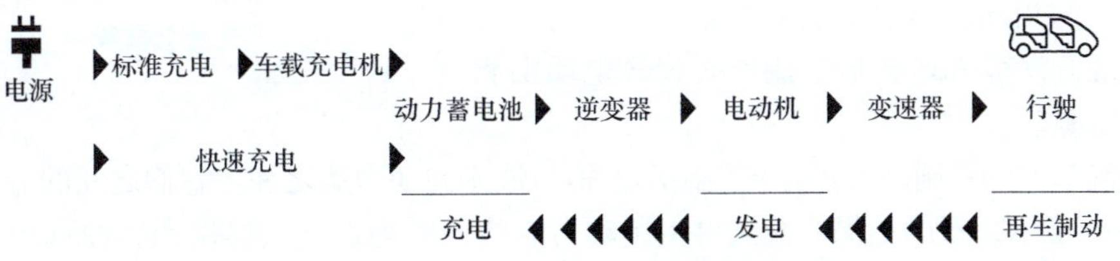

图 7-9 电动汽车能量转换图

行驶过程中，驾驶人松开加速踏板滑行或踩下制动踏板减速时，再生制动系统起动。正常减速时，再生制动的力矩一般保持在最大负荷状态。电动汽车高速巡航时，其驱动电动机通常是在恒功率状态下运行，驱动力矩与驱动电动机的转速或者车辆速度成反比。所以，恒功率下驱动电动机的转速越高，再生制动的能力就越差。另外，当踩下制动踏板时，驱动电动机一般运行在低速状态。因为在低速时，电动汽车的动能不足以为驱动电动机提供能量来产生最大的制动力矩，所以再生制动能力会随着车速降低而减小。图 7-10 所示为再生制动和液压制动的车速变化曲线。电动汽车的再生制动力矩一般不能像传统燃油汽车中的制动系统一样提供足够的制动减速度，因此，在电动汽车中再生制动和液压制动系统一般共同存在。不过应该注意，只有当再生制动已经达到了最大制动能力而且还无法满足制动要求时，液压制动才起作用。

再生液压混合制动系统是电动汽车所独有的，燃油汽车没有。再生制动和液压制动之间的协调是问题的关键所在，而且，应该考虑下列特殊要求：为了使驾驶人在制动时有一种平顺感，液压制动力矩应该可以按照再生制动力矩的变化进行控制，最终使驾驶人得到所希望的总力矩。同时，液压制动的控制不应引起制动踏板的冲击，因此不会给驾驶人一种不正常的感觉。

可利用 ABS 扩展的 ESP 功能实现电动泵的油压升高。这要求 ABS 的 ESP 模块和整车控制系统进行通信，可以将再生制动软件写入 ABS 模块，驱动液压泵、控制摩擦制动和控制制动助力的真空源，ABS 和整车控制器通信控制再生制动的强度。液压制动力矩是电控的，将产生的液压传至制动轮缸上，因而再生液压制动系统需要有避免制动失效的机构。为了提高系统的可靠性，满足安全标准，系统通常采用双管路制动，当其中一条管路失效时，另一条管路必须能提供足够的制动力。

为了使车辆可以稳定地制动，前、后车轮上的制动力必须很好地平衡分配。另外，为了防止汽车发生滑移，加在前、后轮上的最大制动力应该低于允许的最大值（主要由滚动阻力系数决定）。

电动汽车采用的再生液压混合制动系统即可满足以上要求，其基本结构如图 7-11 所示。驾驶人踩下制动踏板后，电动泵使制动液增压产生所需的制动力。制动控制和电动机控制协同工作，确定电动汽车上的再生制动力矩与前、后轮上的液压制动力。再生制动时，再生制动控制回收再生制动能量，并且反充至蓄电池中。电动汽车上的 ABS 及其制动比例控制阀（ABS 的扩展功能 EBD 元件）的作用和传统燃油车上的相同，即产生最大的制动力。电动泵能够利用现有汽车 ABS 扩展功能中的 ESP 电动供能泵作为压力源。

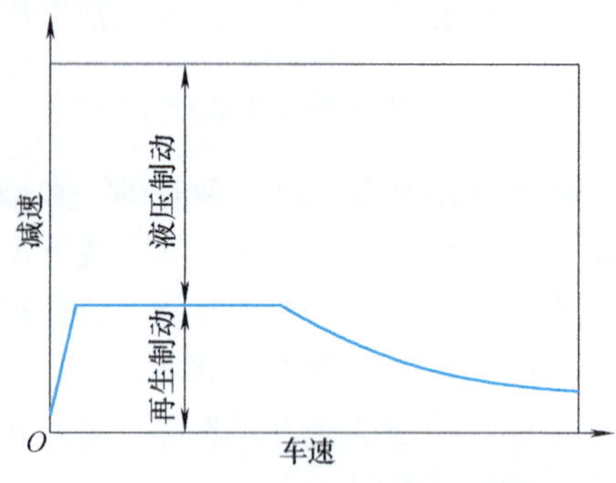

图 7-10　再生制动和液压制动的车速变化曲线

电动汽车上的总制动力矩是再生制动力矩与液压制动力矩之和。它们之间的分配比例关系如图 7-12 所示，目的是保持最大再生制动力矩的同时为驾驶人提供和燃油汽车相同的制动感。当制动踏板力较小时，只有再生制动力矩施加在驱动轮上，才能和制动踏板力成正比。而非驱动轮上的制动力由液压制动提供，液压制动力也和制动踏板力成正比。当制动踏板力超过一定值时，最大再生制动力矩全部加在驱动轮上，同时液压制动力矩作用在驱动轮上以得到所需的制动力矩。因而最大再生制动力矩可以保持不变，以便能够完全回收车辆的动能。

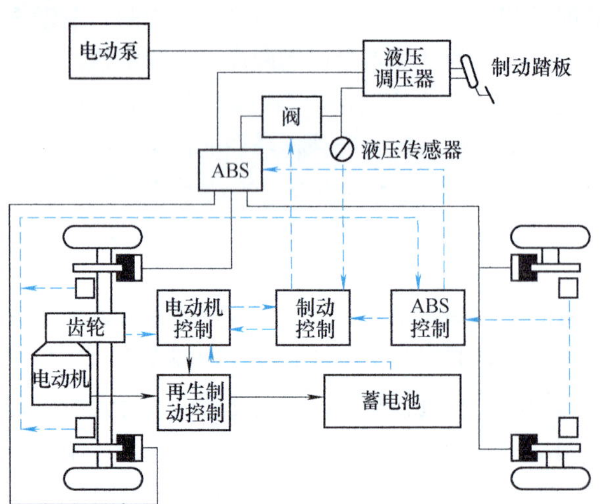

图 7-11　再生液压混合制动系统的基本结构

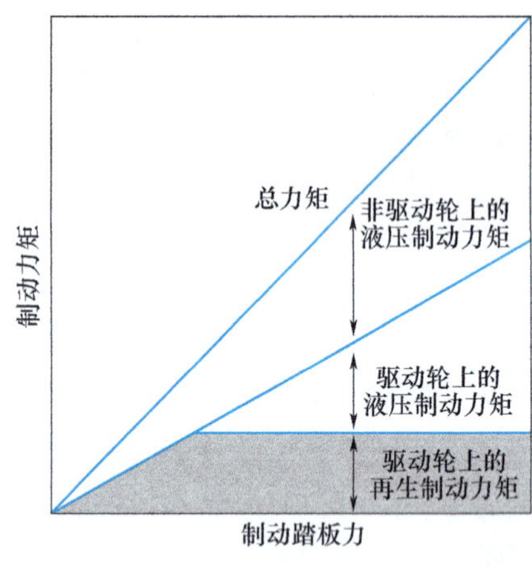

图 7-12　再生制动力矩与液压制动力矩的分配比例关系

制动系统因制动造成的管路压力（或制动踏板踏下深度越深）越高，表示经驾驶人判断需要的总制动力矩越大，非驱动轮的制动力矩不断增加，驱动轮的制动力矩也在增加。但摩擦力矩增加得多，再生制动力矩不增加，甚至还可能减小，这就要求再生制动和 ABS 要协调工作。

在两前轮独立、后轮采用低选原则的 ABS 中，制动压力传感器（液压传感器）监测制

动系统管路的制动压力（液压或气压），ABS 采用车速与压力传感器（也可以是制动踏板行程开关）采集制动状态信号，根据车速算出的减速度值与设定的减速度值进行比较，从而对车辆进行控制。

7.3.4 电动汽车能量回馈控制

能量回馈指电动机在再生制动模式下工作。在制动过程中，控制驱动器使电流方向和正向运行时相反，便会产生制动力矩。当产生的电压高于蓄电池时，可以将电流回馈到蓄电池，达到能量回馈的目的。

感应电动势为梯形波有利于电动机产生恒定转矩。因为换相时电流不能突变，所以实际的相电流波形不是纯粹的方波，而是接近方波的梯形波，从而使转矩产生纹波。无刷直流电动机的输出转矩波动比普通直流电动机大。通常相数越多，转矩波动越小。全桥驱动比半桥驱动的转矩波动小得多。另外，和普通直流电动机不同，无刷直流电动机的绕组是断续通电的。适当提高绕组通电利用率可以使同时通电的导体数增加，使电阻下降，提高效率。另外，从电路成本的角度看，相数越多意味着驱动电路所使用的开关管越多，成本就越高。

目前，无刷直流电动机多数采用三相星形结构，采用全桥驱动方式。目前的电动汽车存在着蓄电池能量低、充电时间长等问题，而电动汽车的频繁起动、制动又消耗了大量能量。车辆在基本城市循环中，约 17.44%的时间处于减速过程，回馈制动潜力非常大。能量回馈制动系统在汽车制动时可以将能量回馈到蓄电池，以提高整车运行效率及电动汽车的续驶里程。同时，能量回馈制动系统可以实现汽车的电气制动。能量回馈制动控制技术已经成为电动汽车的核心技术之一。

无刷直流电动机的驱动方式包括半桥驱动与全桥驱动。目前以三相星形全桥驱动方式最多，控制方法分为两两导通（120°）和三三导通（180°）两种。在具体控制方法中，又分为有位置传感器和无位置传感器两种情况。

在半桥驱动时，绕组合成磁场取决于通电相绕组在气隙中形成的磁场，有 3 种合成状态。在全桥驱动时，绕组合成磁场包括 6 种合成状态。半桥驱动电路下电动机绕组利用率低，每个绕组仅通电 1/3 的时间，没有充分利用，且转矩波动较大。所以，对于三相星形联结绕组的无刷直流电动机，一般采用三相全桥控制电路，其驱动系统结构如图 7-13 所示。

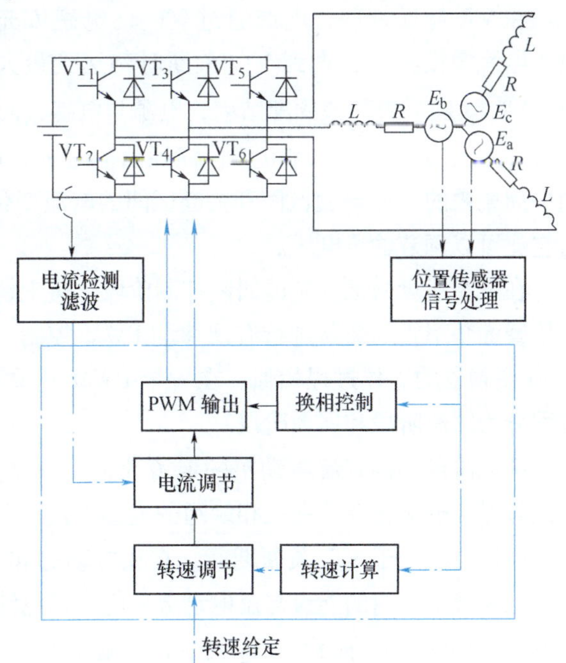

图 7-13 无刷直流电动机驱动系统结构

由 VT_1 ~ VT_6 6 个功率管构成的驱动全桥可以控制绕组的通电状态。根据功率管的通电方式，可以分为两两导通和三三导通两种方式。

1）在两两导通方式下，每一瞬间有两个功率管导通，每隔 1/6 周期（即 60°）换相一次。每次换相一个功率管导通，持续导通 120°。每个绕组正向通电、反向通电各 120°。对应每相绕组持续导通 120°，在此期间对于单相绕组电流方向保持不变。假如流入绕组的电流产生正的转矩，流出绕组的电流产生负的转矩，则每隔 60°换相一次意味着每隔 60°合成转矩方向转过 60°，大小保持约为 1.7 倍的转矩。

2）在三三导通方式下，每一瞬间有 3 个功率管导通，每隔 60°换相一次，每个功率管通电 180°电角度。每隔 60°换相一次意味着每隔 60°合成转矩方向转过 60°，合成转矩大小是 1.5 倍的转矩。

单相回馈制动电动汽车用无刷直流电动机的回馈制动分为两种情况：一种是电动机转速超过基速，通过驱动器直接向蓄电池回馈电能，同时提供制动的电磁转矩，如下坡时可能出现此种情况；更多的时候则是另一种情况，即出现在车速未超过基速时的减速过程中，电动机处于发电状态，将电动汽车减速过程中的部分动能回馈给蓄电池。驱动电动机进入发电工作状态，其发电电压必须高于蓄电池电压才能输出电功率，因此需要对制动过程进行有效控制。基本控制原理为升压斩波。

Boost 变换器的主电路拓扑结构如图 7-14 所示。它通过对功率管 VT_1 的 PWM 开关控制，达到控制输出电压的目的，又称作升压斩波变换器。下面通过分析一个 PWM 周期的工作状态来分析其工作原理。

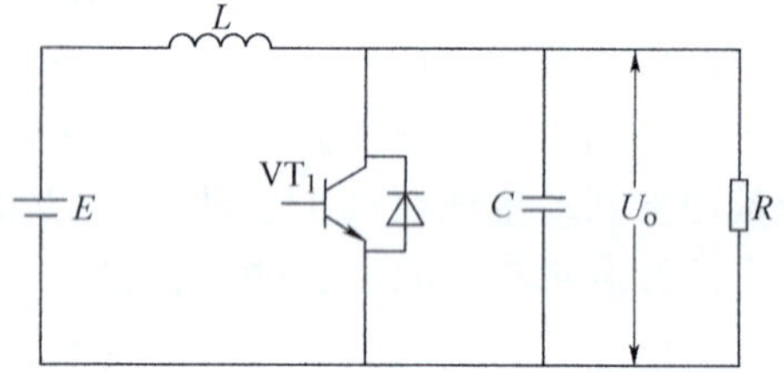

图 7-14 Boost 变换器的主电路拓扑结构

在 VT_1 导通期间，电源通过 VT_1 向电感 L 充电，电流慢慢升高，直到 VT_1 关断时刻达到最大值。VT_1 关断后直到该周期结束，电源与电感共同向负载供电，电流慢慢减小。在 VT_1 导通的时间周期内是电源 E 向电感存储能量的过程，而后一阶段电感处在释放能量的状态。把同一周期内的 VT_1 导通区间和关断区间的电流变化量进行比较，通过调节控制信号的 PWM 占空比可以调节输出电压。

在三相能量回馈控制的回馈控制阶段，将上桥臂的功率管关断。根据位置传感器信号对下桥臂的功率管的通断进行有规律的 PWM 控制，可以起到和 Boost 变换器相同的效果。与 Boost 变换器的工作过程相似，在一个 PWM 开关周期内，无刷直流电动机的能量回馈控制过程分为续流阶段和回馈阶段。

续流阶段无刷直流电动机的电流流向如图 7-15 所示。VT_2 导通时电流提供续流通道。在此阶段，电能将存储在三相绕组的电感中。

回馈阶段处于 VT_2 关断期间，在反电动势和三相绕组寄生电感的共同作用下，之前存储于三相绕组之内的能量与反电动势一起向蓄电池回馈能量。在此阶段，无刷直流电动机的电流流向如图 7-16 所示，VT_2 关断，电流经 VD_1 回馈至蓄电池，同样存在通过 VD_4 与 VD_6 流向 B 相和 C 相的电流通路。忽略电动机相电阻的影响，充电过程中产生的泵升电压随着 PWM 占空比的增大而增大。

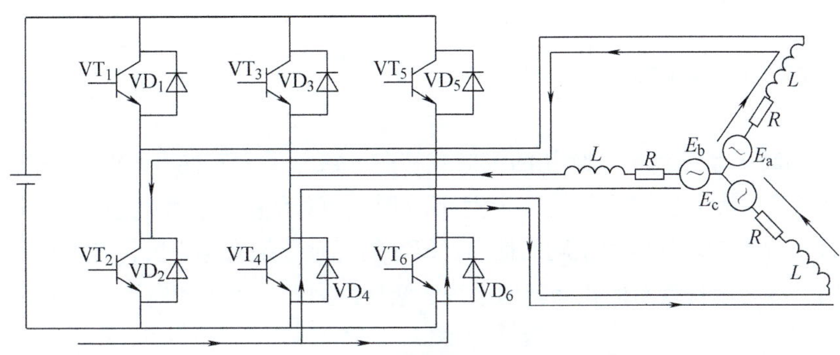

图 7-15　续流阶段无刷直流电动机的电流流向

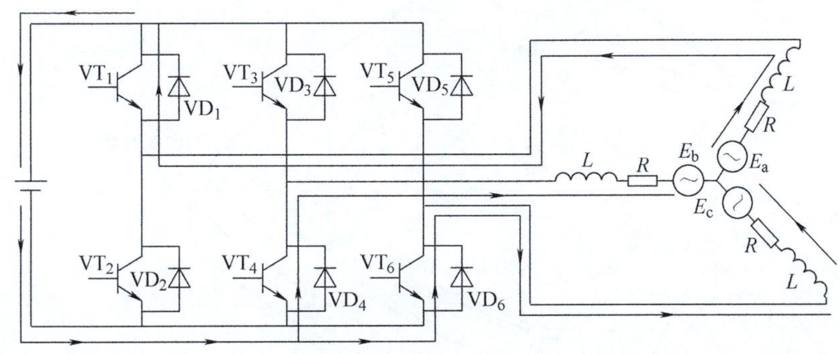

图 7-16　回馈阶段无刷直流电动机的电流流向

电动汽车用无刷直流电动机驱动系统的能量回馈过程应受到车辆运行状态的限制。能量回馈过程还要受到制动安全和蓄电池充电安全等条件的限制，如蓄电池 SOC、电动机的回馈能力和当前转速等。回馈制动控制策略需要和整车制动要求紧密结合。在实际应用中，回馈制动需满足一定的约束条件，并采取相应的控制策略。

在回馈制动过程中，一般可采用的控制策略包括最大回馈功率控制、最大回馈效率控制、恒转矩控制等。在恒转矩控制策略下，可以使整车保持制动需求的减速度完成制动过程，使得制动过程满足制动力矩需求。在回馈制动状态下，制动力矩由电动机的电磁转矩提供。对于永磁无刷直流电动机，电动机的电磁转矩正比于电动机的电流，所以可以通过控制回馈电流的大小来控制制动力矩的大小，实现对制动过程的控制。

回馈制动的控制周期包含了续流与能量回馈两个阶段。在低速回馈状态下，根据位置传感器信号对功率管的通断进行有规律的 PWM 控制，可以起到和 Boost 变换器相同的效果。当产生的电压高于蓄电池电压时，可以将电流回馈至蓄电池，达到能量回馈的目的。在此过程中，应进行换相控制。采用单侧斩波的控制方式，即在回馈制动过程中，封锁上桥臂，仅对功率桥的下桥臂进行 PWM 控制。在每一个控制周期内，仅对其中的一个功率管进行 PWM 控制。保持对反电动势最大的相所对应桥臂的功率管进行 PWM 控制。

对于 6 个功率管，仅对处于下桥臂的功率管进行 PWM 控制，每个功率管持续 120°。在控制过程中，应根据位置传感器的信号进行换相控制。通过控制占空比，可以对回馈电流进行调节，从而控制制动转矩的大小，实现对回馈制动过程的控制。

7.4 电动助力转向系统

现代汽车的转向系统已经从最初的机械式转向、液压助力转向（HPS）发展到电动助力转向技术。图 7-17 所示为 HPS 系统（车速感应型）。随着微电子控制技术在汽车领域的广泛使用，以及世界节能环保两大主题的推广，EPS 的优越性越来越突出，作为今后汽车转向系统的发展方向，必将取代现有的机械转向系统、液压助力转向系统和电控液压助力转向系统。

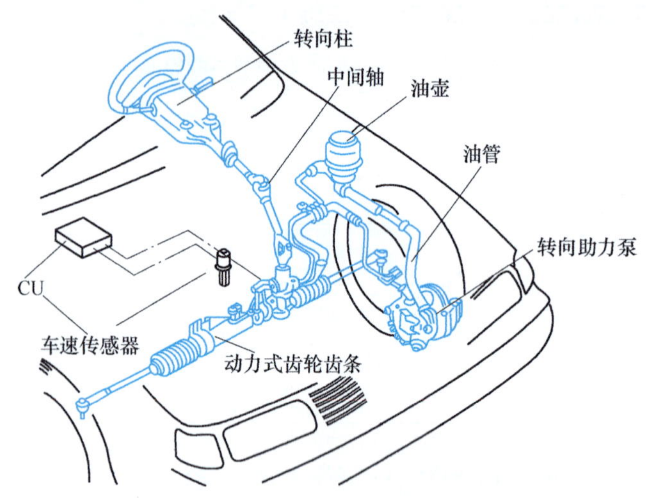

图 7-17 HPS 系统（车速感应型）

电动转向与液压转向相比有以下优点：

1）不转向时，不消耗功率，比液压转向系统可降低燃油消耗 3%~5%。

2）改善车辆操纵性能。助力的大小，可以通过控制单元中的软件，很容易地实现随车速等的变化而变化。

3）结构紧凑、重量轻。

4）工作时噪声小。

5）比液压转向系统结构简单，无油泵、液压油、橡胶软管、油罐等。

6）符合环保要求，车辆报废时，不需要处理液压油、橡胶软管等，也无液压油的泄漏问题。

7）安装简化（特别对于发动机后置和中置的车辆），装配时可节省时间。

7.4.1 电动助力转向系统的分类

根据电动助力转向单元在电动转向系统中安装位置的不同，EPS 可分为以下几种类型（图 7-18）：

1）转向柱型 EPS。动力辅助单元、控制器、力矩传感器等都装在转向柱上，系统结构紧凑，不论是固定式转向柱还是倾斜式转向柱以及其他形式的转向柱都能安装。这种结构适用于中型车辆，是典型的 EPS 结构形式。

2）齿条型 EPS。动力辅助单元安装在转向机构的齿条上，可以装在齿条的任何位置，

使得结构设计、布置更加灵活。动力辅助单元的大减速比，使得惯性很小且转向轻便。

3）小齿轮型 EPS。其动力辅助单元安装在转向机构的小齿轮轴上。如果将它与可变速比的转向器结合在一起，该系统的操纵特性将会非常好。

4）直接驱动型 EPS。其转向齿条与动力辅助单元形成一个部件。该系统很紧凑，而且容易将它布置在发动机舱内。由于直接对齿条助力，摩擦与惯性都很小，因而转向轻便。

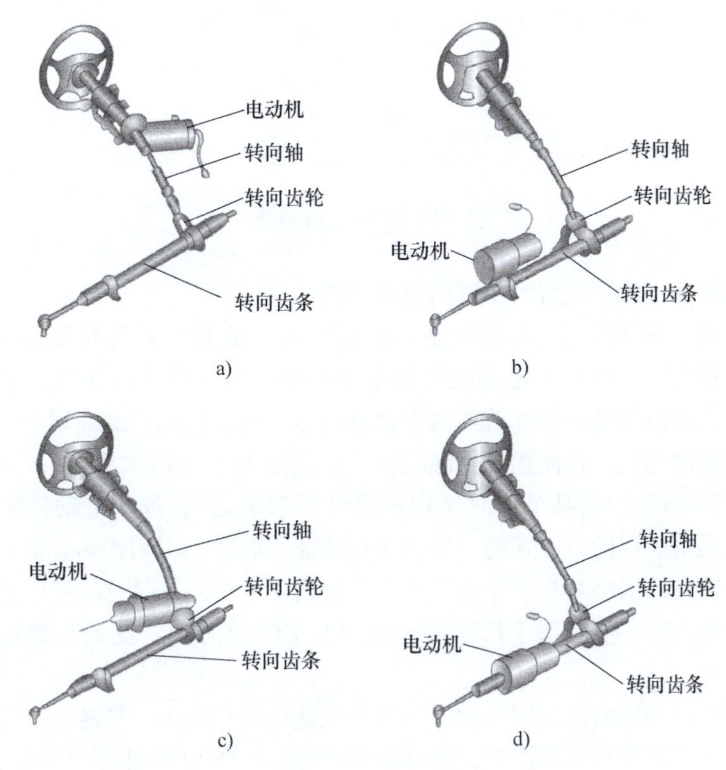

图 7-18 EPS 的几种类型

a）转向柱型 b）齿条型 c）小齿轮型 d）直接驱动型

7.4.2 电动助力转向（EPS）系统的工作原理

如图 7-19 所示，汽车在转向时，转矩传感器把采集到的转向盘转矩和转动方向信号、车速传感器把采集到的汽车行驶速度信号，通过数据总线发送给电控单元（ECU），ECU 根据转向盘转矩、转动方向、行驶速度等数据信号，进行综合逻辑分析与计算后，选择一条合适的助力特性曲线，向助力电动机控制器发出动作指令，通过驱动芯片使功率器件按一定的占空比导通，电动机按转向盘转动的速度和方向产生所需的助力转矩协助驾驶人进行转向操纵，从而实现助力转向。

ECU 根据各传感器输入的信号通过查询控制策略表确定控制参数，并根据控制参数控制电动机转动。另外，ECU 需要对系统进行故障诊断，一旦发现故障，将中断对电动机供电，EPS 的故障指示灯亮，并将故障以代码的形式进行存储记忆。

电动机控制装置主要由电动机驱动芯片、功率场效应晶体管、驱动电动机正向和反向转动的驱动电路、电流传感器及控制电动机电路通断的继电器组成。ECU 对电动机的驱动电

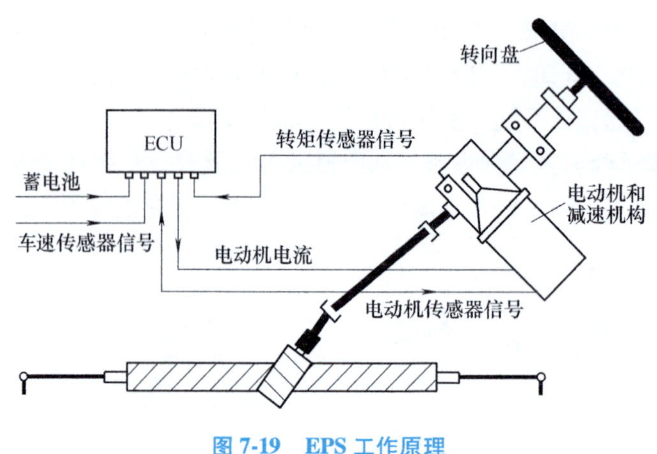

图 7-19　EPS 工作原理

路进行监测，当驱动电流不正常时中断向电动机供电。

转向控制（包括常规控制、回正控制和阻尼控制）是 EPS 系统开发的核心之一，汽车在低速行驶进行转向时，ECU 对电动机进行常规控制，由于要求电动机的端电压随转向盘转速升高而增大，所以场效应晶体管的占空比将随转向盘转速的升高而增大，这样使转向电动机具有较好的转向响应，转向操纵灵敏轻便。以前的 EPS 系统大多是在汽车低速时助力，当车速高于 43~52km/h 中的某个值时（根据设计要求确定），停止电动机的助力并切断电磁离合器。也有采用全程助力方式的，即汽车在高速行驶时仍不切断离合器，利用电动机本身和其内部电路构成的回路对汽车原有的转向系统增加一个阻尼，这样能够进一步提高汽车高速行驶的稳定性，进一步降低了汽车高速转向变道时转向盘“发飘”的现象，提高了驾驶人驾驶的舒适性。

回正控制可以改善转向盘的回正性。在汽车低速行驶过程中，当转向盘转动后回到中位时，电控单元对电动机进行回正控制，电动机将产生一个与电动机转速成正比的阻力力矩，ECU 将使电动机电流逐渐减小，使转向车轮迅速回正，使汽车具有良好的回正特性。

汽车高速行驶过程中，当转向盘转动后回到中位时，ECU 将使电动机电流逐渐减小，对转向车轮产生回正阻尼，使汽车具有稳定的转向特性。阻尼控制可以衰减汽车高速行驶时出现的转向盘抖动现象，消除转向车轮因路面输入引起的摆振现象。在 EPS 系统中，电动机的转动惯量使得系统的转动惯量要大于传统系统的转动惯量。当电动机转动惯量较大时，阻尼控制是很有效的方法之一。当电动机转矩小于设定值时，转速会大于阻尼控制表中的数据。例如，转向盘转速很高，但没有对转向盘施加作用（引起转向盘抖动），即需要阻尼控制以提高路面路感。

7.4.3　电动线控转向系统的结构和工作原理

1. 电动线控转向系统的结构

如图 7-20 所示，电动线控转向系统由转向盘总成、转向执行总成和主控制器（ECU）以及自动防故障系统、电源等辅助系统组成。

转向盘总成的主要功能是将驾驶人的转向意图（通过测量转向盘转角）转换成数字信号，并传递给主控制器。同时，接受主控制器送来的力矩信号，产生转向盘回正力矩，以提

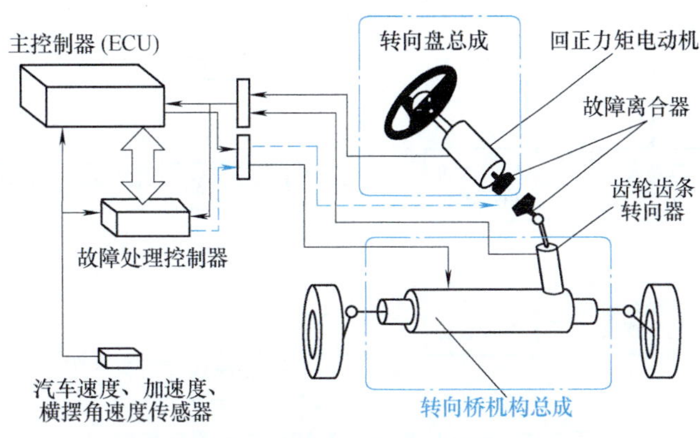

图 7-20　电动线控转向系统的结构

供给驾驶人相应的路感信息。

转向执行总成包括前轮转角传感器、转向执行电动机、转向电动机控制器和前轮转向组件等。转向执行总成的功能是接受主控制器的命令，通过转向电动机控制器控制转向车轮转动，实现驾驶人的转向意图。

主控制器对采集的信号进行分析处理，判别汽车的运动状态，向转向盘回正力矩电动机和转向电动机发送指令，控制两个电动机的工作，保证各种工况下都具有理想的车辆响应，以减少驾驶人对汽车转向特性随车速变化的补偿任务，减轻驾驶人负担。同时，控制器对驾驶人的操作指令进行识别，判定在当前状态下驾驶人的转向操作是否合理。当汽车处于非稳定状态或驾驶人发出错误指令时，线控转向系统会将驾驶人错误的转向操作屏蔽，而自动进行稳定控制，使汽车尽快地恢复到稳定状态。

自动防故障系统是电动线控转向系统的重要模块，它包括一系列的监控和实施算法，针对不同的故障形式和故障等级做出相应的处理，以求最大限度地保持汽车的正常行驶。

电源承担着控制器、两个执行电动机以及其他车用电器的供电任务。

2. 电动线控转向系统的工作原理

传统汽车转向系统是一种机械系统，汽车的转向运动是由驾驶人操纵转向盘，通过转向器和一系列的杆件传递到转向车轮而实现的。汽车电动线控转向系统取消了转向盘与转向轮之间的机械连接，完全由电能实现转向，摆脱了传统转向系统的各种限制。它不但可以自由设计汽车转向的力传递特性，而且可以设计汽车转向的角传递特性。

汽车电动线控转向系统的工作原理框图如图 7-21 所示。用传感器检测驾驶人的转向意图，然后通过数据总线将信号传递给车上的 ECU，并从转向控制系统获得反馈命令。转向控制系统从转向操纵机构获得驾驶人的转向指令，并从转向系统获得车轮情况，从而指挥整个转向系统的运动。转向系统控制车轮转到需要的角度，并将车轮的转角和转矩反馈到系统的其余部分，如转向操纵机构，以使驾驶人获得路感。这种路感的大小可以根据不同的情况由转向控制系统控制。

驾驶人的转向意图（通过转向柱上的转向盘转角传感器输出转向盘左转或右转的转角信号）转换成数字信号并传递给转向控制器。在转向拉杆上安装有一个线位移传感器，利用转向拉杆左、右移动的位移量 s 来反映转向车轮转角的大小，即转向控制器根据转向盘转角计算出拉杆的位移量 s。当转向拉杆的位移量达到所需值时，转向控制器切断转向电动机

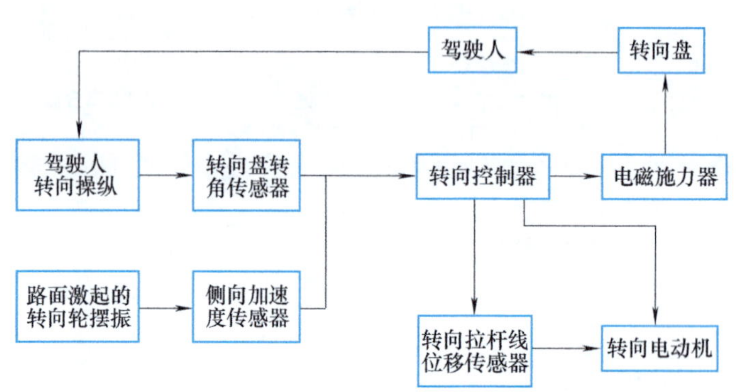

图 7-21　电动线控转向系统的工作原理框图

的电源，转向车轮的偏转角不再改变。由于所选用的转向电动机是蜗轮蜗杆式减速电动机，其运动不能逆向传动，因此，转向车轮可保持所设定的偏转角不变。当再次改变转向盘转角的大小时，转向控制器便重复上述控制过程，并计算出新的转向拉杆的位移量 s'。转向拉杆的位移量达到 s 时，转向控制器再次切断转向电动机的电源，汽车便保持新的转向状态。这种转向轮偏转角 p 随转向盘转角的变化而变化的功能，就是转向随动作用。

3. 线控转向中的特殊问题

（1）系统的安全性问题　为了确保汽车行驶安全，转向系统必须配备安全模块和自检模块以确保系统安全可靠的运行和维修的方便。对于机械系统，可以通过精心设计来实现系统的安全性和可靠性，就像机械转向系统和助力转向系统一样。线控转向系统中转向盘与转向轮之间的机械连接不再存在，完全依靠电子和电气元件来工作，因此要实现系统的安全性和可靠性，就需要采用容错技术。

（2）路感模拟　由于转向盘和转向车轮之间无机械连接，驾驶人“路感”必须通过模拟生成。在回正力矩控制方面可以从信号中提出最能够反映汽车实际行驶状态和路面状况的信息，作为转向盘回正力矩的控制变量，使转向盘仅仅向驾驶人提供有用信息，从而为驾驶人提供更为真实的“路感”。

线控转向系统的转向盘力感模拟可以通过两种方法来实现：一种是采用驾驶模拟器中转向盘力矩模拟的方法（即转向系统动力学建模方法）模拟传统转向系统的路感特性，动力学模型中不考虑转向系统的干摩擦会更利于驾驶人感知真实的路面状况；另一种是模拟法，通过建立基于经验的转向盘回正力矩算法模型，通过驾驶人主观评价方法确定经验模型中的参数。这种方法由于简单实用，而被大多数线控转向系统采用。

7.5　电动冷却系统

电动汽车动力系统冷却方式分为风冷和水冷。风冷却系统的效率低，温度控制不精准。水冷系统效率高，温度控制精准。某车型动力系统水冷系统部件位置如图 7-22 所示。

与传统汽车相比，电动汽车的冷却方式发生了相应的变化，风冷（强制风冷）对于电动汽车已经不再适用。研究表明，油冷的相对冷却能力为强制风冷的 20 倍以上，水冷的冷却能力为强制风冷的 50 倍以上。因而，液冷系统是电动汽车冷却系统的必然选择。

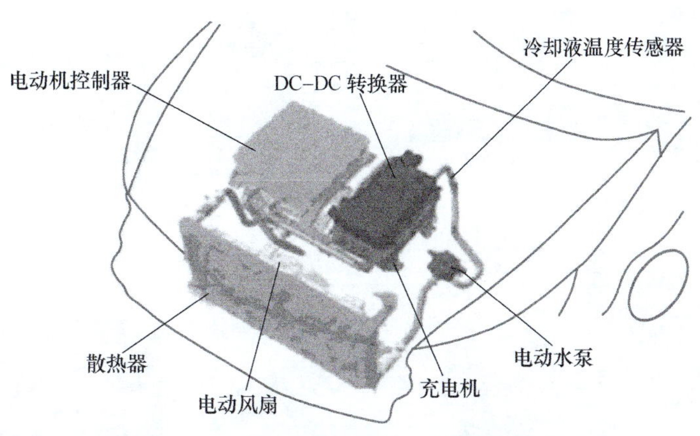

图 7-22　某车型动力系统水冷系统部件位置

电动汽车冷却系统一般由散热器、水泵、风扇、储液罐和温度调节装置等组成，如图 7-23 所示。传统汽车的水泵和风扇可以由发动机直接带动，而电动汽车必须有独立的驱动方式，即使用电动水泵和电动风扇，同时这些部件的电动化使冷却系统可以根据需要进行适时的调整。

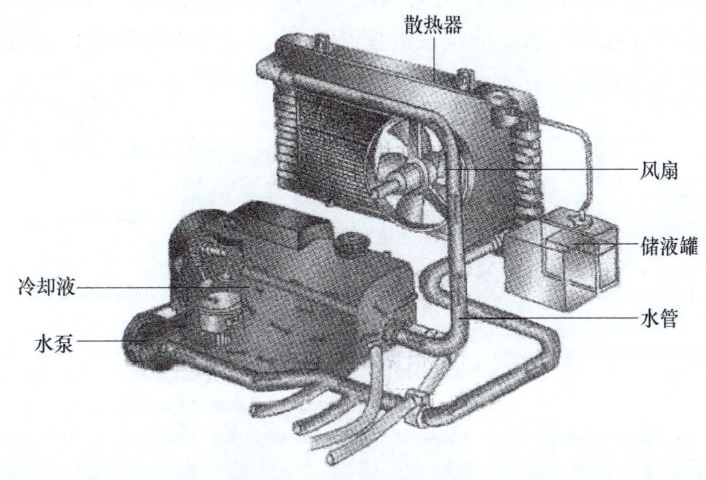

图 7-23　电动汽车冷却系统

7.5.1　电动汽车冷却系统的构成及工作原理

1. 电动汽车冷却系统的零部件构成

电动汽车冷却系统的零部件构成如图 7-24 所示。电动汽车的冷却系统主要包括由冷却管路依次连接在一起的散热器、电动水泵、冷却液温度传感器、充电机、DC-DC 变换器、电动机控制器、电动机和补偿水壶。其中，冷却管路内充满冷却液，散热器上装有加强冷却的电动风扇。

散热器的作用是冷却系统内部的冷却液。电动水泵的作用是为系统内部冷却液提供动力。电动风扇的作用是加强散热器的冷却能力。冷却液温度传感器的作用是检测系统内部冷却液温度。

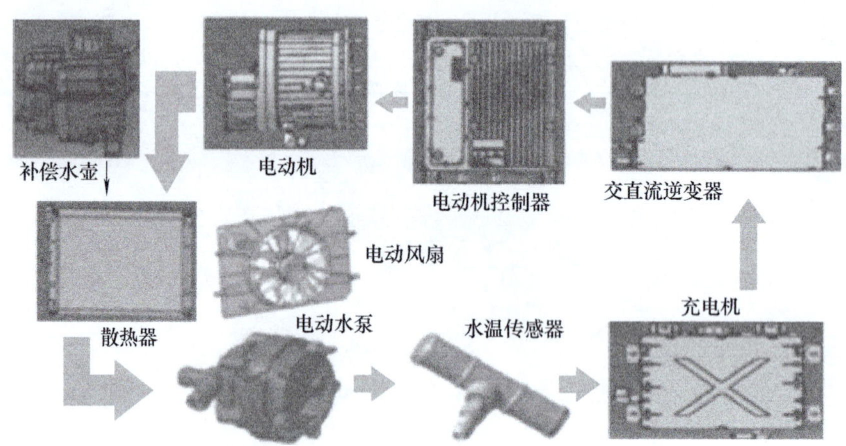

图 7-24　电动汽车冷却系统的零部件构成

2. 冷却系统工作原理

冷却系统控制包含热管理模块控制器及整车控制器，它们通过 CAN 进行通信，隶属于整车 CAN。电动机、电动机控制器、充电机及 DC-DC 变换器隶属于动力 CAN 部分。热管理模块控制器通过硬线与电动水泵、冷却液温度传感器、电动风扇连接，进行信息传递。冷却系统工作原理如图 7-25 所示。

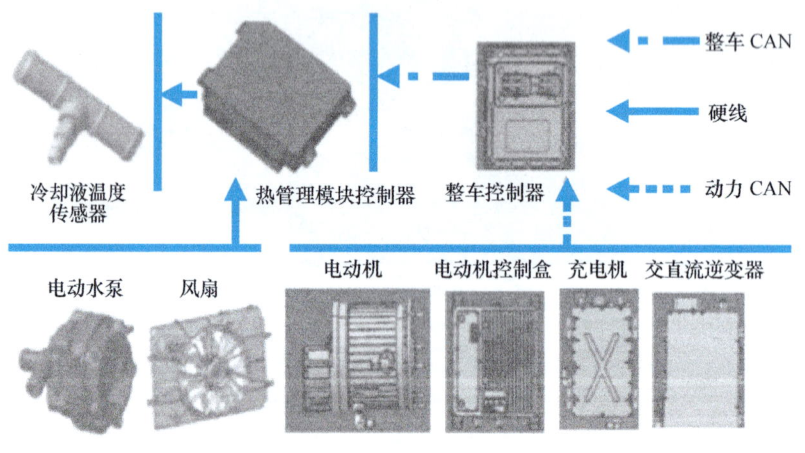

图 7-25　冷却系统工作原理

7.5.2　冷却控制系统

冷却控制系统的功能主要包括：驱动电动水泵，控制电动水泵转速，采集电动水泵反馈信号，将电动水泵运行情况上报整车；驱动电动风扇，控制风扇高低转速；采集温度信号，对故障信息进行采集及判定；实现与整车控制器的 CAN 通信。电动汽车与传统的发动机汽车有所不同，整车运行状态不同，控制方式也不同。电动汽车的工作模式分为车辆运行模式和车辆充电模式，模式不同，动力系统对冷却系统控制的温度及流量便不同。

1. 车辆运行时冷却系统控制

车辆起动运行，点火开关置于 ON 位置，仪表上指示灯“ready”灯开始闪烁时，热管

理模块控制器控制电动水泵开始以设定占空比运行。热管理模块控制器通过冷却液温度传感器检测冷却系统水循环散热器的出水温度。通过 CAN 通信实时监测整车控制器发出的电动机、电动机控制器、逆变器的温度。通过检测冷却液温度传感器、电动机、电动机控制器、逆变器的温度，来调整电动水泵的转速及风扇高低速切换。点火开关置于 OFF 位置，整车下电后，电动水泵延时几秒后关闭。

2. 车辆充电时冷却系统控制

车辆充电时，整车控制器唤醒热管理模块控制器，控制电动水泵按该工况设计进行工作。整车充电完毕，电动水泵延时几秒后关闭。上述温度阈值和电动水泵占空比可以根据不同的动力系统部件进行匹配调节。

3. 冷却系统诊断流程控制

电动汽车冷却系统故障时，热管理模块可检测故障信息，并通过 CAN 信号发给整车控制器。热管理模块控制器在检测到冷却液温度传感器短路或断路时，可控制电动水泵以设定占空比运转，通过 CAN 信号发送冷却液温度传感器故障信号，整车控制器对电动机进行限制功率控制。热管理模块控制器通过电动水泵的输出信号来检测电动水泵是否正常工作。若不正常，风扇高速开启。热管理模块控制器通过 CAN 信号发送电动水泵故障信号，整车控制器对电动机进行限制功率控制，直至车辆停止。整车报三级故障，此时仪表故障灯亮。热管理模块控制器通过电动水泵的输出信号来判定电动水泵故障模式。电动水泵故障模式有过电压、欠电压、过温保护、电流故障、堵转或空转、电动水泵损坏或外围电路故障（插件松动、熔断器烧毁）等。热管理模块控制器可以记忆冷却液温度传感器及电动水泵的故障模式，通过整车的诊断接口，利用诊断仪读取故障信息，以便维修时快速锁定故障原因。

7.5.3 典型车辆的冷却系统

以燃料电池作为动力源的电动汽车，其动力由交流电动机传至车轮。在此车辆中需考虑冷却散热的辅助装置，还有进气中冷器（燃料电池反应中需要的氧气是由压缩外界的空气得到的，压气机将空气压缩的同时使其温度升高，所以需要一个冷却器）、空调冷凝器、电动机和控制器。

图 7-26 所示为一个 400W 的水泵驱动冷却液的冷却系统水路流程图。燃料电池组成一个回路，在此回路中还有取暖装置。另一个回路是由电动机和辅助装置组成的，这些部件并联放置，各部件的冷却液流量、压力由各自的散热量决定，并由控制单元进行控制。

图 7-27 所示系统中两个功率为 200kW 的水泵分别给两个循环回路供冷却液。两个散热器并排放置。高温回路的散热器被分为两个部分，一部分用来冷却高温回路，另一部分与辅助低温回路中的散热器共同冷却低温回路。

图 7-26 共用一个水泵的冷却系统

7.5.4 电动冷却系统中的特殊问题

车辆冷却系统的设计应根据部件的散热特点采取相应的冷却措施，形成智能化冷却技术。在选用零部件时，尽量采用技术成熟和通用的零部件，具体要求如下：

1）针对电动汽车的结构特点、车辆内主要热源的散热方式，按照要求选取合适的冷却方式。

2）分析电动汽车冷却性能的影响因素和特点，以及电动汽车各总成的结构参数和布置方式对车辆散热冷却性能的影响，结合相应的实验，对散热器进行设计计算与布置。应使关键性能部件的设计水平达到集成化，部件结构实现模块化，重要部件形成系列化。

3）确定温度、水泵压力及流量、风扇转速等传感器的性能参数，选择或设计加工出性能好、体积小、易于安装的传感器。

4）将各种传感器与电动机制成一个整体，研究合理的安装位置。实现实时工况管理，通过车辆电子控制管理技术，实现冷却系统全工况的优化运行。

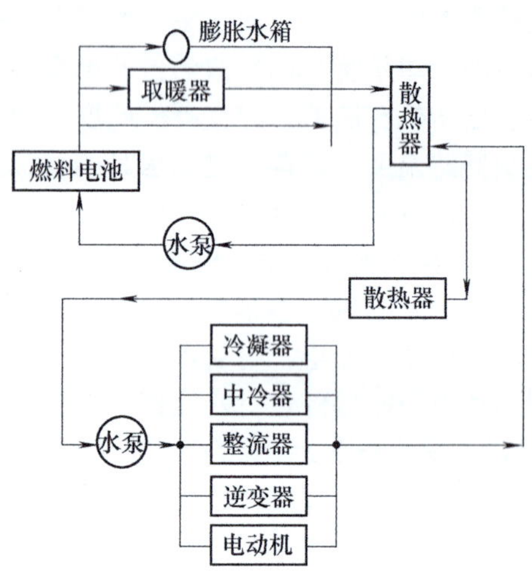

图 7-27　两个水泵的冷却系统

5）对所选用的散热部件进行试验，根据试验数据来修正有关设计、控制参数，以满足所提出的电动汽车的性能指标。测试技术应能根据车辆的实际运行情况实现系统及重要部件的实时监控，并进行智能化调节。

7.6　电动空调系统

电动汽车空调装置以及车内环境主要有以下特点：汽车空调系统安装在运动的车辆上，要承受剧烈而频繁的振动与冲击，要求电动汽车空调装置结构中的各个零部件具有足够的抗振动冲击能力和良好的系统气密性能。电动汽车大部分属于短距离代步，乘坐时间较短，加上电动汽车内乘员所占空间比例比较大，产生的热量相对较多，相对热负荷大，要求空调具有快速制冷、制热和低速运行能力。电动汽车空调使用的是车上蓄电池提供的直流电源，压缩机工作效率高，控制可靠性高，维护方便。汽车车身隔热层薄，而且门窗多，玻璃面积大，隔热性能差，电动汽车也不例外，致使车内漏热严重。车内设施高低不平且有座椅，气流分配组织困难，难以做到气流分布均匀。

7.6.1　制冷方式

目前电动汽车可采用的制冷方式有电动压缩机制冷、热电制冷、余热制冷等。

1. 电动压缩机制冷空调系统

电动压缩机制冷系统利用蓄电池组的直流电，经逆变器为空调压缩机驱动电动机供电，带动压缩机旋转，形成制冷循环，产生制冷效果，如图 7-28 所示。电动压缩机制冷空调系统相对于传统汽车，不同之处是在结构上，驱动压缩机的动力由发动机改变为由电动机驱动。传统汽车空调与电动汽车空调的系统结构分别如图 7-29、图 7-30 所示。

图 7-31 所示为轿车的电动空调系统流程。全电动空调制冷系统由电动变频压缩机、冷凝器、储液干燥器、膨胀管、蒸发器及连接管路等组成，如图 7-32 所示。制冷系统工作时，

空调变频器提供交流电驱动电动变频压缩机工作，电动变频压缩机从低压管路吸入低温低压气态制冷剂，压缩成高温高压气态制冷剂（压缩过程），再通过高压管道进入冷凝器，经冷凝器冷却后，变为高温高压液态制冷剂（冷凝过程），被送往储液干燥器，经过干燥过滤后，通过高压管道流入膨胀管，经膨胀管小孔节流，变成低温低压雾状的液/气态混合物（降温降压），再被送入蒸发器中，制冷剂在其内膨胀蒸发吸收大量的热量，汽化成低温低压气态制冷剂（蒸发吸热过程），重新被电动变频压缩机吸入进行再循环，在此过程中，鼓风机不断地将蒸发器表面的冷空气吹入车厢内，达到制冷的目的。

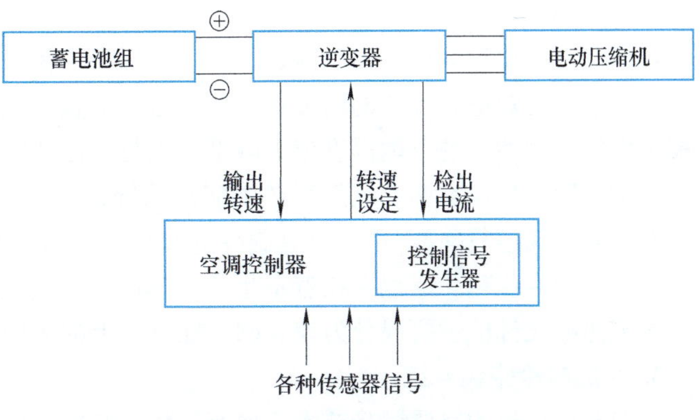

图 7-28　电动压缩机驱动回路

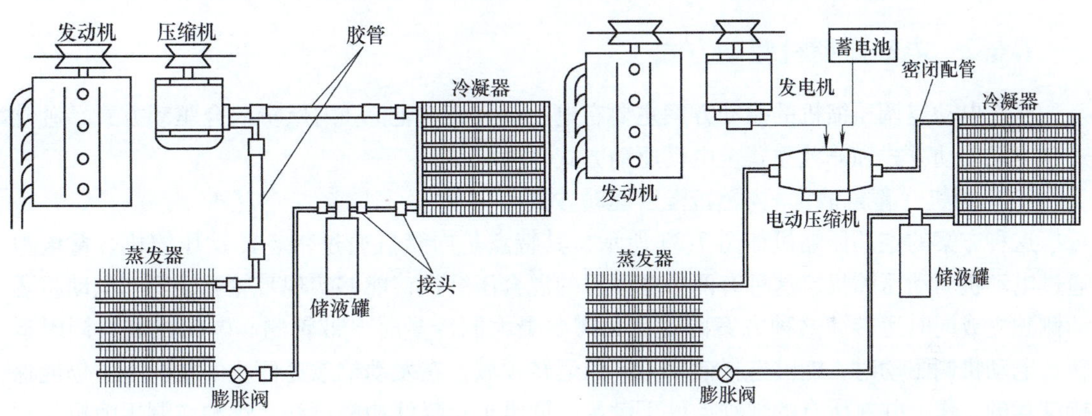

图 7-29　传统汽车空调压缩机由发动机驱动

图 7-30　电动汽车空调压缩机由电动机驱动

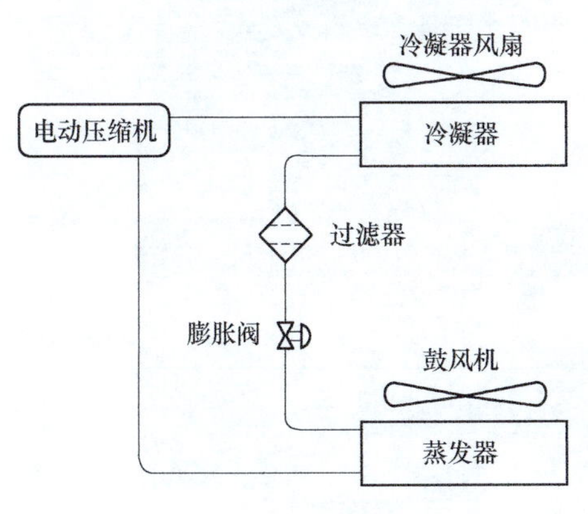

图 7-31　轿车的电动空调系统流程

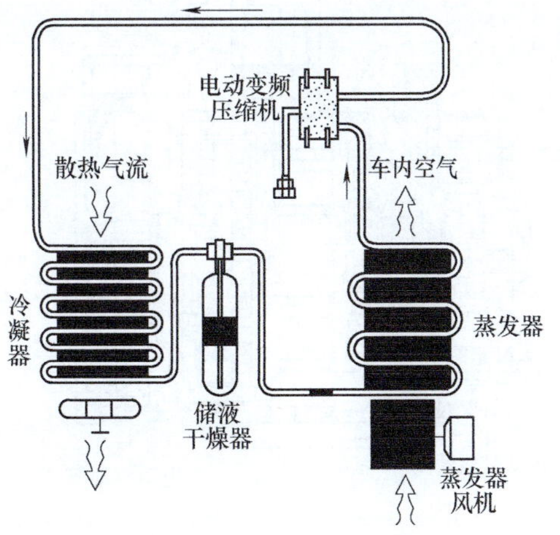

图 7-32　全电动空调系统

热电制冷空调系统

热电制冷器也称为珀耳帖制冷器，是一种以半导体材料为基础、可以用作小型热泵的电子元件。通过在热电制冷器的两端加载一个较低的直流电压，热量就会从元件的一端传到另一端。此时，制冷器的一端温度就会降低，而另一端的温度就会同时上升。

太阳能辅助热电空调系统采用热电制冷系统进行降温，利用高效 PTC 加热元件进行采暖和对风窗玻璃进行除雾/霜。热电制冷空调系统有体积小、适于微型化的优点，比传统的机械压缩式制冷优越，但也存在着不足，如热电材料的优值系数较低，制冷性能不够理想，并且构成热电元件的主要成分为铋、碲，在汽车上的应用受到碲产量的制约。

3. 余热制冷空调系统

目前利用余热的空调制冷技术主要有氢化物制冷空调、固体吸附式制冷空调以及吸收式制冷空调，其工作原理、特点、系统组成不尽相同。余热制冷空调系统体积大、系统复杂，对燃料电池汽车整车以及电池管理系统要求较高，需定期除垢，并且其仅仅匹配在余热热源比较稳定的燃料电池电动汽车上才具有可行性，不具有解决电动汽车空调系统问题的通用性。

7.6.2 电动压缩机驱动方式

汽车电动空调压缩机的驱动方案主要有电动机（蓄电池）+内燃机混合驱动方式、独立式全电动驱动方式和非独立式全电动驱动方式 3 种。

1. 电动机（蓄电池）+内燃机混合驱动方式

这种方案的空调压缩机如图 7-33 所示，其特点是内燃机通过带轮驱动压缩机、蓄电池通过电动机驱动压缩机。这种有两个驱动源的混合压缩机，能够实现带轮驱动侧和电动机驱动侧独立或同时运转。这种方案的优点是需要最大制冷量时，带轮侧、电动机侧可同时运转。电动机侧驱动时，能够选择效率最高的运转领域，在发动机怠速停止的情况下，仍能保持满意的工作，并在所有的驾驶条件下满足空调需求，降低功率消耗。这种空调压缩机仅适用于仍保留内燃机的混合动力电动汽车。

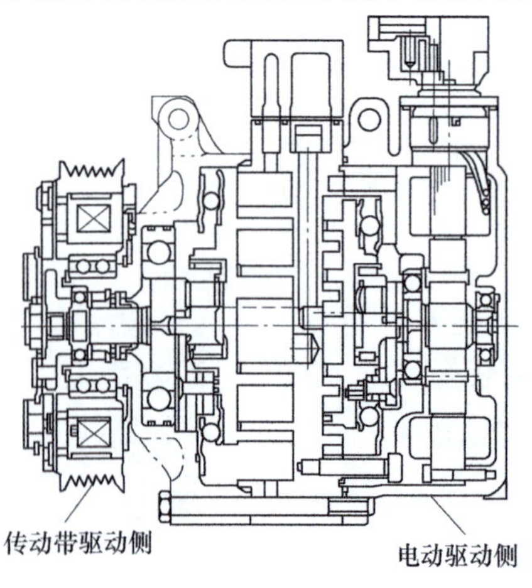

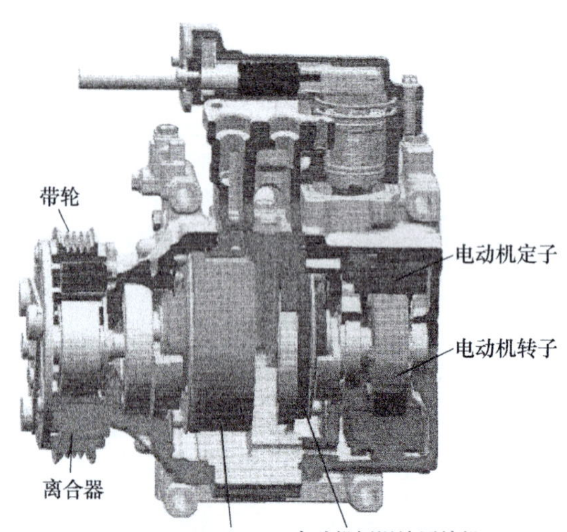

图 7-33 混合驱动空调压缩机

根据汽车行驶工况，可在发动机驱动模式和电动机驱动模式之间切换。在发动机模式下，压缩机由发动机通过传动带驱动。在汽车临时停车（如遭遇交通堵塞）或持续减速时切换到电动机驱动模式，由蓄电池组提供能量。

2. 独立式全电动驱动方式

独立式全电动空调压缩机是将电动机与压缩机泵体封闭在同一个密封壳体内，直接使用电动汽车上的蓄电池供电，结构紧凑。图 7-34 所示为全电动压缩机。

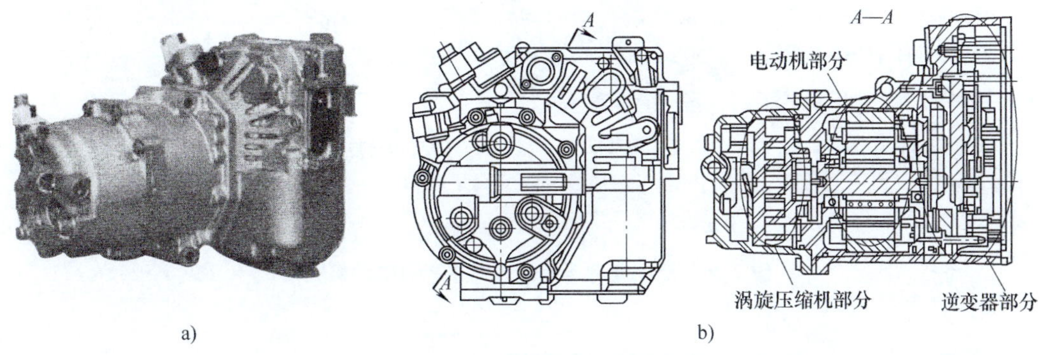

图 7-34　全电动压缩机

a）外形　b）剖面

独立式全电动空调系统具有以下优点：

1）空调压缩机由电动机直接驱动，可通过压缩机的转速调节制冷量。

2）空调与行驶驱动电动机的运转各自独立，空调的运转不受汽车行驶状况影响。

3）减少制冷剂的泄漏，采用电动机内置的封闭式结构，避免了轴封处及其他连接部位处因难以密封造成的制冷剂泄漏。同时，可以用金属管替代易渗透的制冷剂橡胶软管，大大减少制冷剂的泄漏。

4）不需要电磁离合器控制压缩机运转，消除了离合器吸合、脱开时产生的噪声，也消除了周期性离合对空调吹出温度的波动，如图 7-35 所示，且开机后迅速达到设定温度，然后转入低速节能运行，保持温度稳定，舒适性提高。

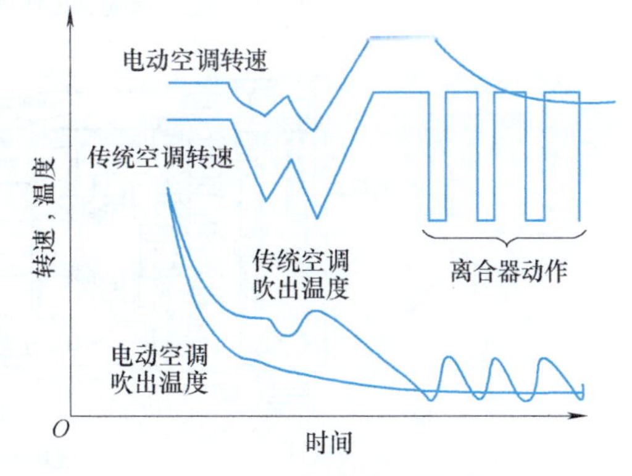

图 7-35　电动空调消除周期性离合对空调吹出温度的波动

5）安装灵活。压缩机安装位置不受限制，可根据整车总体布置、车室的噪声和振动及空调系统的配置灵活布管，提高整车布置设计自由度。

6）体积小、重量轻，有利于降低车辆整备质量。

3. 非独立式全电动驱动方式

非独立式全电动空调系统的空调制冷压缩机通过主牵引电动机驱动，如图 7-36 所示，压缩机运行工况的控制可通过电磁离合器的接合、分离来实现，此时压缩机虽然也是电驱与车辆行驶相关。早期的戴克燃料电池大客车曾采用此方案，现基本不采用了。

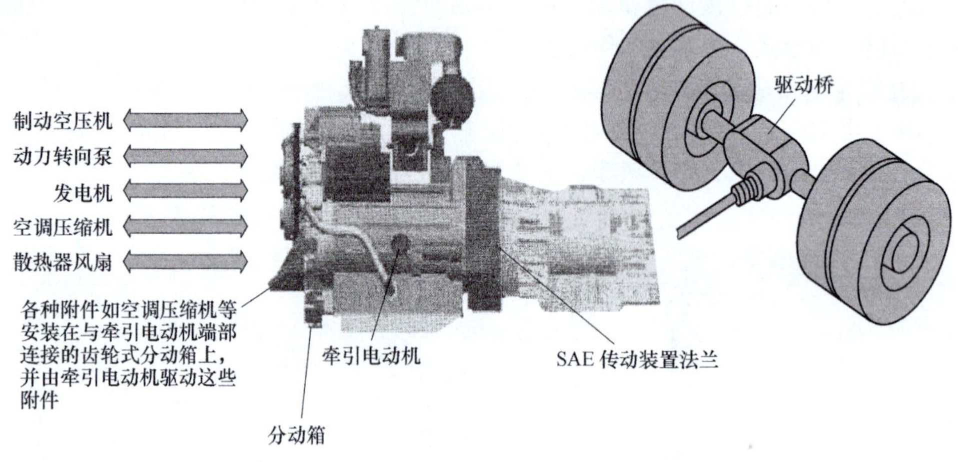

图 7-36　空调制冷压缩机通过主牵引电动机驱动

7.6.3　电动变排量涡旋式制冷压缩机

1. 结构

如图 7-37 所示，电动变频压缩机包含一对螺旋线缠绕的固定蜗形管和可变蜗形管、无刷电动机、挡油板和电动机轴。固定蜗形管安装在壳体上，轴的旋转引起可变蜗形管在保持原位置不变时发生转动，这时，由这对蜗形管隔开的空间大小发生变化，实现制冷气的吸入、压缩和排出等功能。将进气管直接放在蜗形管上可以直接吸气，从而可以提高进气效率。压缩机中有一个内置挡油板，可以挡住制冷循环过程中与气态制冷剂混合的压缩机油，使气态制冷剂循环顺畅，从而降低机油的循环率。

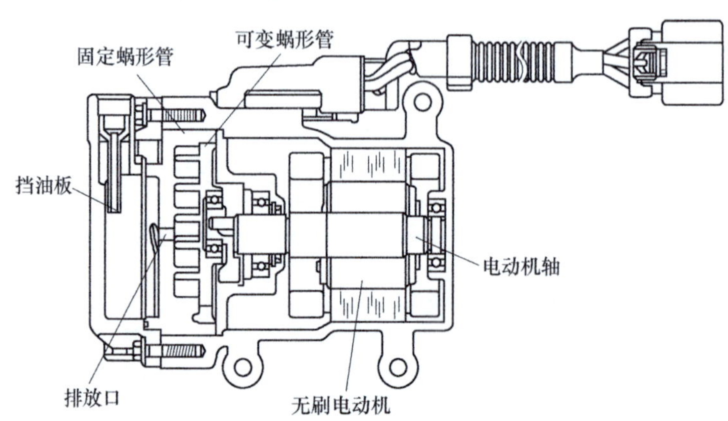

图 7-37　电动变频压缩机内部结构

2. 工作原理

电动变排量涡旋式制冷压缩机的工作原理如图 7-38 所示，分为 3 个过程：

(1) 吸入过程　在固定蜗形管和可变蜗形管间产生的压缩室的容量随着可变蜗形管的旋转而增大，这时气态制冷剂从进风口吸入。

（2）压缩过程　吸入步骤完成后，随着可变蜗形管继续转动，压缩室的容量逐渐减小。这样吸入的气态制冷剂逐渐压缩并被排到固定蜗形管的中心。当可变蜗形管旋转约两周后，制冷剂的压缩过程完成。

（3）排放过程　气态制冷剂压缩完成而压力较高时，通过按压排放阀，气态制冷剂通过固定蜗形管中心排放口排出。

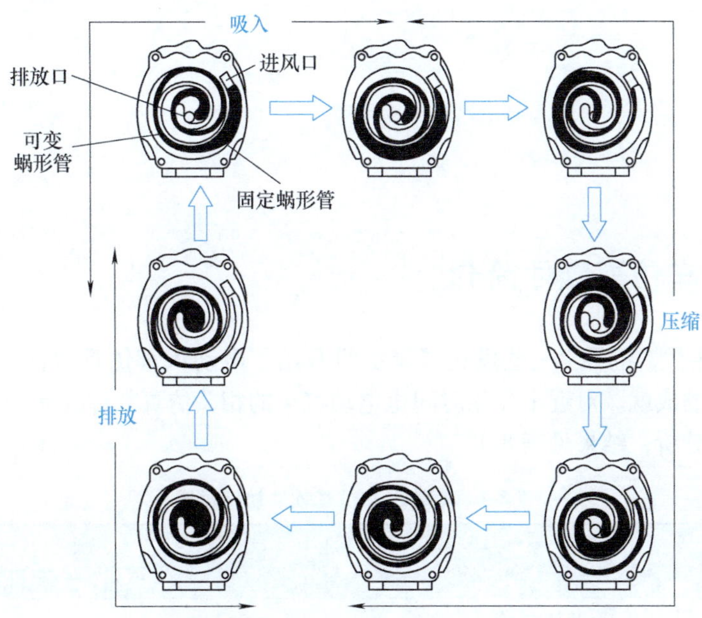

图 7-38　电动变排量涡旋式制冷压缩机的工作原理

第8章 电动汽车建模与仿真

8.1 电动汽车仿真软件简介

20世纪70年代，世界上一些发达国家纷纷开始了电动汽车仿真软件的开发研究进程，并且取得了一定的成就。对近十几年时间里电动汽车的相关仿真软件发展的基本态势及其情况对比进行研究分析，结果见表8-1。

表8-1 电动汽车仿真软件功能对比

软件名称	仿真车型	功能	开放性和通用性	GUI界面	仿真效果
SIMPLEV3.0	CV（传统内燃机汽车）、EV（纯电动汽车）、VV、SHEV（串联式混合动力电动汽车）、PHEV（并联式混合动力电动汽车）、轿车、客车和货车	对部件的具体参数予以准确定位，仿真结果的表达采用图表的形式	直接修改在源代码上	交互式菜单界面	好
CSM HEV	HEV（混合动力电动汽车）	参数分析	模型结构的及时改造	友好	差
PAST 5.1	CV、EV、FVC（燃料电池电动汽车）、SHEV、PHEV、轿车、客车和货车	模型完善，功能丰富	模型转变的难度较小，控制策略操作简单	友好	好
ADVISOR 2002	CV、EV、FVC，SHEV、PHEV、轿车、客车和货车	模型较完善，功能多	模型转变的难度较小，控制策略操作简单	友好	好

当前电动汽车仿真软件的基本特点：

1）仿真模型在设计上往往是采用模块化的设计思路。

2）对源代码与仿真模型予以开放。

3）联合仿真的操作要求。

4）混合动力电动汽车仿真软件的仿真模型在设计策略上采用多种模型与相关图表、数

据有机结合的基本策略。

5）仿真平台为基于 Windows 操作系统下的 MATLAB 软件。

6）虚拟现实。

7）在操作界面上以 Windows 系统 GUI 界面为主。

8.2 仿真软件 ADVISOR

8.2.1 仿真软件 ADVISOR 简介

ADVISOR（Advanced Vehicle Simulator，高级车辆仿真器）是当前知名的车辆仿真软件，其开发者是美国可再生能源实验室 NREL，开发环境为 Simulink 与 MATLAB。ADVISOR 能够对不同类型的汽车性能进行及时有效的性能分析，在结构组成上包括 4 部分：输入脚本、输出脚本、仿真模型和控制脚本等。

1）输入脚本。输入脚本主要包括部件数据文件与车辆定义文件，前者主要对电动汽车的相关部件参数予以确定，后者对汽车的具体类型及其基本动力系统结构予以明确。

2）输出脚本。输出脚本包括校对程序与绘图程序。前者负责将得出的仿真结果予以实时检查，后者则强调仿真的具体实现与完成方式是绘制仿真图。

3）仿真模型。仿真模型由 Simulink 模块构成，作为仿真计算的核心部分其作用是通过数学的方式完成对是对整车结构和各部件的描述。

4）控制脚本。控制脚本包括 GUI，用户通过其用于控制仿真程序运行的作用，来选择不同的仿真功能。

1. ADVISOR 的主要功能和特点

ADVISOR 是 MATLAB 和 Simulink 软件环境下的一系列模型、数据和脚本文件，它在给定的道路循环条件下利用车辆各部分参数，能快速地分析传统汽车、纯电动汽车和混合动力电动汽车的燃油经济性、动力性以及排放性等各种性能。此外，该软件的开放性允许对用户自定义的汽车模型和仿真策略做仿真分析。它主要有以下特点：

（1）仿真模型采用模块化的思想设计　ADVISOR 软件分模块建立了发动机、离合器、变速器、主减速器、车轮和车轴等部件的仿真模型，各个模块都有标准的数据输入/输出端口，便于模块间进行数据传递，而且各总成模块都很容易扩充和修改，各模块也可以随意地组合使用，用户可以在现有模型的基础上根据需要对一些模块进行修改，然后重新组装需要的汽车模型，这样会大大节省建模时间，提高建模效率。

（2）仿真模型和源代码全部开放　ADVISOR2002 的仿真模型和源代码在全球范围内完全公开，可以在网站上免费下载。用户可以方便地研究 ADVISOR 的仿真模型及其工作原理，在此基础上根据需要修改或重建部分仿真模型、调整或重新设计控制策略，使之更接近于实际情形，得出的仿真结果更合理。

（3）采用了独特的混合仿真方法　现在的汽车仿真方法主要有前向仿真和后向仿真两种，仿真软件多采用其中的一种方法，使两种方法优劣不能互补，而 ADVISOR 采用了以后向仿真为主、前向仿真为辅的混合仿真方法，这样便较好地集成了两种方法的优点，使仿真计算量较小，运算速度较快，同时保证了仿真结果的精度。

(4) 在 MATLAB 和 Simulink 软件环境下开发研制　MATLAB 是世界上顶尖的可视化科学计算与数学应用软件，其语法结构简单、数值计算高效、图形功能完备，集成了诸多专业仿真工具包，还提供了方便的应用程序接口（API），用户可以在 MATLAB 环境下直接调用 C、Fortran 等语言编写的程序。MATLAB 内置的计算程序、专业的仿真工具以及与其他应用程序的接口，会减少汽车模型的搭建和仿真计算过程中的工作量，同时为熟悉不同编程语言用户之间的合作提供了方便。

(5) 能与其他多种软件进行联合仿真（Co-simulation）　ADVISOR 设计了开放的软件接口，能与 Saber、Simplorer、VisuaDOC、Sinda/Fluint 等软件进行联合仿真，为用户改进和拓展其功能提供了方便。

2. ADVISOR 仿真方法

ADVISOR 仿真方法包括前向仿真与后向仿真两种形式。

(1) 前向仿真方　前向仿真的突出特征是将驾驶人模型加入到了基本结构中。通过驾驶人模型，控制器能够在实际运行过程中依据驾驶人的具体操作需求来进行整体的能量分配工作，在不断调整设计车辆需求车速与仿真车速之间误差的同时，实现车辆能量的有效管理、加速功能顺利实现目标等。

前向仿真过程中，对整车的控制是先根据驾驶人的实际需求对相应的转矩进行实时计算，在其基础上确定控制器的基本运行状态，将控制器的指令下达到各部件，确保整体控制活动的顺利完成。从驱动装置到传动机构，最后到达车轮，这就是仿真系统中的信号流与能量流的行进路线，这与真实汽车的传递路线是完全一致的。通过控制器产生控制信号并将其传递出去，将各部件实际所能产生的转矩及转速等传递出去，这些都是前向仿真结构采取的几项对机件模拟参数的处理方法。前向仿真流程如图 8-1 所示。

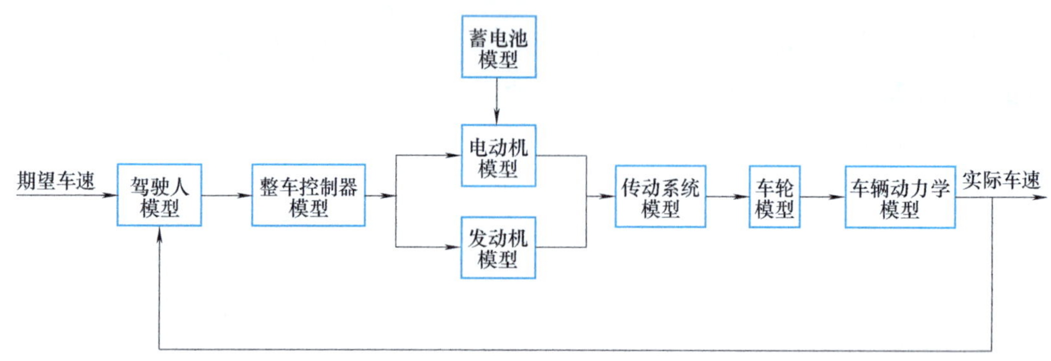

图 8-1　前向仿真流程

(2) 后向仿真　后向仿真主要是通过设定循环工况的方式，让车辆进行标准行驶。在行驶的过程中，依据相关模块试运行状态配合仿真计算，得到车辆在行驶过程中具体的性能结果。一般来说，后向仿真方法要求车辆在依据循环工况行驶时，做好每一阶段的实时计算工作，通过完成车辆驱动转矩的合理转变，进而完成逆向传递计算工作。后向仿真流程如图 8-2 所示。

与前向仿真法中不相同的是，后向仿真法中并未对驾驶人模型予以设置，即在实际的仿真计算结果中，后向仿真法不需要对驾驶人的基本行驶意图予以考虑。另外一方面，由于方

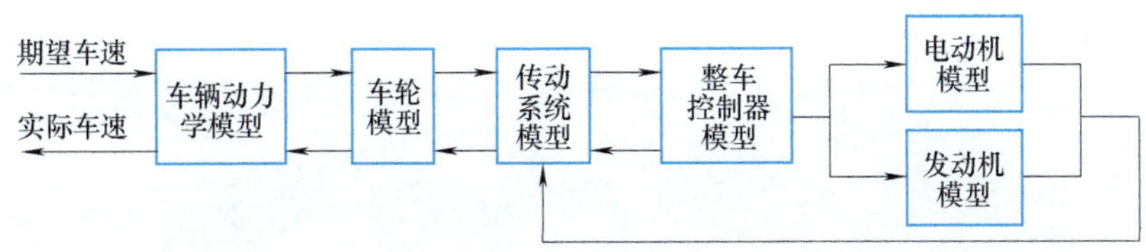

图 8-2　后向仿真流程

向计算自身所具有的突出特点，传统系统在瞬间变化时可能造成的一些细微影响也可以忽略不计，这样做的好处在于着力提高部件建模准确性的同时，降低了积分预算的难度。因此，在仿真计算方法的选择上，后向仿真法一般都会选用仿真速度更快的低阶计算方法。

8.2.2　ADVISOR2002 的使用方法

ADVISOR 软件按照动力的流向建立了仿真模型，并且在 MATLAB 和 Simulink 的软件下运行，此软件能够对汽车的多种性能进行预测、分析等；而且软件的操作较为方便，可以设定不同的工况，同时为使用者提供了多种电动汽车的模型，还可以修改部分模型库，因此使用非常方便。

ADVISOR 运用了前述两种仿真手段融合的综合式结构，通过运用后向仿真法，依据循环工况需要，核算对部件的速率与转矩要求，确保发动机及其相关模块供应的全部真实功率全部测算准确。当将后向途径的仿真均全部完成之后，ADVSIOR 将运用前向仿真手段，自发动机开始分析，再到蓄电池最终到轮胎逐次展开仿真检测，对部件的真实速率、转矩数据予以核算，最终完成仿真，并测定出车辆的真实速率。

ADVISOR 的操作界面（GUI）比较简单，用户可以对子文件进行修改，这样大大方便了用户的开发，软件使用的 M 和 MDL 文件是完全开放的。软件界面如图 8-3 所示。

1. 车辆参数设置

开启 ADVISOR 系统之后，单击“Start”按钮便能够登录车辆参数设置界面，如图 8-4 所示。在此界面内，用户能够设置好车辆的全部参数。参数的定义可以通过以下两种方式进行：第一种，直接使用 ADVISOR 软件中已经存在的 8 种传动系统，调用这些文件模块并且对 M 文件修改以得到所需模块；第二种，ADVISOR 软件为了方便广大使用者，其内部保存着 37 种电动汽车的数据文件，当需要使用时，可以进行调用并进行修改。在此界面右上部有一个“Load File”按钮，可调入车辆参数文件。用户能够使用此按钮直接导入软件内置车型或自己已经个性定义好的一整套数据。此按钮下方有一个“Drivetrain Config”按钮，内有车辆仿真的传动系统形式种类设置菜单（下拉式），菜单内有传统、并联、串联以及自定义几个选项。仿真执行人员可以依据需求测定已有设置，也可以选择自定义选项，完成软件的深度再次开发。确定本选项之后，界面左上部对应示意图会发生变更，并且全部部件对应默认值亦将完成变更。

选择好适当车辆架构之后，便可进一步完成车辆其他参数的设定。用户能够在界面右部所提供的下拉菜单内测定恰当部件，或单击框左边按钮，在下一级对话框内自定义部件，或检视与之对应的 M 数据。当选定其中任意部件之后，与之对应的参数将修正其对应 M 文件，或直接改变界面右边的参数框内的各个修正参数。按照此步骤进行即可陆续完成其他部件的

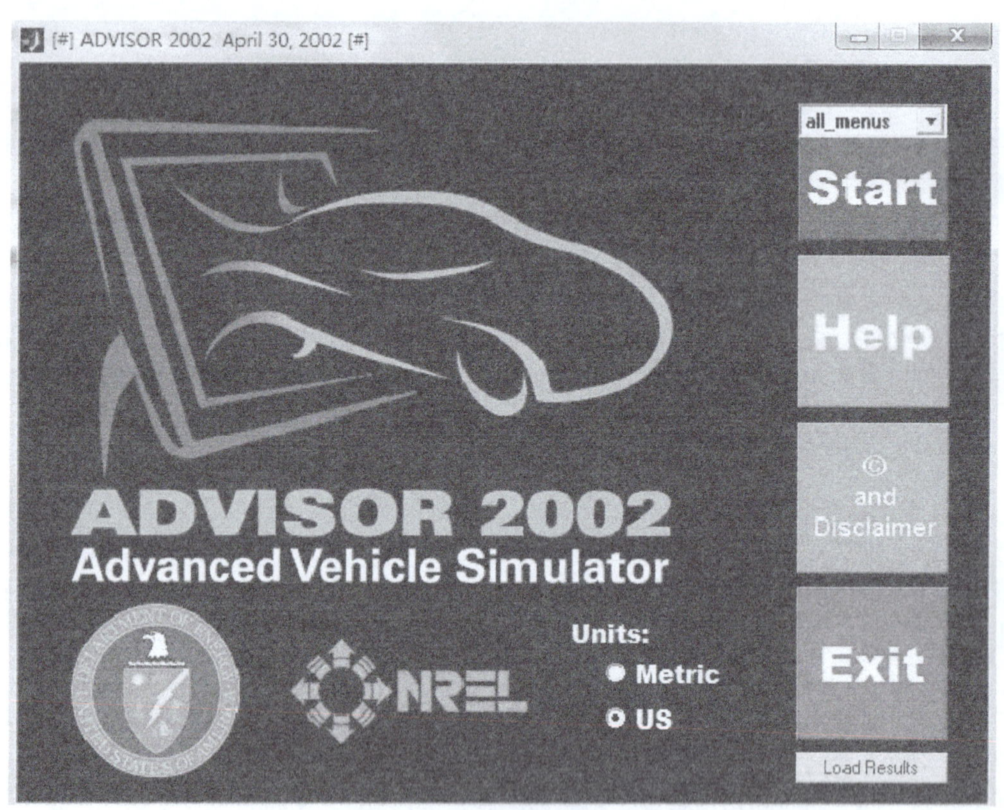

图 8-3 ADVISOR 软件界面

参数设定。

2. 仿真参数设置

当完成车辆的参数设定之后，单击“Continue”按钮便能够进入仿真参数设置界面，如图 8-5 所示。本界面右上角有一个内含有 3 个选项的按钮，分别为“Drive Cycle”“Multiple Cycle”和“Test Procedure”（只能选其一）。选中“Drive Cycle”之后，即能够在弹出菜单（下拉式）内选定一个循环仿真测试的具体工况。本软件提供的不同标准循环工况有 56 种，其中包括 CYC_ NEDC、CYC_ UDDS 等工况。为了满足用户的多种要求，还可以通过提供行程设计器（Trip Builder）进行工况的联合仿真。若需要修正蓄电池内的荷电状况，则应该选择“SOC Correction”选项，并且还能够对需要完成仿真测试的次数（循环）进行设定，默认参数值为 1。另外有一个“Initial Conditions”按钮，供使用人设置仿真起始状况。测试工况（Test Procedure）拥有 8 个国外标准，其中包括 TEST_ ACCEL、TSET_ J1711 和 TEST_ FTP_HYBRID 等标准，用户可以根据需求进行选择。

界面中部主要有两个部分“Acceleration Test”和“Grade ability Test”，分别是加速度和爬坡能力，是仿真过程中参数设定工作的关键。在前一部分内，用户能够选择不同特殊仿真条件：换档延迟（默认 0. 2s）、为加速提供动力的设备（发动机、蓄电池两者选一或混合）、蓄电池 SOC 初始设定值、整车质量等。同时允许用户设定加速的结果区间：自 0 开始至某速度值所需时间、自某速度值到另一速度值所需时间、行进某距离路程耗时、某时间内能够

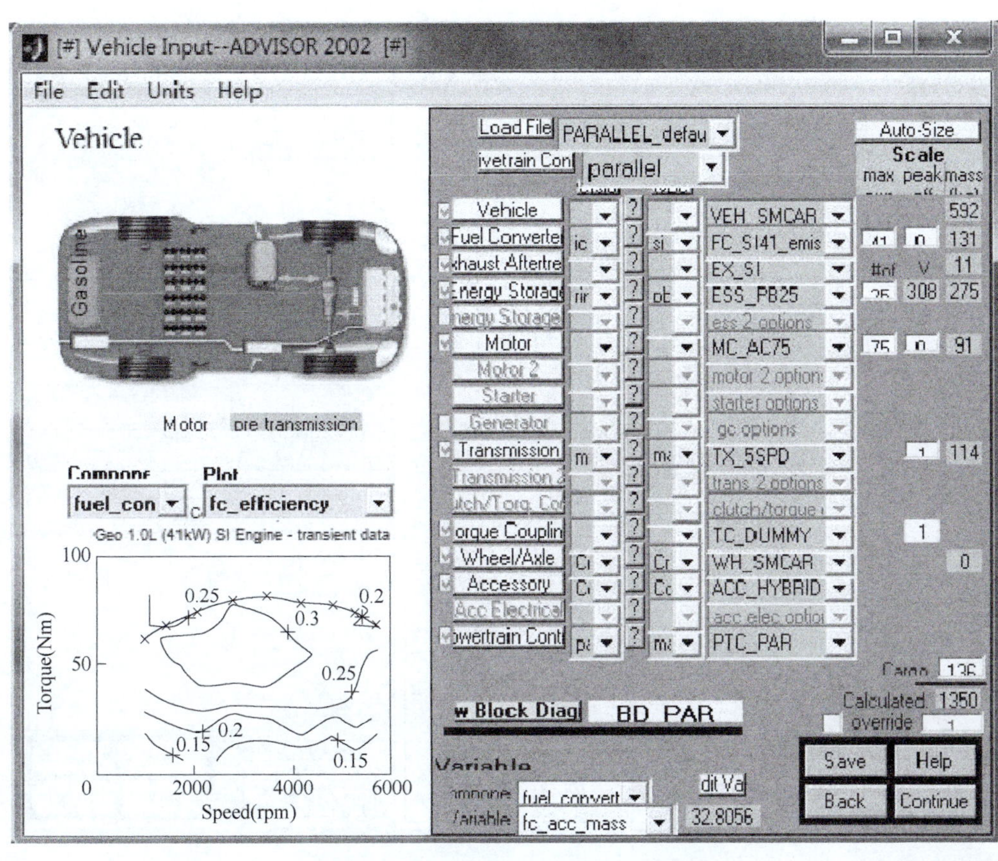

图 8-4 ADVISOR 车辆参数设置界面

行进的路径长、加速度峰值、车速峰值等，用户能够依据实际需求完成上述参数设置。在界面中部第二个设定部分内，用户能够确定基础仿真的条件参数，包括行进道路的坡度大小、爬坡时候车辆的速度、爬坡耗时、在爬坡过程中提供动力的设备（发动机、蓄电池两者选一或混合）、蓄电池 SOC 起初设定值、整车质量等。在此部分中，用户能够设定某一特定速度，测试车辆的爬坡性能，求解在此速度水平下车辆能够达到的最大坡度（位置），或接触在某特定条件下的坡度峰值或最小值。界面还提供了“Parametric Study”选项以便完成系统参数解析，为了完成此工作，用户必须提前设定各参数上/下限和数据中值。在解析参数历程里，系统会对各参数完成各项仿真历程，并且精准显示诸参数在此历程变化时对整个体系的影响。“Elec. Aux. Loads”选项的作用是完成辅助电气设施的配置，能够加大电气设施的负载，同时设定设施开启和关闭的时间。

3. 仿真结果

完成全部仿真参数之后，单击“Run”按钮便能够进入仿真结果界面，如图 8-6 所示。本界面左边列示了全部关键参数对应图表，因界面有限，图表列示总量不超过 4 个，允许用户根据实际需要选择必须显示的图表。本界面右上部分主要列出油耗和尾气排放，下方列示车辆加速和爬坡两项性能的测试结果。单次点击按钮“Energy Use Figure”便能形成新图表，对仿真中能量的运用和流转予以直观展示。单次点击按钮“Output Check Plots”能够列示一系列曲线来体现车辆各项参数之间的关系以及工作实况，同样因界面有限，有部分参数不能

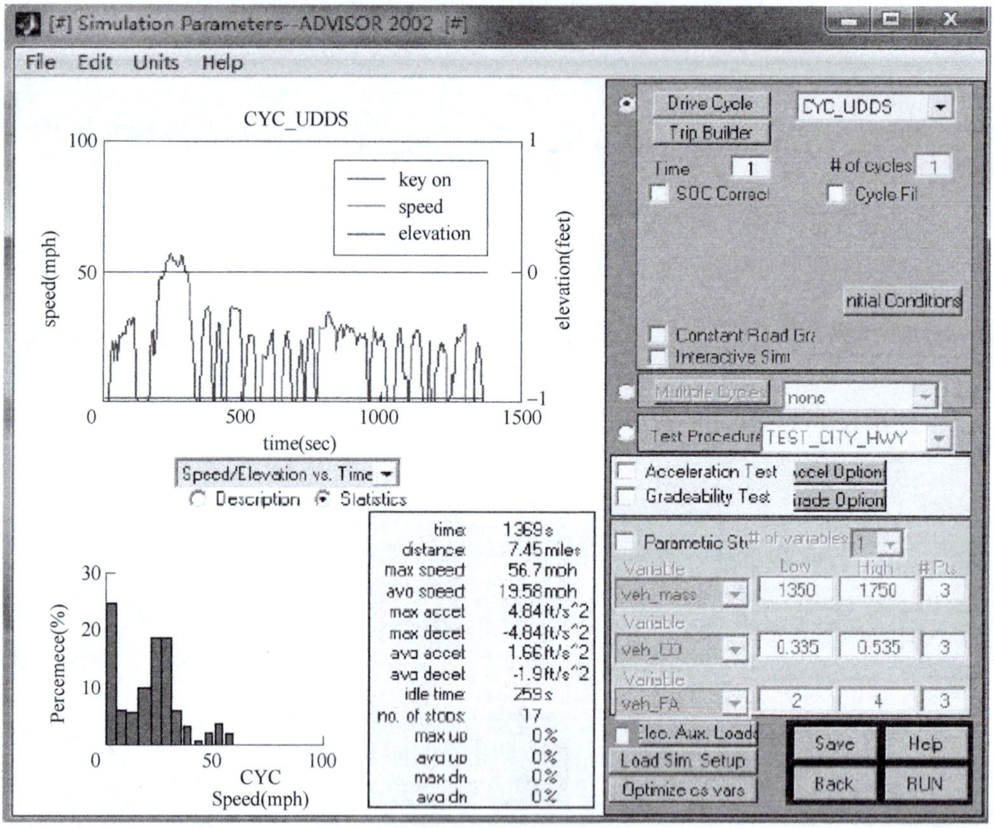

图 8-5 ADVISOR 仿真参数设置界面

被列示。本软件能够检测查车辆在仿真过程中行进轨迹和期望轨迹之间的吻合程度，并对轨迹予以分析，所得结果被展示在“Warnings/Messages”窗体内。

8.3 基于 ADVISOR 混合动力电动汽车的建模与仿真

8.3.1 混合动力系统建模

1. 发动机模型

因为车辆发动机的特性呈现明显的非线性，所以如果对其所有模型参数均进行设置，所得模型势必极其复杂，因此现实仿真过程中，往往建立高阶多项式以近似方程完成模型描绘，其中多项式设定的阶数太高将不利于模拟核算，故而不应在系统中直接引进此数学模型。

车辆发动机的建模手段具体有理论和实验建模手段两种。其中前一方法的基础是理论，即在所有特征参数均已经确定的基础上，运用热力学理论，模拟发动机内燃烧燃料转化能量的过程，此过程包含大量复杂理论诸如燃烧、发生于诸个部件的热传递，并需要依据流体、动力学等学科构建发动机内部燃料、空气之间的关系方程式、诸运动器件的运动关系方程式等。后一方法的主体内容是对实际发动机完成实测，构建转矩、转速、耗油率、尾气等参数

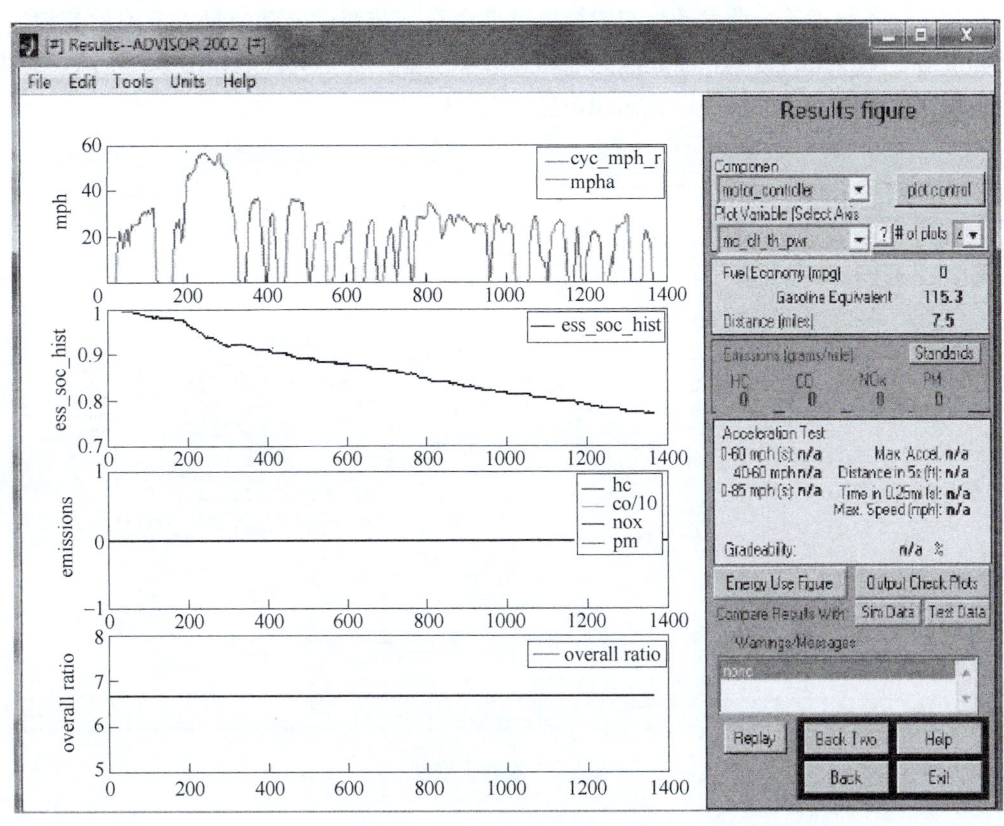

图 8-6　ADVISOR 仿真结果界面

数据库，运用拟合数据或查表的方法对发动机运行特性进行模拟。前一方法能够更好地体现发动机的动态特征，而且只需要在软件内修改相应参数就能够对规格不一的发动机进行仿真测试。发动机内部诸指标之间关系均已建立微分、代数方程式予以精准描绘，所得模型较为复杂、核算耗时较长，通常用来分析发动机的内在构造、运作机制等对其参数性能产生的影响。但是，若所建模型过于复杂，将显著延长仿真核算耗时，导致仿真方案变得不可行，而且发动机诸多参数指标特性较为复杂，极难取得精准值，通常需要依据个人经验通过估算求得，势必严重影响模型精确度，致使用复杂理论模型进行仿真的结果与实验模拟法基本相当。从理论层面建立的发动机仿真模型适用性较强，适用范畴较为广泛，能够免除先期测试，但建模过程困难较大，必须考量的现实因素相对较多。

ADVISOR 软件对发动机装置进行仿真所用模型为基于实验数据所建模型。仿真过程如下：车辆仿真模型内部的部件模型提供仿真所需转速、转矩参数，充分考量惯性以及附件损失，所得模型能够精准核算得出符合装备需要的发动机设备运行点。由于控制模块严格限制了发动机装置运行过程中的转矩、转速范畴，并限制了离合器分离状态下发动机装置的转速。只要转速及转矩参数值被确定，系统便将其反馈至别的部件模型内，进而得出每一时刻步长中消耗的燃油及尾气数量。而系统中已有这两个参数和发动机装置的转矩、转速的对应表格，并能够运用积分方程式求解整车油耗及尾气总量。发动机装置的模型核算包括机械模型方面的转速、转矩核算，热学方面的各元件温度核算，油耗以及尾气与其他排放物质核算，并修正设备温度等。此发动机装置模拟模型考量了装置的转动惯量以及附件荷载波动、装置温度对性能产生的影响，因此应为准动态数学模型。发动机模型如图 8-7 所示。此模型主要包括转矩核算、速度估算以及油耗核算三大子模块。

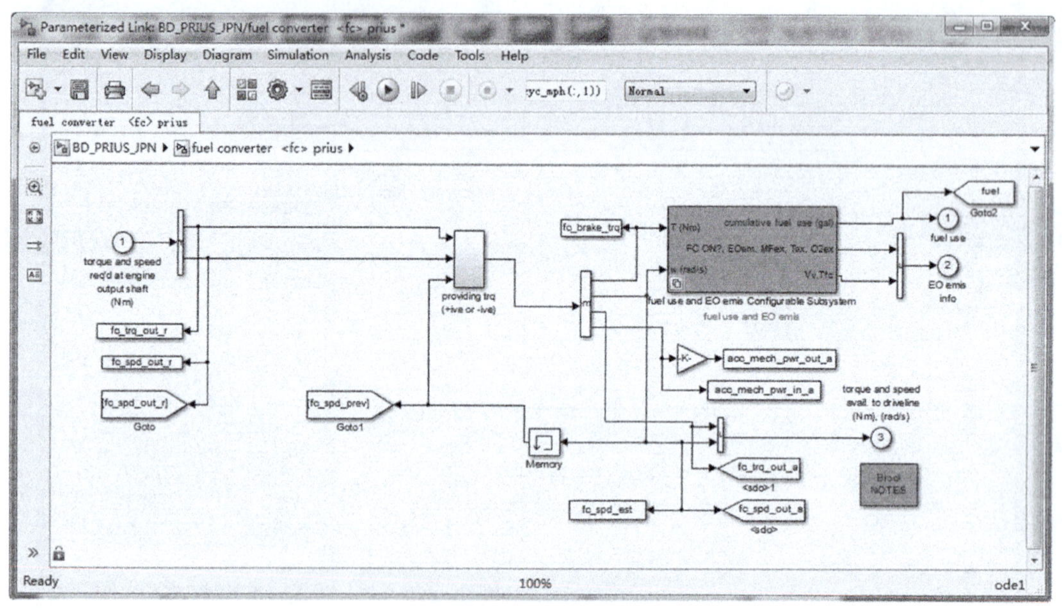

图 8-7　发动机模型

2. 电动机模型

此模型构建基础为电动机装置的电压、功率、转矩三要素的平衡方程式以及装置运行特性方程式。模型构建时，必须充分考量限制设备性能的因素和内部热交换，同时需要考量类别不同的装置的特殊性。模型是否正确在很大程度上取决于所建模型内各因素关系是否符合逻辑，而模型是否精确则取决于构建模型时是否考量全面，且对现实状态下影响设备因素的分析是否正确。在本软件内仅仅依赖模型完成实际装置的仿真解析远远不够，还需编制仿真测试匹配的文件，即设定好装置正常运作时的转矩、转速乃至功率等 MAP 图，并设置关键性能数据如电压、电流的峰值、转动惯量乃至质量等。在进行仿真测试时，所建模型运用插值核算手段，调取文件内数据完成仿真工作。电动机装置模型运用顺/逆序两种核算手段。所得模型能够实现下述功能：在已经确知建模的装置对象时，依据设备模型电动机需要的转矩以及转速需求，在诸多性能受限条件下核算求得电动机功率输入以及转矩两大特性数据。在顺序核算数据模型内，依据实际电动机的真实输入功率，在考量内部热交换对设备的影响后，可以求得相对精准的转矩及转速输出。此仿真依据装置模型对象实物设备的真实输入功率核算得出转矩及转速输出量，在正常运转时，装置输入能量与输出能量之差与装置内热能消耗基本相当。逆序核算构建并求解模型进行仿真的具体步骤是将电动机的转矩及转速需要转变成电功率输入需要，并设置诸多性能指标，求解满足整车行驶性能需要的电动机工作性能。

ADVISOR 内设定的电动机装置模型是基于动力学构建的模型，并未将电磁因素考量在内。因此，电动机装置模型只需设置输入/输出参数，而无需考量装备内部运行机制。在工

作状态中，电动机正常运转，装置内电流（源自蓄电池、发电机/电动机装置）经由控制器传输至电动机，带动电动机轴实现转矩输出，并通过传动系统调整速度和转矩之后，完成对整车的驱动。制动车辆时，车轮反拖传动系统带动发电机工作，制动车辆的动能损耗转为电能存入蓄电池组。电动机模型如图 8-8 所示。

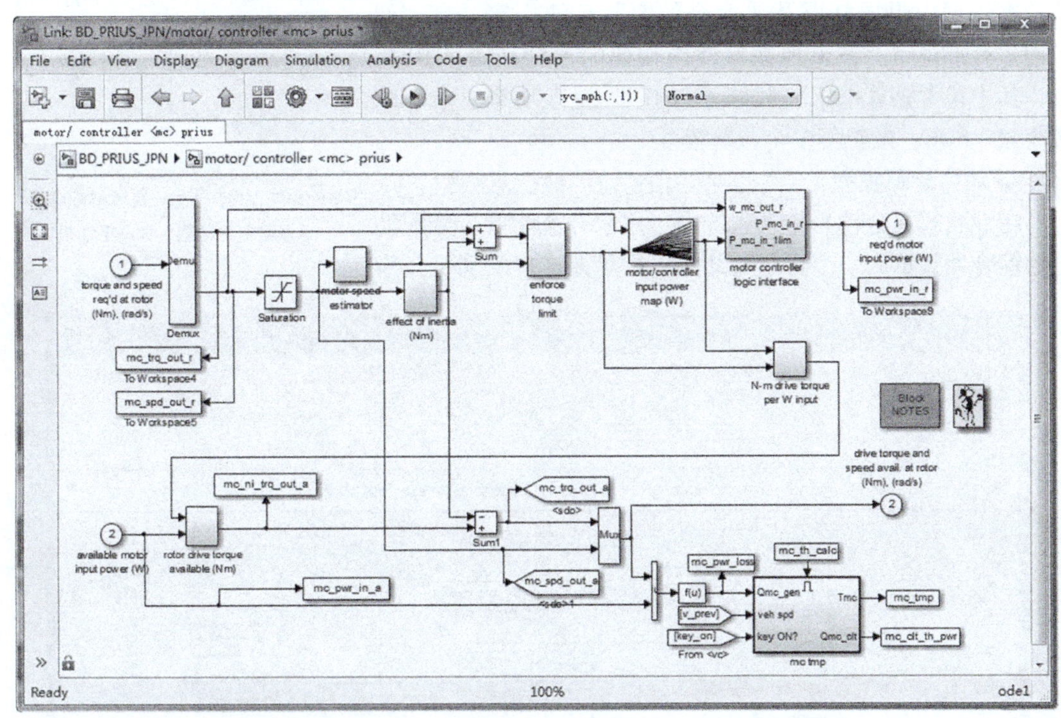

图 8-8 电动机模型

3. 蓄电池模型

电化学蓄电池是多种驱动装置的基本构成部分，不管是串/并联还是混联搭建的传动体系，蓄电池均被用作辅助能源。混合动力车辆内蓄电池的运用与一般电动车辆不同，当车辆运行时，蓄电池将呈现不规律的充放电，因此蓄电池的充放效率及速率要求较高，故而在混合动力类型车辆内所用蓄电池不但需要具备较高的能量密度，还要具备较高的功率密度。

因为蓄电池充放电时均有较为复杂的电化学反应发生，散发大量热量，影响蓄电池的温度，其电化学特征与诸多随机因子之间皆有关系，其所得函数应不具有线性特征。事实上，在建立此装置的动态模型时，不仅需要分析其内在机理，还要进行实验以便测定诸多随机因子与蓄电池化学特性之间的非线性关系。构建模型的基础在于蓄电池组 E（电动势）、U_{OC}（开路电压）以及 R_{INT}（内阻）三大因子之间的关系函数——特性函数，此函数建立的基础是 R_{INT} 伴随电池组 SOC 之间的波动关系测定结果。运用构建模型的手段构建的模型即为内阻模型，此模型能够由与蓄电池组等效的电路（见图 8-9）予以描述。此等效电路内，蓄电池 E 和 R_{INT} 分别被视为串联电路内的元件，蓄电池内部储存的电量被视为常量，并且与蓄电池开路的最小电压直接相关，且蓄电池内可以储存电量的最大值与蓄电池开路的最大电压相关。当此蓄电池已被视为内阻确定的电压源时，与其连通的元件（如发电机/电动机装置）

便均可被视为电源或消耗电能的元件。蓄电池功率输出与此电路能够输出功率的最大值，或控制电动机功率装置限定的最大值直接相关。

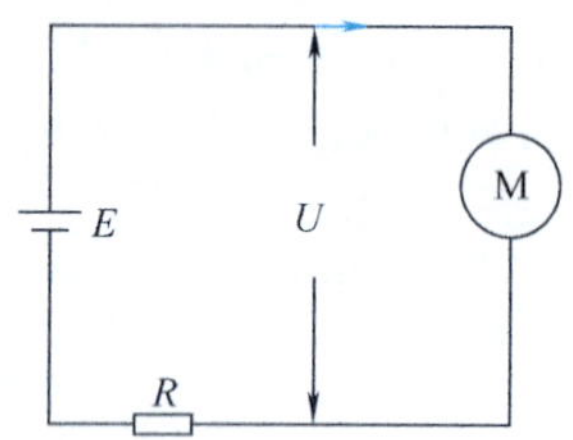

图 8-9 蓄电池等效电路

E—蓄电池电压 *U*—蓄电池端电压
R—蓄电池内阻 *M*—电动机

ADVISOR 内蓄电池的内阻模型依照动力总线所需功率来核算其 SOC 数值，进而得出有效功率输出值，其中损耗的功率依据内阻损耗以及“库仑效率”定律而定，自上而下构建全部模型。蓄电池在软件内构建的模型如图 8-10 所示，其中包含核算电压（开路）、内阻、受限功率、内部电流荷载、SOC、散热等多个核算模块。

4. 动力分配模型

在混联式混合动力传动系统中，用来分流能量、分配动力的综合性装置为一个行星轮结构，行星架连接发动机、齿

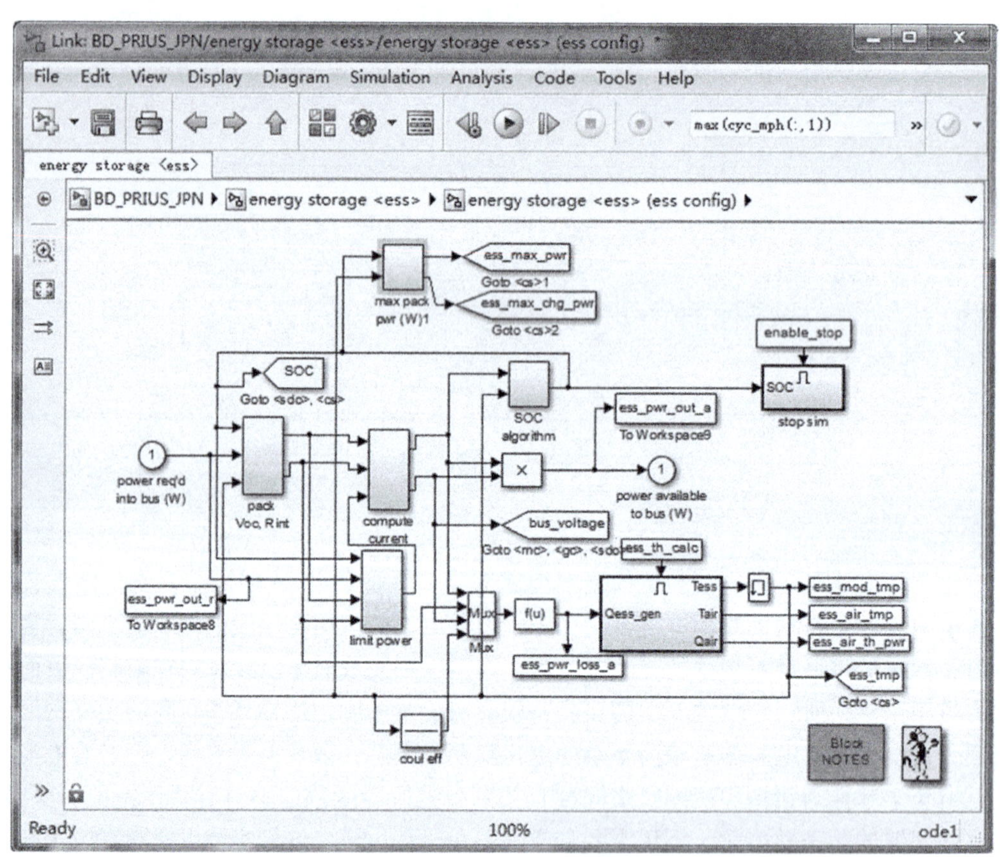

图 8-10 蓄电池模型

圈连电动机和输出齿轮，太阳齿轮连接发电机，通过某一离合器使行星轮机构以一定的传动比工作。发电机的转子与发动机的输出轴刚性连接。动力分配装置如图 8-11 所示。

5. 整车仿真模型

针对混联式混合动力车辆内诸多关键模块均构建了数学和仿真模型，完成了数个仿真模

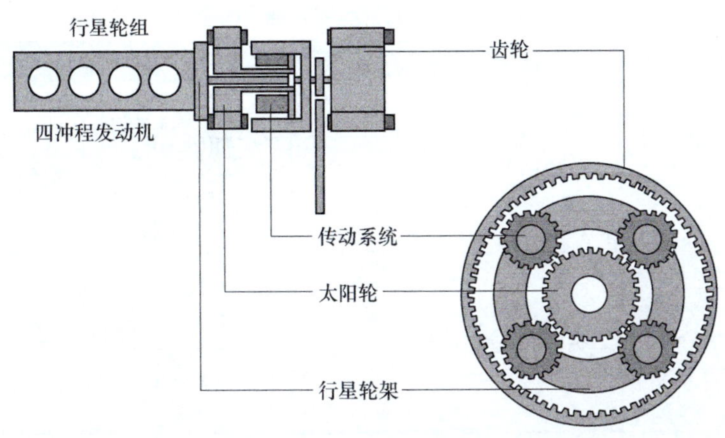

图 8-11　动力分配装置

块的封装，并纳入整车数学模型体系内完成连接，最终得出框架总图，如图 8-12 所示。整车仿真模型图各模块的含义见表 8-2。

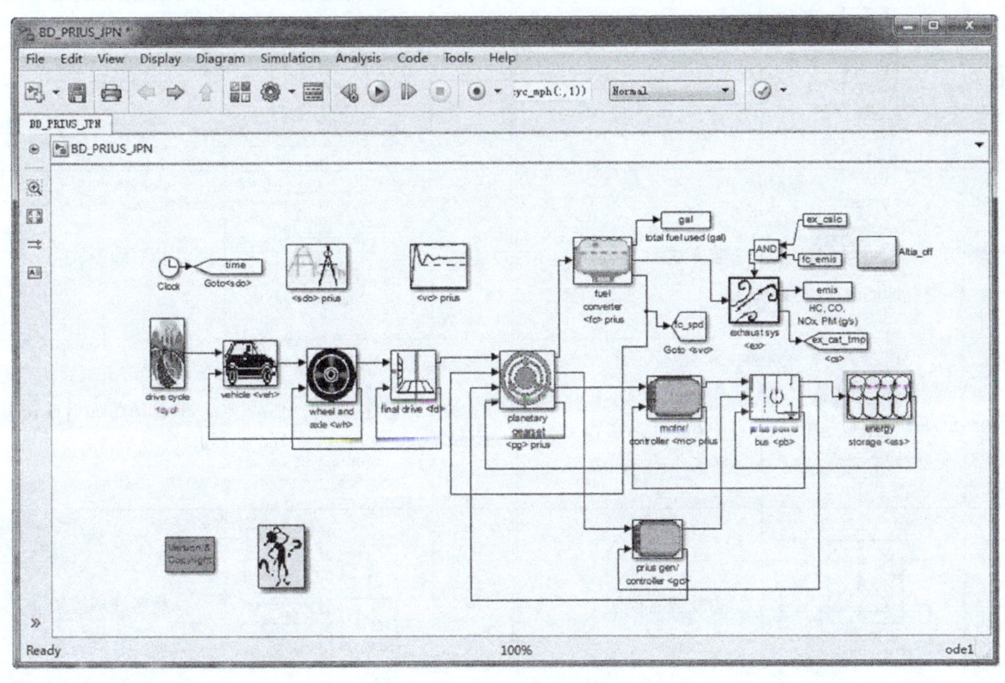

图 8-12　整车仿真模型

8.3.2　参数与工况设置

1. 仿真参数设置

依照丰田普锐斯汽车本身的参数和对驱动系统各主要构件的参数分析，进行仿真参数的确定，这些参数确定后，通过对 ADVISOR 的二次开发，修改车辆各部件 M 文件及相对应选项的参数值，完成仿真参数的设置。主要的参数值见表 8-3。

表 8-2 整车仿真模型图各模块的含义

序号	图标	含义	序号	图标	含义
1	time Clock Goto<sdo>	仿真时间	8	planetary gearset <pq>prius	行星机构模块
2	<sdo>prius	标准诊断输出模块	9	fuel converter <tc>prius	发动机模块
3	<VC>prius	整车控制模块，包括离合器控制、发动机控制、牵引力控制、制动控制以及变速器控制	10	motor/ controler<mc >pril	电动机与控制模块
4	drive cycle <cyc>	循环工况	11	prius oen/ controller<gc>	发电机与控制模块
5	vehicle<veh>	整车模型	12	prius power bus<pb>	功率总线模块
6	wheel and axle<wh>	车轮和半轴模块	13	energy storage<ess>	能量存储模块（蓄电池组）
7	final drive<fd>	主减速器模块	14	AND emis HC.CO. NOxPN(g/s) exhaust sys <ex>	排放后处理模块

表 8-3 参数值

项　目	参　数
长×宽×高/（mm×mm×mm）	4485×1745×1510
轴距/mm	2700
轮距（前/后）/（mm/mm）	1525/1520
整备质量/kg	1385

（续）

项　　目	参　　数
排气量/L	1.798
最大功率	73kW@5200r/min
最大转矩	142N·m@4000r/min
空气阻力系数	0.29
电动机型式	同步交流电动机（永磁型）
最大功率/kW	60
最大转矩/N·m	207
蓄电池式	密封镍氢电池
容量/A·h	6.5A·h
最高车速/(km/h)	180
主减速比	3.93
迎风面积/m^2	1.746

2. 测试循环工况设置

在 ADVISOR 的几十种循环工况中选择的循环工况，主要有 UDDS（Urban Dynamometer Driving Schedule，市区循环工况）、HWFET（Highway Fuel Economy Test，高速公路燃油经济性测试）、NEDC（New European Driving Cycle，新欧洲循环工况）和 ECE_EUDC（Economic Commission for Europe_Extra Urban Driving Cycle，市区市郊综合循环工况）。这几个循环工况是混合动力电动汽车测试的几个主要典型工况。它们的车速与仿真时间的关系如图 8-13～图 8-16 所示。

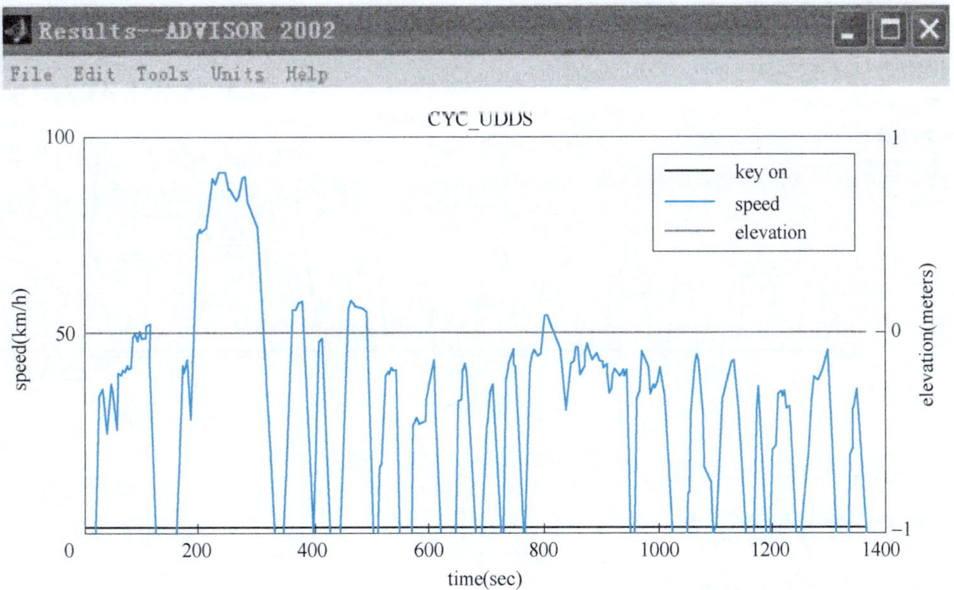

图 8-13　UDDS 循环工况

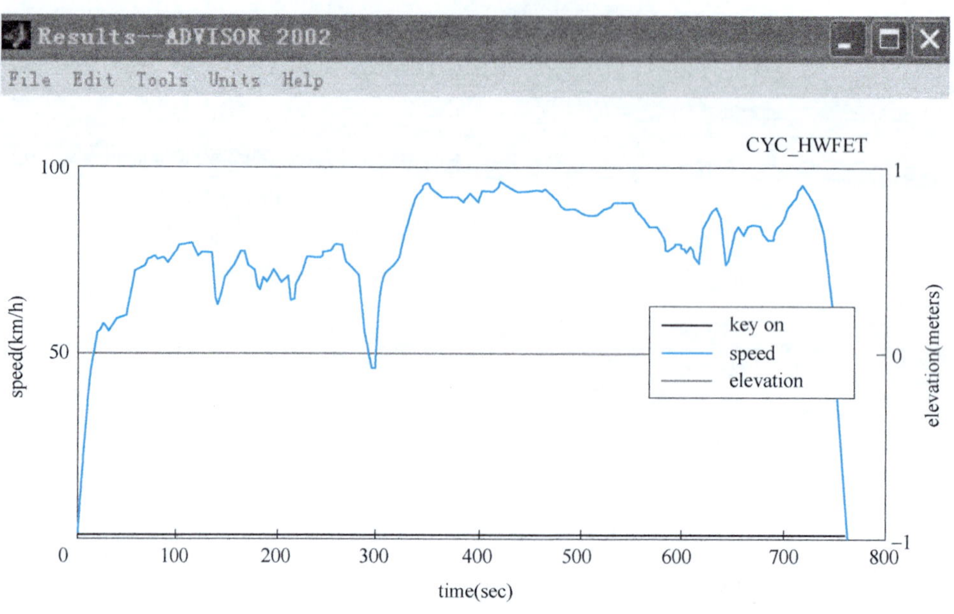

图 8-14　HWFET 循环工况

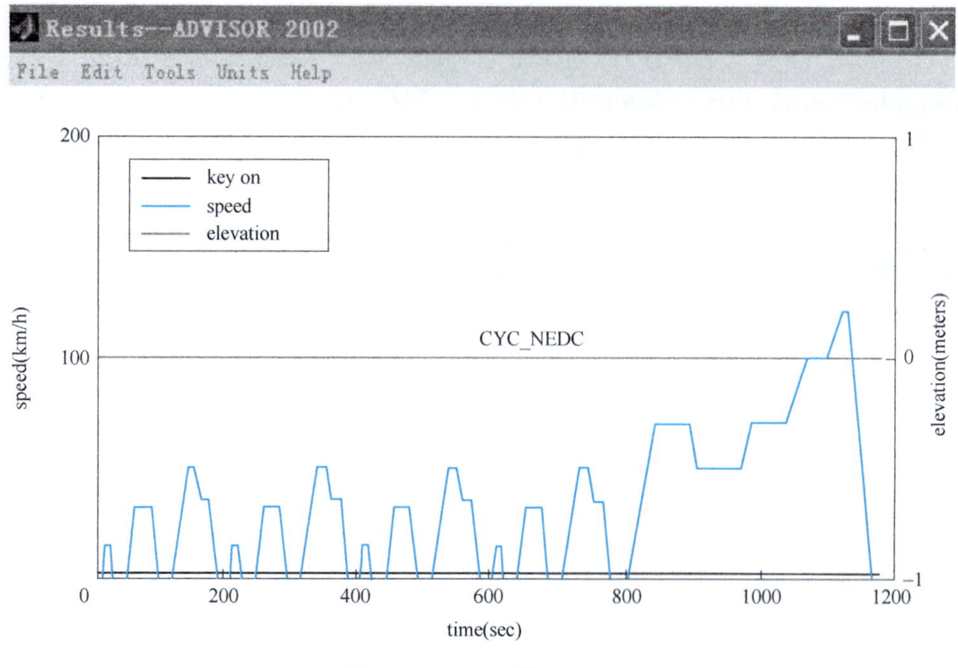

图 8-15　NEDC 循环工况

8.3.3　仿真结果分析

1. 燃油经济性和排放性

对所设计的整车模型进行 4 种测试循环工况下的仿真运算，得到的仿真结果如图 8-17～图 8-20 所示。

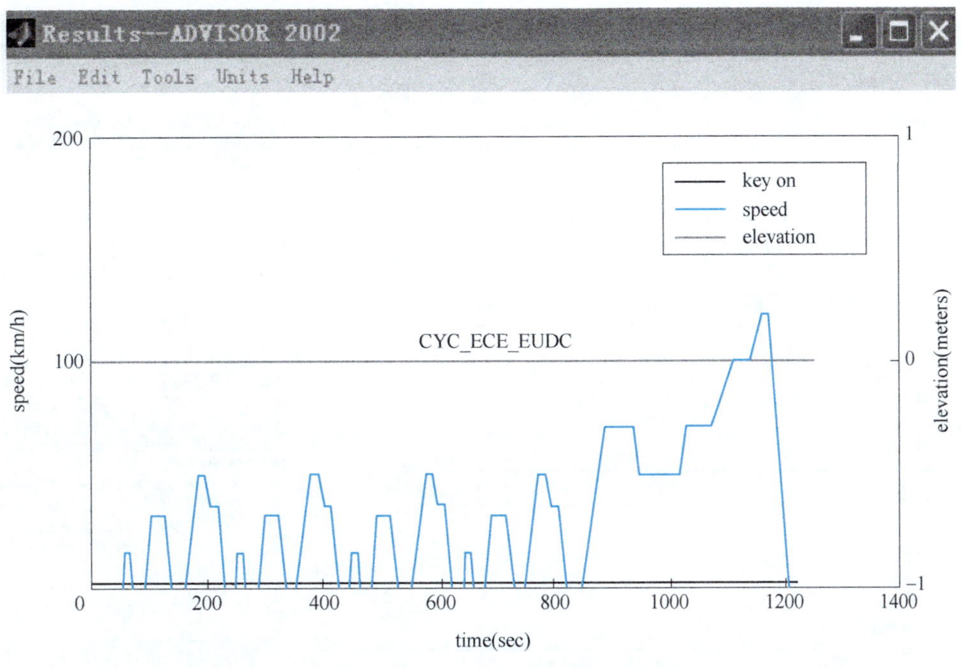

图 8-16　ECE_EUDC 循环工况

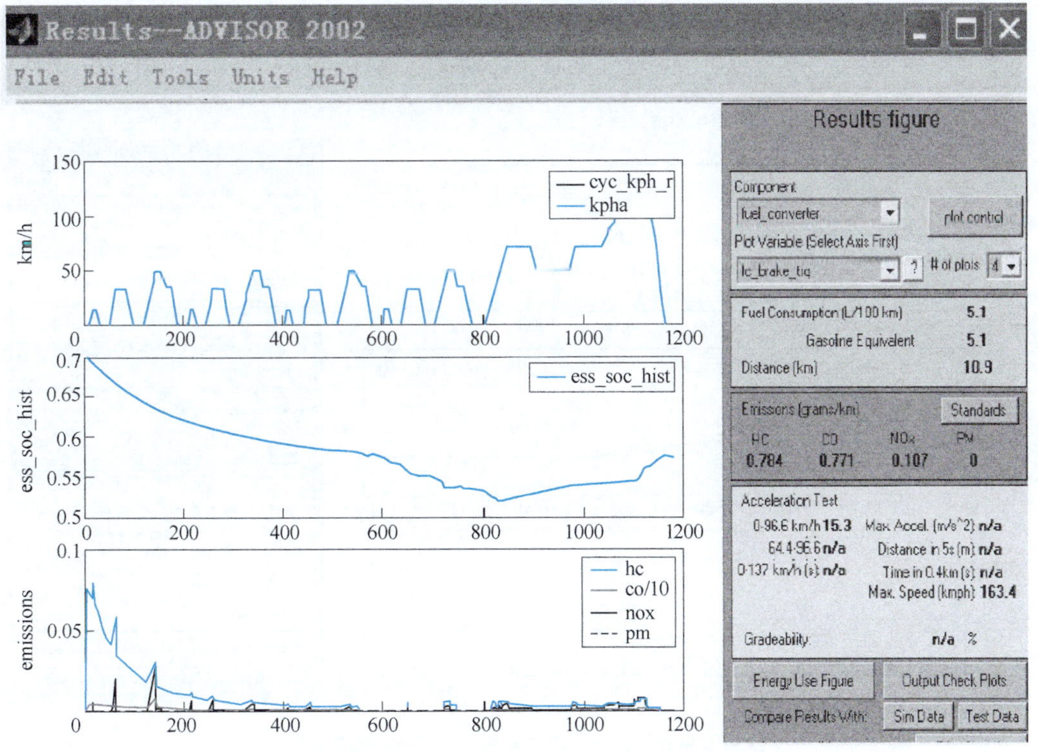

图 8-17　NEDC 循环工况仿真结果

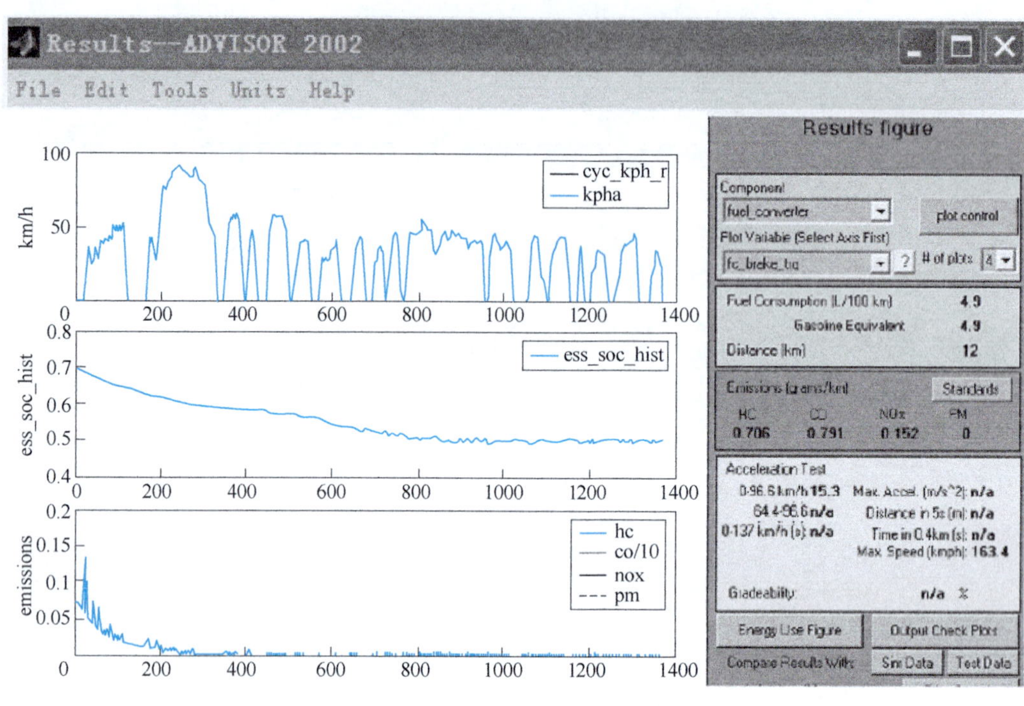

图 8-18　UDDS 循环工况仿真结果

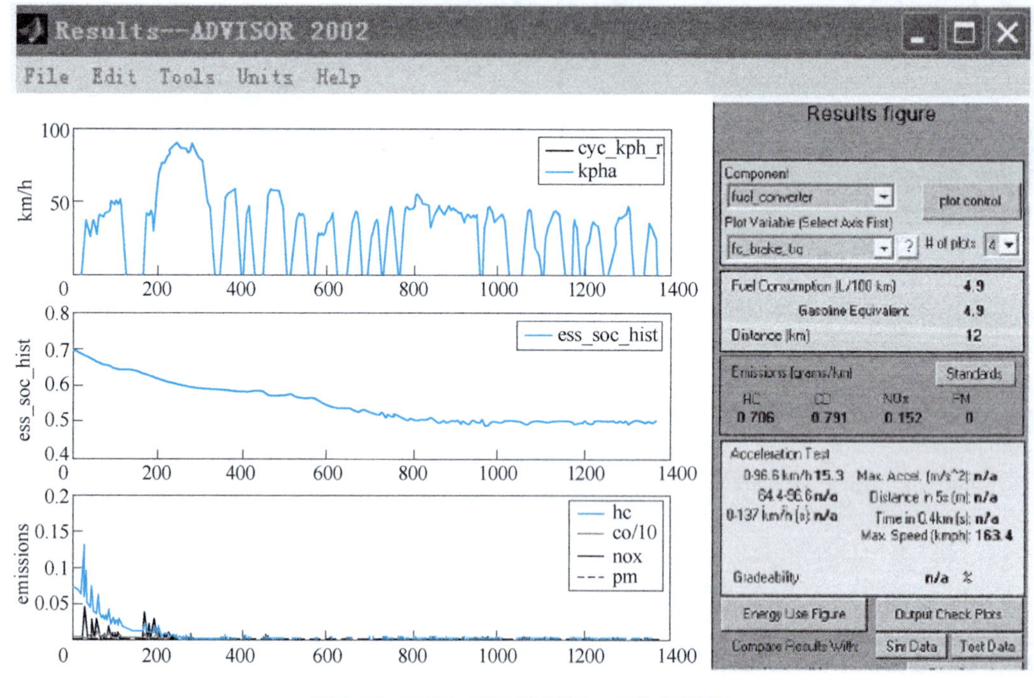

图 8-19　ECE_EUDC 循环工况仿真结果

从仿真结果可以看出，仿真车速随时间变化曲线（图 8-17～图 8-20 中第一个曲线变化

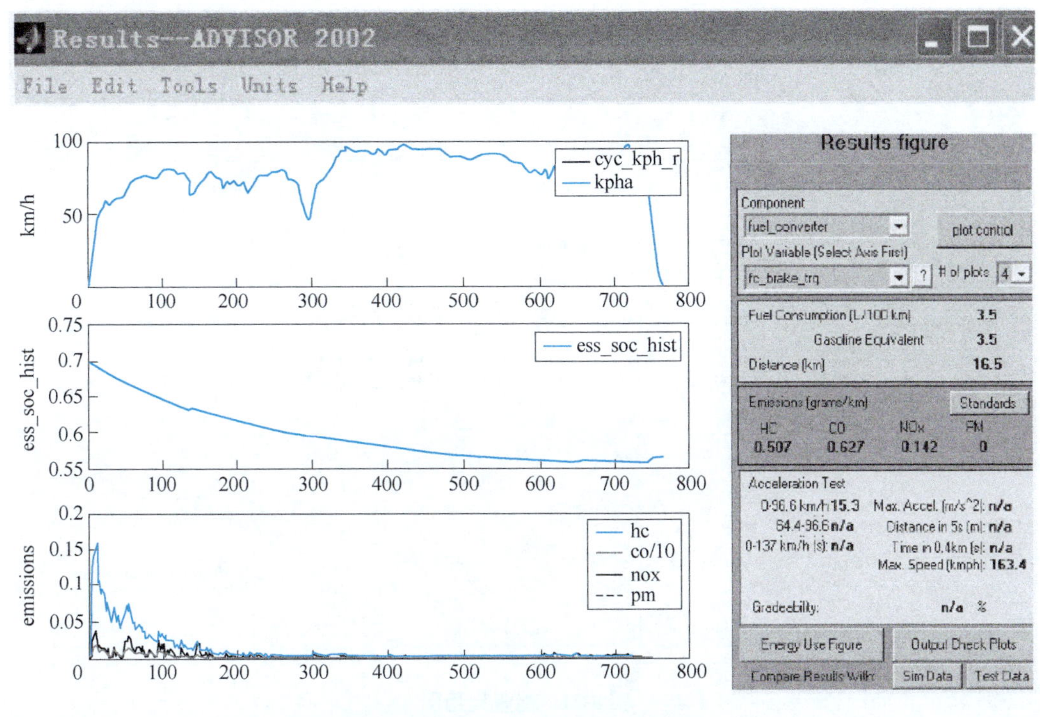

图 8-20 HWFET 循环工况仿真结果

图）与循环要求的车速（图 8-13 ~ 图 8-16）基本重合，可以很好地对循环工况下的车速进行跟踪，从而进一步证明了仿真结果的准确性。

从蓄电池荷电状态的时间历程图（图 8-17 ~ 图 8-20 中第二个曲线变化图）可以看出，蓄电池的荷电状态（SOC）能够很好地维持在其最佳工作区域（40% ~ 70%），从而可以保证蓄电池使用寿命和性能，这也证明了前文所述控制策略的正确性。从仿真的结果可知，排放主要集中在发动机的初次起动过程。仿真结果数据汇总见表 8-4。

表 8-4 仿真结果数据汇总

项目		NEDC	UDDS	ECE_EUDC	HWFET
燃油经济性	百公里油耗（L/100km）	5.1	4.9	4.9	3.5
排放性/(g/km)	HC	0.784	0.706	0.706	0.507
	CO	0.77	0.791	0.791	0.627
	NO_x	0.107	0.152	0.152	0.142

丰田普锐斯汽车的官方油耗为 4.7L/100km，而仿真结果也是在 4.7L 左右。因此本节设计的混联式混合动力电动汽车仿真模型是比较成功的。UDDS 测试循环工况下的能量利用转换情况如图 8-21 所示。

2. 动力性

将参数输入仿真模型，得到动力车辆的动力性仿真结果，如图 8-22 所示。

从图 8-22 可以看出，从 0 加速到 96.6km/h 需要 11.4s，从 60km/h 加速到 96.6km/h 需

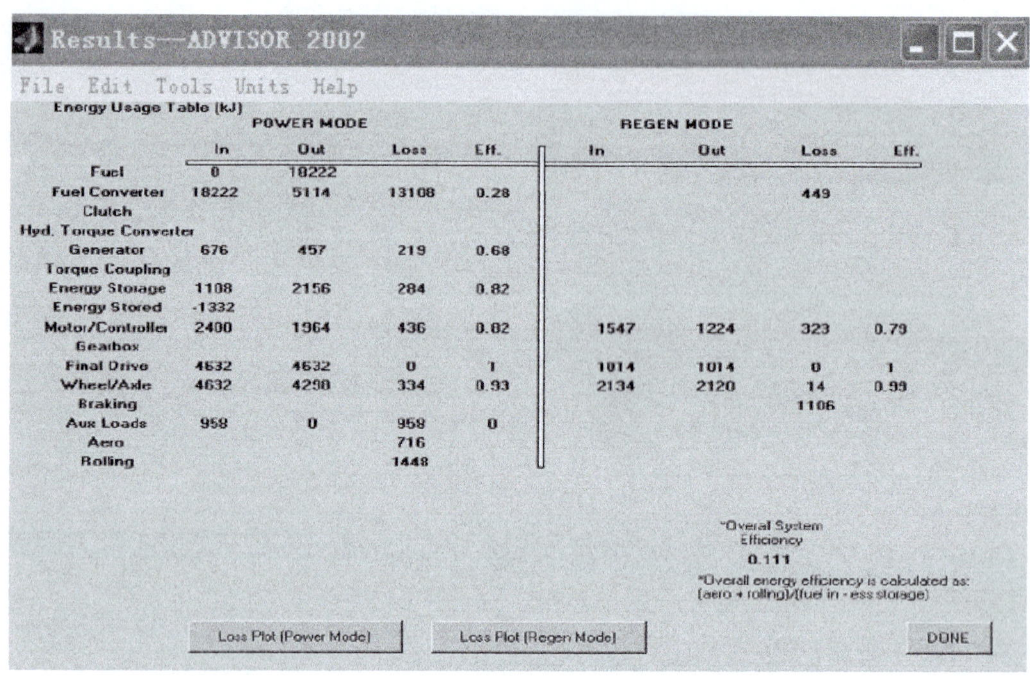

	POWER MODE				REGEN MODE			
	In	Out	Loss	Eff.	In	Out	Loss	Eff.
Fuel	0	18222						
Fuel Converter	18222	5114	13108	0.28			449	
Clutch								
Hyd. Torque Converter								
Generator	676	457	219	0.68				
Torque Coupling								
Energy Storage	1108	2156	284	0.82				
Energy Stored	-1332							
Motor/Controller	2400	1964	436	0.82	1547	1224	323	0.79
Gearbox								
Final Drive	4632	4632	0	1	1014	1014	0	1
Wheel/Axle	4632	4298	334	0.93	2134	2120	14	0.99
Braking							1106	
Aux Loads	958	0	958	0				
Aero			716					
Rolling			1448					

图 8-21 能量利用图

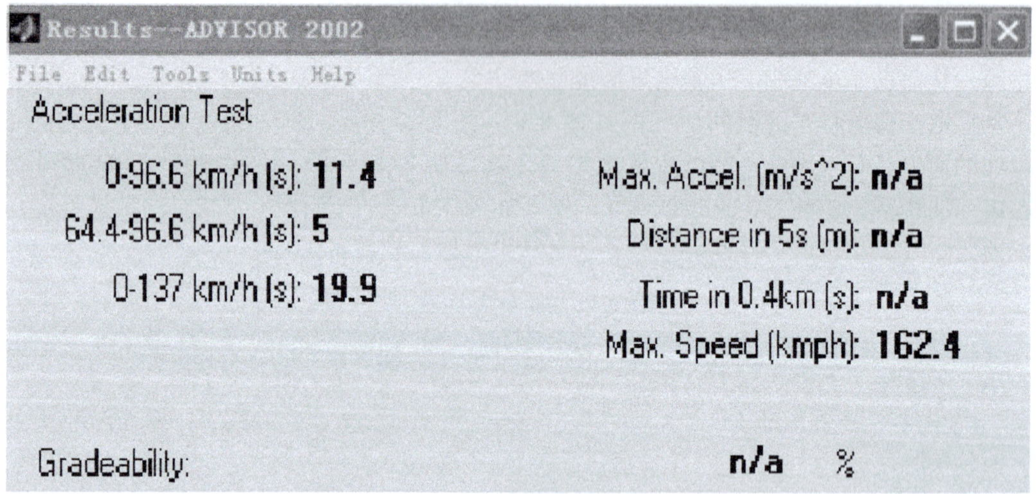

图 8-22 动力性仿真结果

要 5s，最高车速为 162. 4km/h，模型的动力性能指标与丰田普锐斯官方数据基本相同。

8.4 基于 MATLAB/Simulink 串联混合动力电动汽车的建模与仿真

8.4.1 混合动力系统参数设计

进行汽车动力总成的匹配研究之前，必须先确定汽车的性能指标。建立性能指标的同

时，需以某一车型作为依据。本节以某轻型客车为原型，综合考虑汽车的动力性，提出轻型混合动力客车的动力性指标，并进行混合动力总成参数匹配的研究。

1. 动力性能指标

汽车的动力性能包括起步加速性能、以额定车速稳定行驶的能力、以最高车速稳定行驶的能力。参考轻型客车的要求以及考虑我国国情，本节所选混合动力电动客车的动力性能指标如下：

1）最大车速 $v_{max}=125\text{km/h}$。

2）最大爬坡度为 20%。

3）车辆原地起步至 80km/h 的加速时间 $t\leqslant 20\text{s}$。

4）纯电动模式，车速为 $v=50\text{km/h}$ 时，车辆行驶里程 $s\geqslant 30\text{km}$。

2. 发动机

开发混合动力汽车的目的决定了发动机的动力性、经济性是选择发动机的基本要素。混合动力客车的发动机要求有足够的动力，且能与驱动电动机一起提供车辆所需的最大功率，使混合动力客车能够达到或接近内燃机客车的动力性能水平。发动机参数的选择首先要考虑功率和尺寸。由于在车辆加速和爬坡时并不需要发动机单独提供峰值功率，因此，相对于内燃机客车而言，混合动力客车的发动机的额定功率可以适当减小。在大多数混合动力客车的设计中，发动机的额定功率由最高车速或最大爬坡能力来决定。此外，还要考虑发动机的噪声和振动、可靠性、使用寿命、维护成本、运行成本以及安全性能等因素。

通常，串联混合动力电动汽车要求具有与普通汽车相近的动力性能，并且续驶里程不受动力蓄电池容量的限制，发动机最大输出功率的取值一般与车辆匀速行驶时的车速有关。

匀速行驶车速 v_{aver} 的具体取值根据所选轻型混合动力电动客车的动力性能指标来确定。取轻型混合动力客车的质量 $m=4280\text{kg}$，$f=0.15$、$C_d=0.7$、$A=4.62\text{m}^2$、匀速行驶车速 $v_{aver}=100\text{km/h}$，所选交流永磁电机中的发电机效率 $\eta_{gc}=0.9$，驱动电机及控制器效率 $\eta_{mc}=0.88$，即整车动力传动效率 $\eta_t=0.9\times0.88$，则轻型混合动力客车发动机的最大输出功率

$$
\begin{aligned}
P_{emax} &= \frac{1}{3600\eta_t}\left(mgf+\frac{C_d A v_{aver}^2}{21.15}\right)v_{aver}\\
&= \frac{1}{3600\times0.9\times0.88}\left(4280\times9.8\times0.015+\frac{0.7\times4.62\times100^2}{21.15}\right)\times100\text{kW}\\
&\approx 75\text{kW}
\end{aligned}
$$

式中 P_{emax}——发动机的最大输出功率（kW）；

η_t——整车动力传动系统的效率；

v_{aver}——匀速行驶车速（km/h）；

m——整车质量（kg）；

f——滚动阻力系数；

C_d——空气阻力系数；

A——迎风面积（m^2）。

由此，可初选功率为 75kW 的发动机。

3. 电动机

混合动力电动汽车的驱动电动机要求有高的功率密度，从而延长续驶里程。为此，选择

永磁无刷电动机进行动力系统的匹配研究。

混合动力电动汽车电动机驱动系统的参数主要包括转矩、效率、外形尺寸、质量等。通常，混合动力电动汽车使用的电动机外特性为在额定转速 n_{mr} 以下，以恒转矩模式工作；在额定转速 n_{mr} 以上，以恒功率模式工作，其外特性曲线如图 8-23 所示。电动机需要选择的参数包括电动机额定功率 P_{mr}、电动机最大功率 P_{mmax}、电动机额定转速 n_{mr} 和电动机最大转速 n_{mmax}。

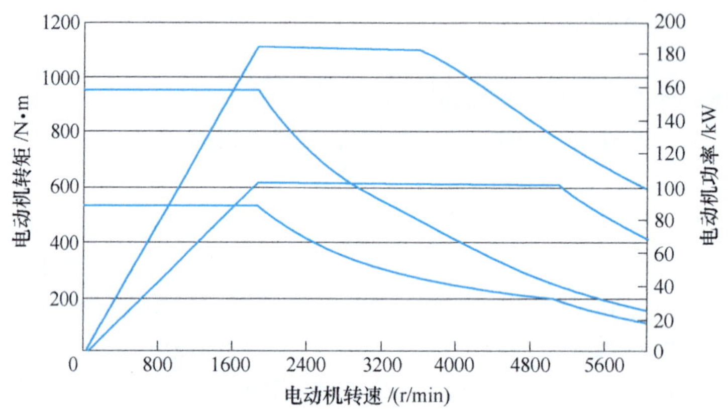

图 8-23 电动机外特性曲线

在性能指标中，轻型混合动力电动汽车的最大车速为 125km/h，当最大车速 v_{max} = 125km/h 时，电动机的功率至少为

$$
\begin{aligned}
P_{mc1} &= \frac{1}{3600\eta_{mc}}\left(mgf + \frac{C_d A v_{max}^2}{21.15}\right) v_{max} \\
&= \frac{1}{3600 \times 0.88}\left(4280 \times 9.8 \times 0.015 + \frac{0.7 \times 4.62 \times 125^2}{21.15}\right) \times 125 \\
&\approx 119\text{kW}
\end{aligned}
$$

充分考虑汽车满载和空载爬坡时的不同，选择车辆空载进行爬坡能力的计算，其中，车速 v_s = 30km/h 时，坡度角 $\alpha = \arctan(40/30) = 21.8°$。

空载时，电动机的功率为

$$
\begin{aligned}
P_{mc2} &= \frac{1}{3600\eta_{mc}}\left(mg\sin\alpha + mgf\cos\alpha + \frac{C_d A v_s^2}{21.15}\right) v_s \\
&= \frac{1}{3600 \times 0.88}(4280 \times 9.8 \times \sin 21.8° + 4280 \times 9.8 \\
&\quad \times \cos 21.8° \times 0.015 + \frac{0.7 \times 4.62 \times 30^2}{21.25}\Bigg) \times 30\text{kW} \\
&\approx 150\text{kW}
\end{aligned}
$$

因为驱动电动机的功率必须满足 $P_{mc} > P_{mc1}$ 且 $P_{mc} > P_{mc2}$，所以选择轻型混合动力客车的驱动电动机的功率为 150kW。

4. 动力蓄电池

动力蓄电池作为混合动力电动汽车的储能动力源，是混合动力电动汽车发展的关键，要

求有高的比能量、高的比功率和高的充放电效率。当前研究开发的电动汽车用储能元件有飞轮蓄电池、超级电容器、电化学蓄电池和燃料蓄电池。其中，电化学电池包括铅酸蓄电池、镍镉蓄电池、镍氢蓄电池和锂离子蓄电池。下面以铅酸蓄电池为例进行动力系统匹配研究。

（1）蓄电池容量的选择　混合动力电动汽车的蓄电池容量一方面决定汽车的储能能力，另一方面影响整车的动力性能。选用 91A·h 铅酸蓄电池，蓄电池荷电量为 SOC，蓄电池内阻为 R_0，蓄电池开路电压为 U_{OC}，对应的蓄电池特性数据见表 8-5。

表 8-5　蓄电池特性数据

SOC（%）	U_{OC}/V	R_0/kΩ
0	11.406	4.57
10	11.73	2.686
0	11.904	2.226
30	12.096	1.970
40	12.216	1.843
50	12.384	1.747
60	12.492	1.711
70	12.636	1.685
80	12.75	1.697
90	12.918	1.756
100	12.99	1.769

（2）蓄电池数量的选择　按纯电动行驶能量需求来选择蓄电池的数量。

蓄电池组的实际能量为

$$W_{ess} = U_{ess}C/1000$$

式中　U_{ess}——蓄电池组的平均工作电压（V）；

C——蓄电池的容量（A·h）。

若铅酸蓄电池组采用蓄电池串联的连接方式，则

$$U_{ess} = n_{bat}U_{model}$$

纯电动模式下，假定汽车以 V_{elc}（单位为 km/h）速度行驶 S（单位为 km），则所需的路面能量为

$$W_{road} = P_{elc}t = P_{elc}S/V_{elc}$$

式中　P_{elc}——汽车以纯电动驱动所需的功率（kW）。P_{elc}的计算公式为

$$P_{elc} = \frac{1}{3600}\left(mgf + \frac{C_d A v_{elc}^2}{21.15}\right) v_{elc}$$

需检验：$W_{ess}\eta_{mc} > W_{road}$，$U_{mc,\ max} > n_{bat}U_{model} > U_{mc,\ min}$。

式中　$U_{mc,min}$——电动机控制器的最小工作电压（V）；

$U_{mc,max}$——电动机控制器的最大工作电压（V）。

取蓄电池 SOC 的范围为［0.40，0.80］，开路电压确定为

$$U_{ov} = \text{mean}(U_{oc}(0.4 < \text{SOC} < 0.8)) = 13.52\text{V}$$

结合功率需求来选择蓄电池数量 $n_{bat}=10$，蓄电池端电压按 2/3~1 倍开路电压估计。

$$U_{ess}=n_{bat}U_{model}=10\times 11.2V=112V$$

而蓄电池实际能放出的最大能量为 $0.8C=72.8A\cdot h$。

$$W_{ess}=U_{ess}\times 0.8C/1000=112\times 72.8/1000kW\cdot h\approx 8.2kW\cdot h$$

由动力性能指标得，$V_{elc}=50km/h$，$S=30km$。

$$\begin{aligned}P_{elc}&=\frac{1}{3600}\left(mgf+\frac{C_dAv_{elc}^2}{21.15}\right)v_{elc}\\&=\frac{1}{3600}\left(4280\times 9.8\times 0.015+\frac{0.7\times 4.62\times 50^2}{21.15}\right)\times 50kW\\&\approx 14kW\end{aligned}$$

$$W_{road}=P_{elc}t=P_{elc}S/V_{elc}=14\times 30/50kW\cdot h=8.4kW\cdot h$$

因要求满足 $W_{ess}\eta_{mc}>W_{road}$，故

$$n_{bat}>\frac{W_{road}1000}{\eta_{mc}U_{model}C}=\frac{8.4\times 1000}{0.88\times 11.2\times 36.4}\approx 23.4$$

根据铅酸蓄电池的性能，取蓄电池数量为 25 个。此时，蓄电池组的理论电压为 25×12V=300V，该电压满足 $U_{mc,max}>n_{bat}U_{model}>U_{mc,min}$。

5. 整车参数

以上分别对发动机功率、电动机参数、蓄电池容量和数量进行了分析，并且选择了具体的发动机、电动机、动力蓄电池的参数范围。计算得出车辆的整备质量和装载质量分别增加了 470kg 和 75kg，而空气阻力系数、汽车迎风面积、滚动阻力系数和轮胎半径均不发生变化。具体整车参数见表 8-6。

表 8-6　轻型混合动力客车整车参数

整车参数	参数值
整备质量/kg	4280
装载质量/kg	500
总质量/kg	4780
空气阻力系数	0.7
汽车迎风面积/m^2	4.62
滚动阻力系数	0.015
轮胎半径/m	0.385

8.4.2　混合动力系统建模

上述串联式混合动力电动客车的建模及后续仿真可以选用 Mathworks 公司的 MATLAB/Simulink 软件包。Simulink 是可用于动态系统建模、仿真计算和分析的软件包。它可以处理线性、非线性系统，连续、离散、混合系统，单任务、多任务离散事件系统。Simulink 很好地体现了面向对象和模块化的仿真建模思想。

串联混合动力电动汽车是功率耦合，即发动机输出的转矩和转速转换成等量的功率，再

和动力蓄电池输出的功率耦合，进而驱动整车。整个仿真过程分为经济性仿真和动力性仿真，经济性仿真通过运用 Simulink 建模来实现，动力性仿真通过 MATLAB 程序来实现。

所建模型运用的是后向仿真技术，即由车速通过计算公式得到车轮处的驱动力，并得到功率需求，再将所需功率输入电动机得到驱动和制动时的功率需求，将此功率需求输入到控制策略中，即可得到发动机此时的功率需求和蓄电池此时的功率需求。因为发动机的输出是转矩和转速，所以在控制策略和发动机之间还要加上发电机环节，它的工作过程是将功率转换成转矩和转速。

1. 发动机建模

发动机由于自身特性的显著非线性，其真实模型相当复杂，通常采用高阶多项式近似方程进行模型描述，但多项式的阶数过高不便于模拟计算，因此直接引用这些数学模型并不合适。为了解决这个问题，采用了实验数据建模法，即通过对大量试验数据的分析处理获得描述发动机工作特性的近似方程。其原理如下：

当接收到与之相连接的其他子系统模型计算出的转速和转矩需求时，发动机模型应能根据这些需求，同时考虑自身惯性损失和附件负荷，确定发动机的运行工况。发动机控制模块控制发动机的转速和转矩在给定的范围内，使其在不超过正常的转速和转矩范围工作。如果离合器处于脱开状态，即发动机处于怠速工况，控制器也能确定发动机的转速。一旦发动机的转速和转矩被确定，那么这些值就被向后传递给整车模型中的其他模块。发动机的转速和转矩值也被用来确定发动机运行时的燃油消耗率和排放。发动机的万有特性图和排放图经过离散处理后，预先存储在一个按发动机转速和转矩索引的表格文件中。

基于 MATLAB/Simulink 平台建立的发动机模型如图 8-24 所示。

2. 发电机建模

理论上，用转矩和转速两个参量可以唯一地确定发电机或电动机的运行工况。首先由功率查出转速，然后根据发电机 MAP 图查找发电机输出功率，再加上发电机转动惯量损失即可得到发动机输出转矩。发电机模型如图 8-25 所示。

3. 动力蓄电池建模

动力蓄电池能量模型可以通过蓄电池的等效电路来描述。等效电路将蓄电池电动势和内阻当作串联电路上的两个元件，蓄电池存储的电量被看作常数，同时受最小蓄电池开路电压限制。放电后，充电效率受“库仑效率”影响。最大充电电量受最大蓄电池开路电压限制。当蓄电池完全被当作一个已知内阻的电压源时，与之相连接的部件（如发电机或电动机）就可被看作电源或耗能元件。蓄电池的输出功率受等效电路能输出的最大功率或电动机功率控制器能接受的最大功率的影响。并且约定，输出功率为“正”时，蓄电池处于放电状态；输出功率为“负”时，蓄电池处于充电状态。

根据上述建模方法，蓄电池模型根据动力总线的功率需求计算动力蓄电池荷电状态 SOC，并输出可用功率。动力蓄电池模型如图 8-26 所示。

4. 电动机建模

对于混合动力系统的电动机建模来说，可以只考虑电动机及控制器的功率损失、惯性损失和电动机的转矩-转速图。电动机的效率可以通过查询 MAP 图获得，电动机的最大转速受到该效率限制。电动机的最大电流可通过限制功率需求来进行限制。综合多种已有的模型架构可建立电动机模型，如图 8-27 所示。

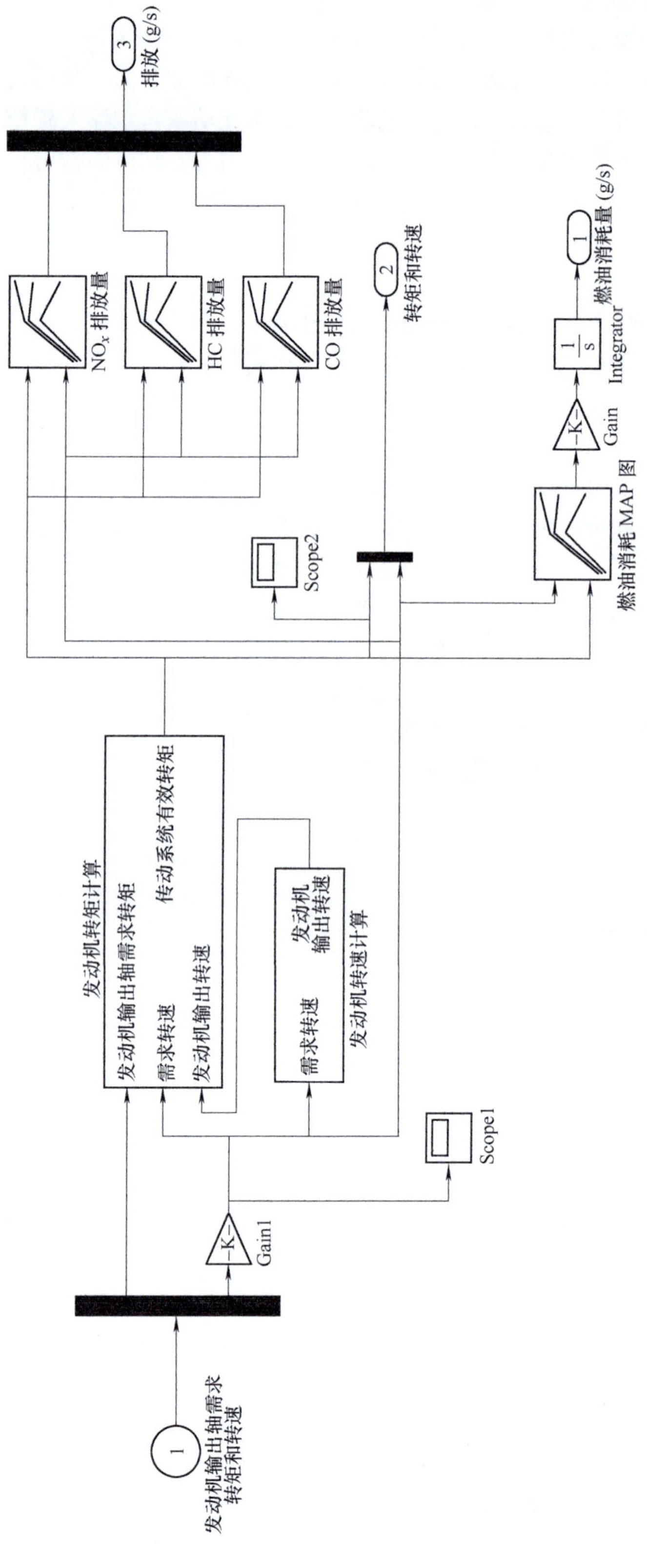

图 8-24　发动机模型

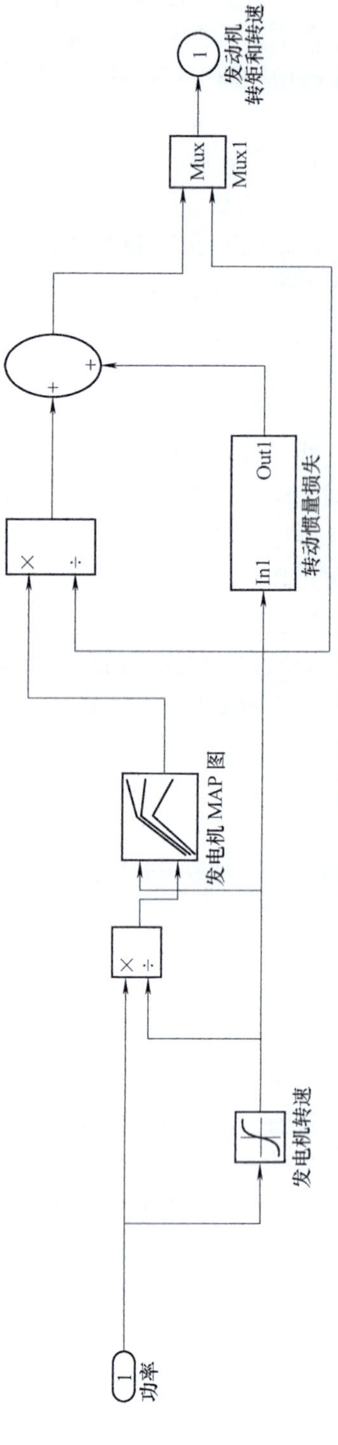

图 8-25　发电机模型

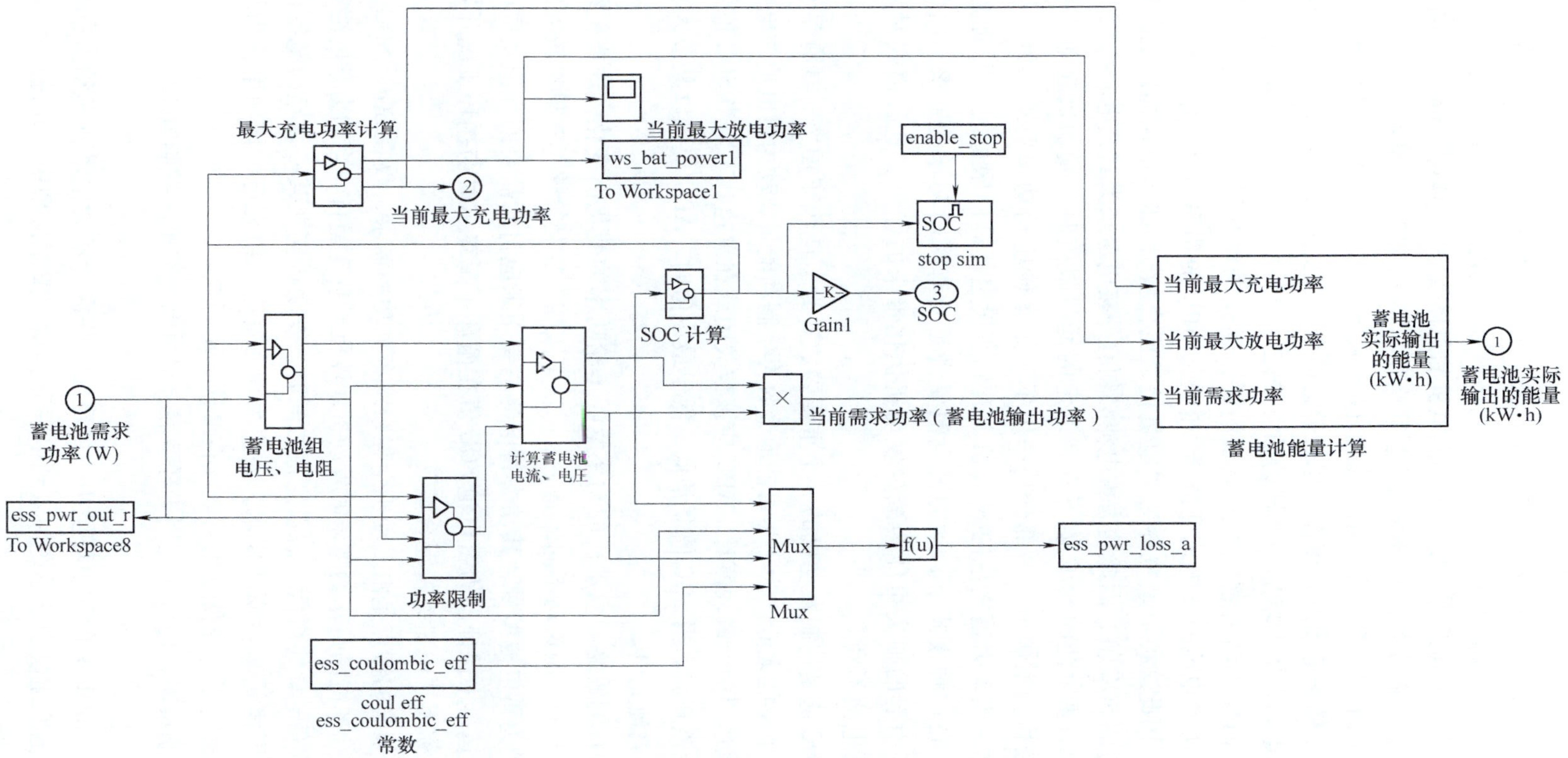

图 8-26 动力蓄电池模型

5. 控制策略

由于串联混合动力电动汽车的发动机与汽车行驶工况没有直接联系，因此控制策略的主要目标是使发动机在最佳效率区和排放区工作。此外，为了优化控制策略，还必须考虑合并在一起的动力蓄电池、电传动系统、发动机和发电机的总体效率。串联混合动力电动汽车中发动机的能源管理控制策略通常有恒温器型控制策略和功率跟随型控制策略。

（1）恒温器型控制策略　恒温器型控制策略也称为开关型控制策略，其特点是使发动机点火后恒定地工作于效率最高点。该控制思想较为简单，主要针对纯电动车辆行驶里程短的特点，因此在普通电动车辆上增加一个辅助动力单元（APU），由其补充电能或承担车辆的部分行驶功率，从而减少动力蓄电池的能量消耗，延长电动车辆的行驶里程。与没有APU的情况相比，动力蓄电池的放电速度减慢。但是，APU的功率不足以维持动力蓄电池的荷电状态（SOC），因此这种类型也称为“电量耗尽混合型”，即电池在循环工况结束时的SOC值低于开始时的SOC值，因此动力蓄电池必须有外接电源来为其充电。

具体来说，当动力蓄电池的SOC值下降到设定的低门限值时，发动机起动，在最低油耗（或排放）点按恒功率输出，一部分功率用于满足车轮驱动功率要求，另一部分功率向动力蓄电池充电。当动力蓄电池的SOC值上升到所设定的高门限值时，发动机关闭，由电动机驱动车轮。在这种模式下，动力蓄电池要满足所有瞬时功率的要求，因此，动力蓄电池的过度循环引起的损失可能会减少发动机优化带来的优势，这种模式对发动机比较有利而对动力蓄电池不利。

动力蓄电池的SOC值是控制发动机的一个重要参数。为了使汽车加速时具有足够的动力蓄电池功率，SOC值不能太低。为了尽可能地吸收再生制动能量，动力蓄电池的电量不能充得太足。当SOC值达到一个最大值时，APU应该被关闭或在怠速状态。当SOC值低于某一下限值时，APU应该开启。当SOC值非常低、低于最小值时，APU应该以其最大功率工作，尽快地给动力蓄电池充电。

（2）功率跟随型控制策略　发动机的功率紧随车轮功率的变化而变化，这与传统的汽车运行相似。与恒温器型控制策略不同的是，采用功率跟随型控制策略的车辆有较大额定功率的APU和较小的动力蓄电池型号，其动力蓄电池主要用来应付所需要的峰值功率以及回收再生制动的能量，运行中保证动力蓄电池SOC值在循环工况终了时与循环工况开始前相等，所以这种类型也称为“电量维持混合型”。

功率跟随型控制策略的特点是由发动机全程跟踪车辆功率需求，仅在$SOC=SOC_{max}$且仅由动力蓄电池提供的功率能满足车辆需求时发动机才停机或怠速运行。当动力蓄电池电量状态SOC在动力蓄电池充电量的高低状态设定值之间时，发动机应在某一设定的范围内输出功率。输出功率不仅要满足车辆驱动要求，还要为动力蓄电池组充电，该功率称为均衡功率，即对动力蓄电池进行了补充使动力蓄电池在最佳SOC状态。

综合以上两种控制策略，即可建立用于轻型混合动力电动客车的控制策略。

6. 整车模型

在基于MATLAB/Simulink的建模环境中，可建立串联混合动力电动汽车动力系统的各部件仿真模型。将以上所建模型子系统加入到串联混合动力整车模型中，并进行封装连接，其总体框架如图8-28所示。

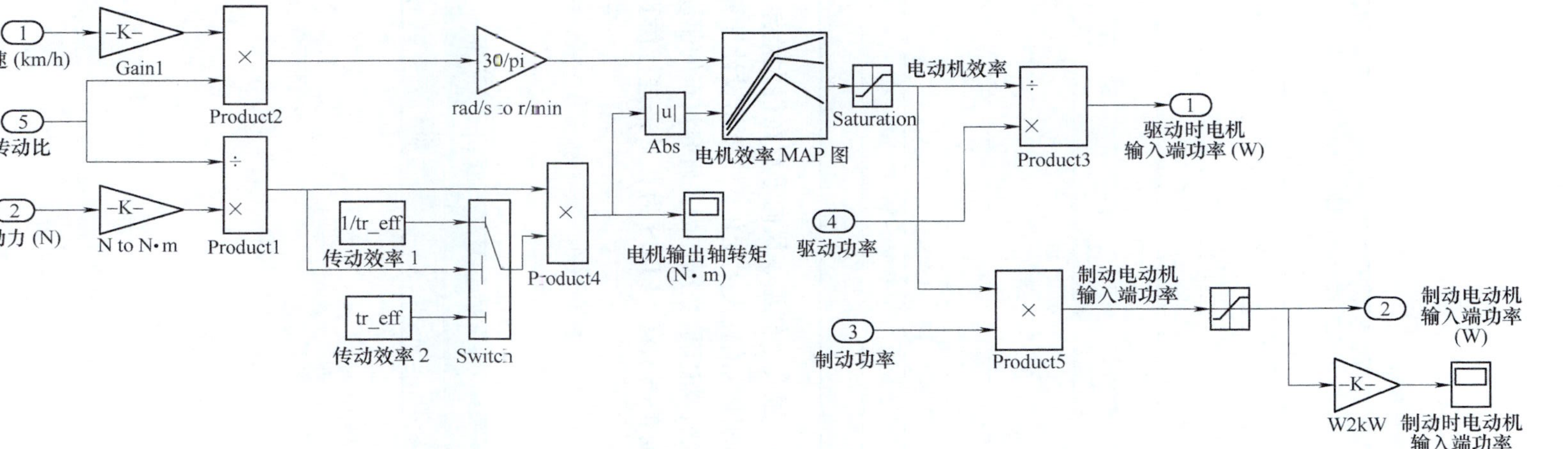

图 8-27　电动机模型

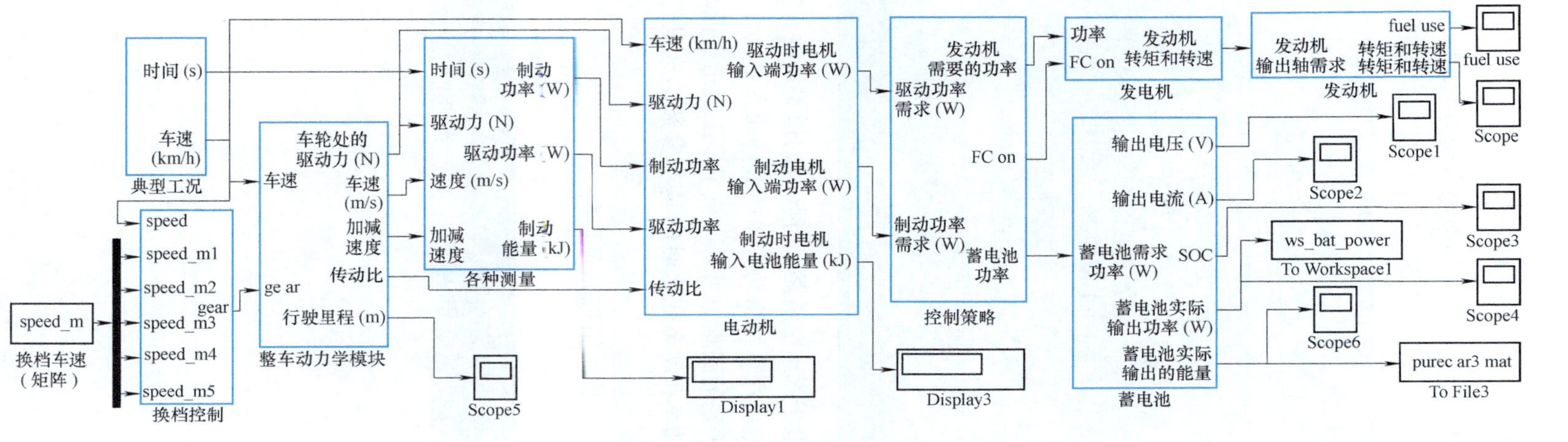

图 8-28　整车模型图

8.4.3 仿真结果分析

基于上述模型，轻型混合动力电动客车进行性能仿真，其主要技术参数见表 8-7。

表 8-7 动力系统的主要仿真参数

仿真参数	参数值
整车质量/kg	4780
迎风面积/m^2	4.62
空气阻力系数	0.4
电动机额定功率/kW	119
电动机峰值功率/kW	150
动力蓄电池容量/A·h	52
单体蓄电池数量	25
单体蓄电池额定电压/V	12
动力蓄电池能量密度/(W·h/kg)	35
动力蓄电池功率密度/(W/kg)	200
发动机额定功率/kW	75
发电机额定功率/kW	48

由于汽车在道路上行驶时的道路条件、交通条件、湿度、气温、风向等存在很大差异，而且电动汽车的驱动力和功率呈动态变化，会使汽车的能量消耗发生变化，这就给设计计算带来一定的困难。可采用汽车多工况道路循环试验方法，将实验数据作为被研究汽车的驱动力和功率在动态变化时的基本参数。这里选用典型的美国 CYC_UDDS 为背景来进行仿真研究。

性能仿真结果见表 8-8。

表 8-8 性能仿真结果

项目	最高车速	加速时间 0~80km/h	爬坡度
仿真结果	120km/h	20s	20%

第9章 常见代用燃料

9.1 天然气

9.1.1 天然气的理化性质

常态下天然气是一种无色、无味、无毒、无腐蚀性，以饱和烃类（C_nH_{2n+2}）为主的混合气体。天然气的主要成分是甲烷（CH_4），其体积分数为 85%～95%，还有少量的氮气、二氧化碳和硫化物。天然气及其他几种常用车用燃料的理化参数对比见表 9-1。

表 9-1 几种常用车用燃料的理化参数对比

特性		天然气（甲烷）	液化石油气		醇类燃料		氢气	汽油	柴油
			丙烷	丁烷	甲醇	乙醇			
主要质量分数	ω(C)	75%	82%	83%	37.5%	52.2%	100%	85.5%	87%
	ω(H)	25%	18%	17%	12.5%	13%	—	14.5%	12.6%
	ω(O)	—	—	—	50%	34.8%	—	—	0.4%
密度/$kg \cdot m^{-3}$	气相	0.715	2.02	2.598			0.090		
	液相	424	538	602	790	790	71	700～780	840
沸点/℃		-161.50	-42.10	-0.5	75	78	-253	30～190	170～350
凝固点/℃		-182.5	-187.7	-138.4	-98	-114		-57	-20～0
汽化热/$kJ \cdot kg^{-1}$		510	426	385	1110	862	45.2	334	—
气液容积比（15℃）		624	273	236	—	—	780	—	—
理论空燃比	质量比	17.4	15.65	15.43	6.52	9.05	34.38	14.9	14.5
	体积比	13.33	23.81	30.95	5	6.95	2.38	11.54	11.22
低热值/$MJ \cdot kg^{-1}$		50.05	45.77	46.39	20.26	27	119.9	44	42.5
混合气热值/$MJ \cdot kg^{-1}$		3.23	3.49	3.52	3.557	3.66	3.184	3.75	3.75
辛烷值（RON）		130	111.5	95	110	100		80～99	20～30
十六烷值（CN）		-10	-2	-2	3	8		0～10	40～50
着火极限（气体体积）/%		5～15	2.2～9.5	1.9～8.5	5.5～36	4.3～19	4～77	1.3～7.6	1.5～8.2
着火温度/℃		537	466	430	450	420	560	390～420	230
火焰传播速度/$m \cdot s^{-1}$		34～37	38	37	53.3	291		38～47	

从表9-1中可知，天然气的辛烷值为130，远远高于汽油的辛烷值，所以天然气具有很好的抗爆燃性能。天然气的着火界限比柴油和汽油的着火界限都宽，所以比较适合采用稀薄燃烧技术来提高发动机的性能。天然气活化能较高，燃点为537℃，着火前准备时间长，层流火焰的传播速度慢，燃烧时间长。

因为常态下天然气的能量密度低，所以车用天然气形式主要为压缩天然气（Compressed Natural Gas，CNG）和液化天然气（Liquefied Natural Gas，LNG）。与压缩天然气相比，液化天然气具有存储压力低、能量密度大、续驶里程长、便于存储和运输等优势。

9.1.2 天然气的应用方式

1. 汽油/天然气两用燃料发动机

两用燃料技术主要在点燃式发动机上应用。在汽油机的基础上，保留原有的燃油供给系统，另外加装一套气体燃料供给系统。这样既可以用原有的燃油供给系统，也可以用现有的气体燃料供给系统，发动机工作时只能用一种燃料。两用燃料天然气发动机因不能充分发挥天然气作为发动机燃料的优越性，故不可能获得令人满意的动力性、经济性及排放性。当发动机燃用天然气时，发动机的功率将不可避免地降低13%~18%，这主要与天然气燃料较大的分体积、较低的化学计量热值有关。

2. 单一燃料天然气发动机

单燃料发动机指仅使用天然气作为发动机燃料而不再用其他燃料的发动机。根据车用天然气的物化特性进行设计和优化单燃料天然气发动机的结构，通过增强缸内紊流、提高压缩比、调整点火参数等措施，可获得更好的动力性、经济性及排放性。

在汽油机基础上开发的天然气发动机主要应用化学计量混合气方案，并使用三元催化转化器。这一方案能使发动机排放的有害废气大为减少。但是天然气发动机的燃料经济性明显降低，零部件的热负荷相应增加，这就要求对天然气发动机采用不同的材料及工艺，这将提高成本。另外，天然气发动机的气门和气门座磨损明显加剧，这是由于天然气发动机在燃烧过程中，在气门和气门座表面没有形成像汽油机燃烧时形成的保护层。有些在柴油机基础上开发的天然气发动机也采用化学计量混合气方案，只是柴油机压缩比较高，开发天然气发动机时需要改变燃烧室结构，降低压缩比。

3. 柴油/天然气双燃料发动机

双燃料技术主要在压燃式发动机上应用。气体燃料通过少量喷入的柴油压燃后引燃，即发动机工作时要用两种燃料。双燃料发动机的气体燃料供气方式主要有两种，即缸内直接喷射和缸外供气。缸外供气有进气管混合器供气和进气歧管喷射两种形式。根据引燃油量的多少，双燃料发动机可分为常规双燃料发动机和微引燃天然气发动机。从理论上说，由于保持了原型柴油机较高的压缩比和质调节，所以具有很高的燃料经济性。但是部分负荷时，燃烧室内的空气/天然气混合气过稀而不易被点燃，导致发动机尾气中甲烷含量较大，因此在部分负荷工况下，必须采用量调节，但是与质调节时相比，燃料的经济性有所降低，而且发动机的调节系统趋于复杂化。

9.2 甲醇

9.2.1 甲醇的理化性质

甲醇是无色透明的液体，略有臭味，可与水以任何比例互溶。甲醇的质量低热值只有汽油的45%，因此，在同等的热效率下，醇类燃料的有效质量燃油消耗率高。甲醇的汽化潜热是汽油的3.6倍。甲醇具有较高的辛烷值，具有较高的抗爆燃性能，对通过提高发动机压缩比来提高发动机的热效率很有利，所以，甲醇是良好的汽油机代用燃料，也是提高汽油辛烷值的优良添加剂。甲醇的燃点比汽油高，不易于发生火灾事故。甲醇对某些非金属材料（如塑料、橡胶等）有溶胀作用，对某些金属材料（如Sn、Pb、Al等）有轻微的腐蚀作用，在使用中应采取相应的措施。甲醇汽油常温常压下为液体，操作容易，储带方便，但具有一定毒性。

通过对甲醇与汽油进行理化性质的比较和计算，得出部分甲醇汽油混合燃料的主要理化性质，见表9-2。

表9-2 部分甲醇汽油混合燃料的主要理化性质

项目＼燃料	M5	M10	M15	M25	M50	M85	M100
甲醇体积分数（%）	5	10	15	25	50	85	100
碳的质量分数（%）	82.36	79.84	77.84	72.82	60.4	44.26	37.5
氢的质量分数（%）	14.96	14.82	14.68	14.41	13.7	12.78	12.5
氧的质量分数（%）	2.68	5.34	7.98	9.19	25.7	42.96	50.0
低热值/（MJ/kg）	43.11	42.21	39.73	36.20	28.56	23.41	19.92
与汽油热值比	0.96:1	0.95:1	0.89:1	0.81:1	0.64:1	0.53:1	0.45:1
密度（20℃）/（kg/L）	0.733	0.735	0.739	0.746	0.757	0.782	0.791
辛烷值（RON）	—	—	95	—	—	97	110
理论空燃比（质量）	14.3:1	13.9:1	13.0:1	11.9:1	9.4:1	7.6:1	6.47:1
质量替代比（燃料：汽油）	1.03:1	1.06:1	1.12:1	1.23:1	1.56:1	1.90:1	2.23:1
体积替代比（燃料：汽油）	1.03:1	1.05:1	1.11:1	1.20:1	1.50:1	1.78:1	2.06:1

9.2.2 甲醇汽油

1. 优势

（1）动力性能　低比例掺烧的甲醇汽车，通过调整燃料供给量可以做到汽车动力性能不下降。对于高比例或纯甲醇汽车，由于发动机压缩比的提高（针对甲醇的发动机），动力性能优于同类发动机。

（2）排放性能　汽车使用低比例掺烧的甲醇汽车可以改善排放，高比例M85或纯甲醇汽车的尾气常规排放大幅下降。甲醇汽车非常规排放的甲醛较高，并有未燃烧的甲醇，但是由于甲醇是含氧燃料，通过改善燃烧性能和后处理装置，可以降低甲醛和未燃烧甲醇的排放量。

(3) 经济性能　甲醇汽车运行费用低，甲醇汽车的安装费用低。汽车使用低比例甲醇汽油不需要改动发动机和相关供油系统，而使用高比例甲醇汽油（M85）或燃料甲醇（M100），发动机要安装一套甲醇转换器。

2. 甲醇汽油的主要问题及解决方法

(1) 甲醇汽油的相溶性　甲醇与汽油在常温下不能互溶；当温度在-15℃以上，甲醇含量大于70%或小于5%时，可以与汽油以任意比例互溶。解决甲醇汽油互溶性问题的常用措施是使用助溶剂。助溶剂的种类和助溶效果非常重要。

(2) 甲醇汽油对非金属的溶胀性　发动机燃料供应系统中许多部件都由橡胶、塑料材料制成，而甲醇汽油对某些橡胶和塑料部件有一定的腐蚀、溶胀作用。在使用甲醇汽油时，相关部件的材料如果不合适，需要换成耐醇油性好的材料。

(3) 甲醇汽油的汽化潜热　甲醇汽油的汽化潜热高于汽油，可以对进气预热装置进行改装，如增大进气预热面积、安装加热器或加热元件等，提高燃料的雾化程度和混合气质量。

(4) 甲醇汽油的毒性　甲醇有毒，不能作为食用饮料，对人的致死量为59.36g。只要使用正确，操作规范，并采取相应的处理措施，其毒性的危害完全可以控制，并不影响人体的健康。

9.2.3　甲醇的应用方式

1. 在汽油机上的应用方式

目前，甲醇作为汽车代用燃料主要有5种使用方式：甲醇直接用作车用燃料、甲醇制汽油、低碳混合醇、甲醇制甲基叔丁基醚（MTBE）和甲醇汽油混合燃料。

汽油中掺烧甲醇就是将甲醇掺入汽油中，再加少量添加剂，形成甲醇汽油混合燃料。甲醇汽油中甲醇的含量常用体积百分数来表示，如甲醇体积含量为15%、25%、50%、85%的甲醇汽油混合燃料，称为M15、M25、M50、M85甲醇汽油。甲醇汽油中甲醇的含量直接影响甲醇汽油发动机和汽车的性能。

2. 在柴油机上的应用方式

目前，甲醇应用于柴油机的方法多种多样，按甲醇是否与其他燃料掺混燃烧来分类，主要可分为甲醇与柴油的掺烧和纯甲醇在柴油机上直接燃烧两种。

(1) 纯甲醇在柴油机上的燃烧

1) 使用十六烷值提高剂。由于甲醇和柴油的理化性质差异较大，尤其是甲醇的十六烷值比柴油低很多，不容易直接在柴油机上燃用。如果适当提高发动机的压缩比，并在甲醇中添加适量的十六烷值提高剂，来达到与柴油相当的十六烷值，并采用进气预热等方式来改善甲醇的着火性能，实现甲醇直接在柴油机上压燃使用。

2) 火花助燃。利用高能点火或者利用多火花点火，可在柴油机上直接燃用纯甲醇。考虑到甲醇高汽化潜热造成的滞燃期较长，试验中可适当将甲醇的喷射定时或者火花点火提前。发动机电热塞或热面点火燃用纯甲醇，可以认为是火花点火的一个特例，实际应用并不多。

(2) 甲醇和柴油的掺烧　按照燃料进入发动机之前是否混合，分为以下几种：

1）添加助溶剂。由于甲醇和柴油的物理化学性质，二者相互溶在一起是很难的，因此需要添加助溶剂。使用这种方式时，发动机不用进行大的改动，可直接燃用甲醇和柴油的混合燃料；缺点是添加助溶剂之后，容易产生分层现象，且添加剂用量较大、成本较高。除此之外，当甲醇掺入过多时，发动机的着火延迟，冷起动困难，工作粗暴，醛类和 HC 排放增加。

甲醇十六烷值较低，添加助溶剂后的混合燃料十六烷值也低，这对柴油机的燃烧不利，因此，一般情况下还要添加十六烷值提高剂，但因为十六烷值的提高剂大多是由硝基化合物组成的，会使炭烟排放增加。

2）直接压燃法。在柴油机上将甲醇直接压燃是比较困难的，这是因为甲醇的十六烷值非常低，所以采取辅助措施压燃甲醇是有必要的。通常采用的辅助措施主要是添加十六烷值提高剂到甲醇燃料中，将压缩终了温度升高等。为了使压燃甲醇不再那么困难，在采用辅助措施的同时应采取进气预热措施。直接压燃法在实际中实现比较困难。例如，添加十六烷值改进剂在甲醇燃料中，不仅使尾气中 NO_x 排放增加，而且造价相对较高。进气管喷射法和表面活性剂法是目前应用最多的两种方法。

3）柴油引燃法。柴油引燃法是将甲醇燃料由柴油机进气系统或供油系统注入气缸，使其在气缸内形成部分可燃混合气体，同时原柴油喷油器将柴油喷入气缸然后压缩并引燃甲醇燃料混合气。与采用纯柴油相比，柴油引燃甲醇燃烧持续期短、燃烧速度高、炭烟生成量少。柴油引燃法主要有缸内双喷射法和进气管喷射法两种。

缸内双喷射法是将两个高压喷嘴安装在气缸上，一个喷射甲醇，另一个喷射引燃柴油，甲醇由柴油来引燃。缸内双喷射法控制甲醇与柴油的用量较容易，甲醇掺混率较高，避免了进气节流损失。但它需要将两个高压喷嘴安装在气缸盖上，还要安装电热塞，制造工艺和结构复杂，维护修理不方便；甲醇的腐蚀性致使高压供醇件容易腐蚀磨损；发动机的炭烟、油耗、HC 和 CO 排放都有一定的增加。

进气管喷射法与现在汽油机的电喷技术几乎相同，将低压喷嘴安装在进气管上，甲醇喷入后在进气管内先与空气形成预混合气，进入气缸后，由柴油引燃。进气管喷射法可以精确控制甲醇的量，也可以有效地减少节流损失。进气管喷射因具有使用燃料灵活、炭烟排放少、发动机改动较小、改造成本低等特点而具有良好的推广前景。双燃料发动机既可以进气管预混天然气或醇类等替代燃料用柴油引燃的双燃料模式运行，又能以柴油或者柴油混合燃料的单燃料模式运行。其缺点是在小负荷时具有较差的冷起动性能，同时在尾气中 HC 和醛类排放增加。

9.3 生物柴油

生物柴油及其生产技术的研究始于 20 世纪 50 年代末，发展于 20 世纪 70 年代，20 世纪 80 年代以后迅速发展。1983 年，美国科学家 Craham Quick 首先将亚麻籽油甲酯用于发动机，燃烧 1000h，并将可再生的脂肪酸甲酯定义为生物柴油“biodiesel”，这就是狭义上所说的生物柴油。1984 年，美国和德国等国的科学家研究了采用脂肪酸甲酯和乙酯代替柴油作燃料。这就形成了生物柴油更广泛的定义：生物柴油是以油料作物、野生油料植物和工程微藻等水生植物油脂，以及动物油脂、餐饮废油等为原料油，通过酯交换工艺制成的甲酯或乙酯燃料，这种燃料可供内燃机使用。目前由于价格等多方面的原因，纯生物柴油的应用较少，大多是以一定比例与石化柴油相混合，形成生物柴油——柴油混合液。在国外，这种混合液大多以“BXX”表示，其中“XX”代表生物柴油所占的比例（如 B20 表示混合液包含 20%的生物柴油）。

9.3.1 生物柴油的理化特性

生物柴油主要由 C、H、O 三种元素组成。以菜籽油制备的生物柴油为例，其主要成分是软脂酸、硬脂酸、油酸、亚油酸等长链饱和或不饱和脂肪酸同甲醇或乙醇等醇类物质所形成的酯类化合物。

生物柴油作为内燃机燃料，与柴油相比有许多差异。生物柴油的主要理化特性与矿物柴油对比见表 9-3。以下就一些较为重要特性及对发动机使用性能的影响做详细的论述。

表 9-3 生物柴油与矿物柴油的某些性质比较

项目	生物柴油	矿物柴油
冷滤点/℃	夏季产品-10 冬季产品-20	夏季产品 0 冬季产品-20
20℃时密度/（g/mL）	0.88	0.83
40℃运动黏度/（mm^2/s）	4~6	2~4
闪点/℃	>100	60
十六烷值	最小 56	最小 49
热值/（MJ/L）	32	35
硫质量分数（%）	<0.001	<0.2
氧体积分数（%）	10	0
理论质量空燃比（kg/kg）	12.5	14.5
燃烧功效（柴油为 100%）	104	100
水危害等级	1	2
3 周后的生物分解率（%）	98	70

1. 十六烷值

十六烷值是衡量燃料在压燃式发动机中发火性能好坏的重要指标。生物柴油的十六烷值比石化柴油高，其自燃温度低，滞燃期短，燃烧噪声低且有利于发动机的冷起动，适合于高速柴油机使用。

2. 运动黏度

运动黏度是衡量燃料流动性能及雾化性能的重要指标。生物柴油40℃时的运动黏度为 4~6mm^2/s，相对石化柴油的 2~4mm^2/s 较高，所以生物柴油的雾化效果较柴油差。然而，较高的运动黏度可以使生物柴油在不影响燃油雾化的情况下，提高运动机件的润滑性、降低机件磨损、延长机件的使用寿命，从而减少发动机在使用过程中的维修费用，提高经济性。

3. 闪点

闪点是衡量油品在运输、储存和使用过程中安全程度的指标。生物柴油的闪点大于100℃，远高于石化柴油的 60℃，所以生物柴油在运输、储存和使用过程中的安全性比石化柴油好。

4. 热值

生物柴油的体积热值、理论混合气的质量热值比石化柴油的低，理论混合气的体积热值比石化柴油的略高。决定发动机功率和转矩大小的是混合气热值而不是燃料热值，生物柴油的混合气热值基本上与石化柴油持平。

5. 酸度及酸值

酸度及酸值是衡量油品腐蚀性和使用性能的重要依据。通过酯交换制备的生物柴油不含有脂肪酸、环烷酸等有机酸，仅含极微量的硫，因此酸值较低，对于发动机的腐蚀性很小。

6. 氧含量

生物柴油含有其体积 10%左右的氧，柴油没有，即与柴油相比，生物柴油的燃烧状况优于柴油，但是其 NO_x 排放可能比柴油的高。

7. 硫含量

生物柴油中硫的质量分数小于 0.001%，远低于石化柴油的 0.2%。

另外，生物柴油具有良好的发动机低温起动性能，无添加剂冷滤点达-20℃。生物柴油的生物降解率高，在生产和使用过程中即使发生泄漏也不易造成环境污染。生物柴油不含芳香烃，在很大程度上降低了微粒排放物。

9.3.2 生物柴油的制备方法

植物油不含硫，但含有其重量 10%左右的氧，与柴油相比必然减少燃烧后的 CO、未燃 HC、SO_2 和微粒排放。因此，使用植物油作为发动机燃料可以减少空气污染。

植物油的主要成分是脂肪酸甘油酯（三甘油酯），其化学结构如图 9-1 所示，R_1、R_2、R_3 为脂肪酸的碳氢链（$C_{7\sim17}$烷基或烯烃基），不同植物油的 R_1、R_2、R_3 不尽相同，但是不同的植物油和动物脂肪一般都有 16~18 个碳和不超过 3 个共价键。

```
                  O
                  ‖
CH2 — O — C — R1
 |                O
 |                ‖
CH  — O — C — R2
 |                O
 |                ‖
CH2 — O — C — R3
```

图 9-1 植物油的化学结构

尽管植物油的很多性质都和柴油相似，但是植物油的黏度要比柴油高很多，为柴油的 11~17 倍，挥发性低，低温流动性差。当发动机直接燃用植物油时，这将导致喷油器积炭、活塞环结焦、燃烧室内沉积物、燃料供给系统堵塞（特别是燃油滤清器）和润滑油稀释等问题。

由于植物油的碳链比较长、含不饱和双键多或含支链多等原因，使得其黏度过高，如果直接使用会带来很多问题，如失火、低温起动性能差、着火延迟、不完全燃烧、积炭、燃油喷嘴堵塞和润滑油稀释或变质等。因此，各国对如何降低植物油的黏度做了大量的研究。目前生物柴油的制备方法有 6 种：稀释、微乳化、热裂解、酯交换、生物酶催化及超临界甲醇法。

1. 直接混合法或稀释法

该方法是将植物油与矿物柴油按一定的比例混合后直接作为发动机燃料使用。20 世纪 80 年代初，Caterpillar Brazil 在柴油中掺入了 20%的植物油作为预燃烧室发动机燃料获得成功。Adams C 等人将脱胶大豆油与 2 号柴油以不同的比例混合后在直喷式涡轮增压发动机上进行 600h 的试验。当两种油品以 1∶1 混合时，会出现凝胶和变浑现象。而 1∶2 混合时，不会出现该现象，并且降低了燃料的黏度，可作为农用机械的替代燃料。目前各国通常采用

5%~20%的掺混比，其性能与石化柴油的性能接近。但直接混合法生产的柴油存在黏度高、易变质、不完全燃烧等缺点，长期使用易出现喷嘴堵塞和结焦现象。

2. 微乳化法

微乳化法利用乳化剂将植物油分散到黏度较低的溶剂中，以降低生物柴油的黏度。微乳状液滴是一种透明的、热力学稳定的胶体分散系，是由两种互不相溶的液体与离子或非离子的两性分子混合而形成的直径在1~150μm的胶质平衡体系。这一方法主要解决了动植物油黏度高的问题。1982年Georing A用乙醇水溶液与大豆油制成微乳液，Ziejewski M等人用葵花籽油、甲醇、1-丁醇制成乳化液。但此方法与环境有很大关系，因环境的变化易出现破乳现象。

3. 高温热裂解法

高温热裂解是在高温（借助催化剂或无催化剂）的条件下将一种物质转化为另一种物质的过程，即通过高温将高分子有机化合物变成简单的碳氢化合物。试验表明大豆油裂解产物的黏度比普通大豆油下降了30%~40%，但是该黏度值还是远高于普通柴油的黏度值。在十六烷值和热值等方面，大豆油裂解产物与普通柴油相近。椰油和棕榈油以SiO_2/Al_2O_3为催化剂，在450℃下裂解，产物分为气、液、固三相，其中液相的产物成为生物汽油和生物柴油，该生物柴油与普通生物柴油性质非常相近。但高温热裂解法的反应产物难以控制，其得到的主要产品是生物汽油，生物柴油只是其副产品，同时此方法工艺复杂，热解设备价格昂贵。

4. 酯交换法

目前工业生产生物柴油主要应用酯交换法。各种天然的植物油和动物脂肪以及食品工业的废油，都可以作为酯交换生产生物柴油的原料。可用于酯交换的醇包括甲醇、乙醇、丙醇、丁醇和戊醇。其中最为常用的是甲醇，这是由于甲醇的价格较低，同时其碳链短、极性强，能够很快地与脂肪酸甘油酯发生反应，且碱性催化剂易溶于甲醇。该反应可用酸、碱或酶作为催化剂。其中碱性催化剂包括NaOH、KOH以及各种碳酸盐，酸性催化剂常用的是硫酸、磷酸和盐酸。甲醇越多，产率越高，但也会给分离带来困难。

酯交换反应的化学方程式如图9-2所示。经过酯交换反应后，一个植物油的分子被分成3个单独的脂肪酸甲酯（或乙酯），大大地降低了碳链长度，从而降低了燃料的黏度，增加了流动性。同时也生成有用的副产物——丙三醇（甘油）。

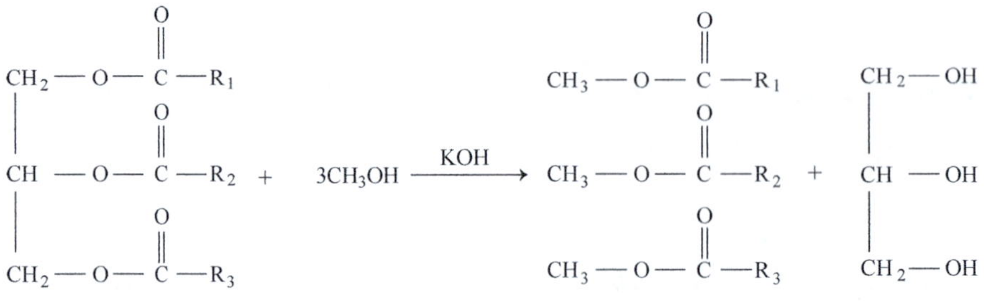

$$\begin{array}{l} CH_2-O-\overset{O}{\overset{\|}{C}}-R_1 \\ | \\ CH-O-\overset{O}{\overset{\|}{C}}-R_2 \\ | \\ CH_2-O-\overset{O}{\overset{\|}{C}}-R_3 \end{array} + 3CH_3OH \xrightarrow{KOH} \begin{array}{l} CH_3-O-\overset{O}{\overset{\|}{C}}-R_1 \\ CH_3-O-\overset{O}{\overset{\|}{C}}-R_2 \\ CH_3-O-\overset{O}{\overset{\|}{C}}-R_3 \end{array} + \begin{array}{l} CH_2-OH \\ | \\ CH-OH \\ | \\ CH_2-OH \end{array}$$

植物油　　　　甲醇　　　　甲基酯

图9-2　植物油与甲醇和催化剂KOH的酯交换反应的化学方程式

该反应可在常温下进行，无需高温、高压，当有催化剂存在时可达很高的生产率。其反

应条件容易控制，可有效保证产品性能，是目前制备生物柴油的常用方法。

生物柴油制备工序的主流程如图 9-3 所示。原料油或废油脂经预处理除去杂质和游离酸，并脱除水分，然后在催化剂的作用下与甲醇发生酯交换反应。反应结束后进行分层，上层为粗制甲酯，下层为甘油。粗制甲酯经精制即得脂肪酸甲酯。

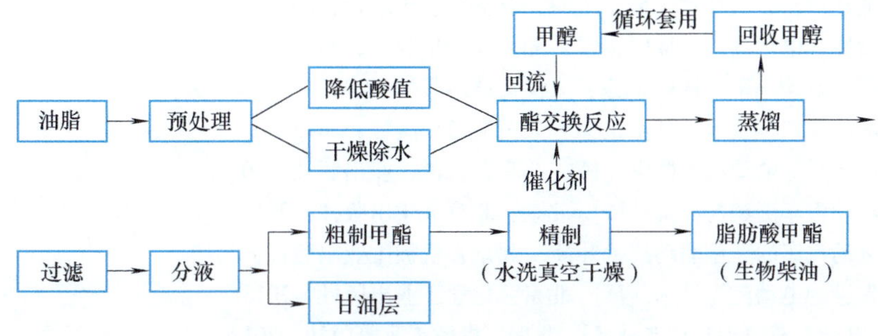

图 9-3 生物柴油制备工序的主流程

甘油回收和废水处理流程如图 9-4 所示。在甘油中加入酸以中和残余的催化剂，并经过蒸馏回收甲醇，便得到粗甘油。粗甘油再经蒸馏就能获得纯甘油。从反应过程产生的废水中除去甲醇和催化剂，就可得到未反应的油，该油也可作为燃料油。

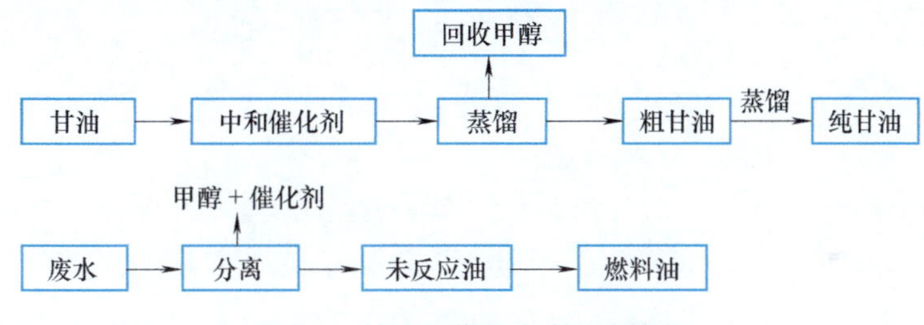

图 9-4 甘油回收和废水处理流程

5. 生物酶催化法

为解决化学酯交换法中存在的问题，人们开始研究用生物酶催化法合成生物柴油，即用动植物油脂和低碳醇通过脂肪酶进行转酯化反应，制备相应的脂肪酸甲酯及乙酯。生物酶催化法合成生物柴油具有条件温和，醇用量小、无污染排放的优点。但由此带来的主要问题有：脂肪酶对长链脂肪醇的酯化或转酯化有效，而对短链脂肪醇如甲醇或乙醇等转化率低，一般仅为 40%~60%；短链醇对酶有一定毒性，酶的使用寿命短；副产物甘油和水难以回收，也造成对产物形成抑制和对固定化酶的毒性作用，使固定化酶使用寿命缩短。目前生物酶技术生产生物柴油尚未工业化。

6. 超临界甲醇法

D Kusdiana 等人和 S Saka 等人采用超临界甲醇的方法使油菜油在 4min 内转化成生物柴油，转化率大于 95%。该反应在一个预加热的间歇式反应器中进行，经过超临界处理的甲醇能在无催化剂存在的条件下与菜籽油发生酯交换反应，其产率高于普通的催化过程，同时还可避免使用催化剂所必需的分离过程，使酯交换过程更加简单、安全和高效。但反应中甲醇需进行超临界处理，反应所需温度较高，且醇必须过量。

参考文献

[1] 李涵武．电动汽车技术［M］．北京：化学工业出版社，2014.
[2] 付主木．电动汽车运用技术［M］．北京：机械工业出版社，2015.
[3] 门保全，秦冲．电动汽车［M］．湘潭：湘潭大学出版社，2010.
[4] 胡骅，宋慧．电动汽车［M］．北京：人民交通出版社，2012.
[5] 赵振宁．新能源汽车技术［M］．北京：人民交通出版社，2013.
[6] 麻友良，严运兵．电动汽车概论［M］．北京：机械工业出版社，2012.
[7] 赵立军．电动汽车测试与评价［M］．北京：北京大学出版社，2012.
[8] 邹国棠．电动汽车的新型驱动技术［M］．北京：机械工业出版社，2015.
[9] 陈全世．先进的电动汽车技术［M］．北京：化学工业出版社，2013.
[10] 何洪文．电动汽车原理与构造［M］．北京：机械工业出版社，2012.
[11] 付主木．电动汽车运用技术［M］．北京：机械工业出版社，2014.